직장인입니다. 커리어를 위해서 대학원에 대해 막연하게 생각하고 있습니다. 뼈 때리는 조언 잘 듣고 갑니다.
-몰랑이

미국에 있는 박사 2년 차 학생입니다. 저는 인문학 쪽이긴 하지만 유학생으로서 겪었던, 또는 현재 겪고 있는 공통점들 때문에 힘이 많이 됩니다.
-Anonymous

미국에서 박사 2년 차 접어들어 가는 아기 엄마 학생입니다. 괜히 힘든 마음에 다른 박사과정 학생들은 어떻게 사는지 궁금해서 읽게 되었습니다. 쓰신 글을 읽어보니 정말 하나하나 내 맘 같아 응원하고 싶습니다.
-Anonymous

중간 중간에서 저도 모르게 큰소리로 함박웃음 터트리며 읽었습니다. 영어 논문은 모르는 단어나 문법 때문에 머리 아프고, 잘못 이해했을까 걱정하며 읽었는데 조금 그 부담감을 내려놓게 되네요.
-Eunhye Jo

주변 지인들의 추천으로 글을 읽게 되었습니다. 공감 가는 내용과 재미있는 필력이라 읽는 내내 지루하지 않았습니다.
-Myoung-Soo Han

해외 대학 생활 중인 학생입니다. 대학원생은 아니지만 학과 특성상 4학년 과목은 논문으로 수업 진행을 하는 경우가 많아서, 이 많은 걸 언제 읽나 고민하던 중 이 글 시리즈를 발견하게 되었습니다. 많은 도움되었어요. 감사합니다.
-Jiyeon Lee

좋은 글 감사드립니다. 작년에 비슷한 이유로 마음고생, 몸 고생을 심하게 한 이후라 더욱더 와닿네요. 왜 더 일찍 깨닫고 주체적으로 움직이려 하지 않은 건지 후회스럽지만, 지금이라도 바꾸려고 노력하고 있습니다.
-jvlvjj

이번에 졸업하고 교수로 임용되어 학계에 첫발을 딛는 경영학 박사 5년 차 학생입니다. 졸업과 취업의 기쁨도 잠시 테뉴어에 대한 압박과 더불어 더딘 논문 성과에 스스로를 채찍질하고 있었습니다. 그러다 문득 난 이 일이 즐거워서 시작했는데 요즘은 통 즐겁지가 않다는 생각이 들었습니다. 아마도 그 즐거움이 성과로 잘 이어지지 않았기 때문이겠죠. 어떻게 하면 다시 즐길 수 있을까를 고민하던 와중에 이 글을 우연히 보게 되었습니다. 애독자가 될 것 같네요. 좋은 글 감사합니다.
-Operations PhD

글 보면서 왜 울컥하는 걸까요?
-Knre

해외에서 대학원 생활 시작한 사람인데 저도 모르게 이것저것 스트레스를 많이 받습니다. 그 와중에 이 글 보고 울컥하네요. 대학원 시작 전에 이 글을 봤을 때는 그저 좋은 글이다 하고 말았는데……. 감사합니다. 그저 감사합니다.
-Anonymous

정주행하고 처음 글 남깁니다. 대학원 준비 중인데 반복해서 읽어볼 좋은 글이 많네요! 세 저자 분께 모두 감사합니다.
-리을

이 글을 박사과정 시작 전에 읽었더라면 하는 생각이 드는 한편, 그때 읽었더라도 내가 박사과정에서 겪는 이 좌절들을 10분의 1이라도 이해할 수 있었을까 하는 생각이 동시에 드네요. 정말 공감합니다.
-Anonymous

유익한 글이네요. 특히 박사학위 과정에 입학한 학생과 더불어, 지도교수가 될 분들에게도요.
-바다소년

프로포절을 준비하면서 과연 박사가 나한테 무슨 의미인지…… 그 질문이 계속 머릿속에 맴맴 돌고 있었는데 큰 도움이 됐습니다!
　-학문의 즐거움

너무나 좋은 글 잘 읽었습니다. 덕분에 유학을 준비하고 있는 제가 박사학위에 대해 깊이 있게 생각해볼 수 있었습니다.
　-hong

세세한 이야기의 중요성보다도 박사과정을 가는 것에 대해 진지하게 고민하는 방법을 안내해주는 것 같아 좋습니다. 어떤 고민을 해봐야 하고, 무엇을 고려해봐야 하는지 생각해보는 계기가 되었습니다. 감사합니다. 앞으로 여러 번 읽어봐야 할 것 같아요.
　-Lee

눈물이 찔끔 나왔어요. 사실 대부분의 큰 그림만 겹칠 뿐이지 세부적으로 들어가면 도달 지점이 다른 학문을 개별적으로 파는 거잖아요. 하지만 교수님들의 반응에 따라 박사학위를 위해 공부하고 있는 제 존재 자체가 흔들릴 때가 있고, 과연 내가 하고 있는 연구가 세상이 필요로 하는 것인가, 나는 이 학위를 받을 만한 자격이 있는 사람인가까지도 고민될 때가 많아요. 그러다 보니 근본적으로 나에게 왜 이 학위가 필요한 것이지, 박사학위 이수 후 호칭 말고 내 인생에서는 뭐가 달라지는지, 왜 나는 이 학위를 위해 타지에서 살고 있는지……. 이 고민과 걱정을 저 혼자만 하는 것이 아니라 이 과정을 밟고 있는 모든 박사생들의 번뇌라고 생각하니 위로가 됩니다. 좋은 글 보고 용기 얻어가요.
　-눈물찔끄미

보고 많은 생각을 하게 되는 글이었습니다. 좋은 글에 감사드리며 자극이 필요할 때 몇 번이고 읽어보겠습니다.
　-JK

석사학위 논문을 최선을 다해 썼지만, 연구해본 경험이 너무 적어 모르는 것투성이입니다. 그런데 지금 너무나 궁금했던 사항을 속 시원히 긁어주셔서 감사합니다. 많은 도움이 되었어요. 이제 실천만이 남았네요.
-kuty

저는 심리교육과 3학기 차인데 이제 논문 준비를 하고 있습니다. 논문 작성에 대해 막연하게 생각했는데 글을 보면서 조금은 답답한 마음이 풀렸습니다.
-윤미령

아마 첫 논문을 쓰고 났을 때쯤 저자님들의 글을 보았던 것 같습니다. 읽으면서 얼마나 동감했는지 기억이 납니다. 그리고 왜 이제야 보았을까 하는 후회도 많이 했지요.
-J. Han

와, 사회과학 석사생인데 이 글 왜 이제 봤을까요? 진짜!
-Anonymous

박사 1년 차 화학전공 학생입니다. 미국에서 공부 중인데 많은 도움이 되었습니다. 지금 제가 여기서 뭘 하는 것인가 하는 생각이 많이 들고 있거든요.
-Jeon

제가 이 글을 먼저 읽었더라면 시간을 낭비하지 않을 수 있었을까요? 글을 읽었어도 느끼지 못했을 가능성이 높지만, 후배 대학원생들은 조금이라도 빨리 깨달았으면 합니다.
-재원

박사과정을 시작하고 이 글을 복습했습니다. 학부생 때는 잘 이해는 못 했던 부분들이 지금은 구구절절 제 마음에 와닿고 있습니다.
-Troy

대학원 들어온 지 4년 차 되는 통합과정 학생입니다. 글을 읽으면서 많은 생각을 하게 되었네요.
-Ali

내일 학위를 받습니다. 공부를 시작할 때 봤던 글을 다시 찾아보니 감회가 새롭습니다. 하지만 아무리 생각해도 저는 아직 멀고 부족하게만 보입니다. 그래도 가끔 자신이 없어질 때 이 글을 보며 힘을 얻었습니다.
-Anonymous

아이디어를 말하는 것에 관해 제가 갖고 있던 두려움, 걱정, 문제해결에 힌트가 되었습니다. 글을 읽다 보면 내가 논리적으로 되어가고 있다는 느낌이 들며 마치 실험에 동참하고 있는 듯한 생생한 느낌이 듭니다. 또한 부처님 말씀을 듣고 있는 듯 편안한 느낌은 참으로 좋습니다. 항상 실천하는 지혜를 글로 담아주셔서 감사합니다. 저 또한 좋은 모습 닮도록 노력하겠습니다.
-명랑이^^

이 글을 통해 '연구'에 더욱 현실적으로 주도적으로 다가갈 수 있게 되었습니다. 제 석사과정이 왜 답답했는지 명쾌하게 이해되었습니다.
-Doy

석사 전환 또는 끝까지 해볼지…… 많은 생각이 매일 뇌를 지배하네요. 휘청거리는 청춘입니다. 살아 있는 글 너무 감사드립니다.
-Rimi

대학원이라는 목표를 가지고 달려왔는데 대학원에 들어오니 이곳은 제가 생각한 것과 조금 다른 것 같습니다. 하고 싶은 연구주제와 딱 맞는 수업도 없는 것 같고요. 글을 보고 조금이나마 위안을 받았습니다.
-대학원 학생

박사 3년 차, 퀄 시험qualifying exam을 준비하고 있습니다. 요즘 항상 하는 고민이 '내가 유학을, 그리고 박사과정을 시작해서 매일 이렇게 괴롭고 불안한가?'였습니다. 오늘은 또 그 고민의 극에 달했지요. 그런데 이렇게 먼저 비슷한 길을 앞서간 분의 글을 보니 위로를 받네요. 고민이 생길 때마다 읽어봐야겠습니다.
-Angela

교수님께서도 불안해하시고 고민하신다는 것에서 큰 위로를 받았습니다. 석사 3학기의 마무리가 다가오는 이 시점, 졸업 후 원하는 곳으로 박사 진학을 못할까 봐 조금 불안해하고 있었거든요. 저의 불안이 특이한 것이 아닌 누구나 느끼는 불안이라는 점, 앞으로도 계속될 거라는 점에서 불안감을 잘 받아들이고 관리하며 살아야겠다는 생각을 했습니다.
-Bak

독일에서 석사 졸업 준비 중인 학생입니다. 세 분의 글 하나하나 너무너무 공감하며 재미있게 잘 보고 있습니다. 평소에 생각하는 것, 고민하던 문제들이 어쩜 이리 똑같이 나오는지 신기해하며 위로받습니다.
-Ji Hye PARK

핀란드에서 석사 중인 학생입니다. 제가 이 글을 먼저 읽고 석사를 결정했다면 참 좋지 않았을까 하는 생각이 드네요. 지금 한창 논문 놓고 프로포절을 쓰고 있는데……. 제가 진짜 열정 있어서 연구하려는 건지 고민 중이었거든요. 들어오기 전에 고민했어야 했는데 하지 않아 이제야 벌을 받는 거죠. 진짜로 제가 하고 싶은 게 무엇인지 생각해보고 다시 시작해봐야 할 것 같습니다.
-블리

교수님께 제가 맨날 갈굼당하는 이유를 알게 되었습니다.
- Nuno Bettencourt

대학원생 때 알았더라면 좋았을 것들

대학원생 때
알았더라면
좋았을 것들

엄태웅 최윤섭 권창현 지음

들어가는 말

이 책은 대학원이라는
미지의 영역에 대한 안내서이다

　대학원에 진학한다는 것은 독립적인 연구자가 되기 위해서 첫발을 내딛는 인생의 큰 결정이다. '대학생'과 '대학원생'이라는 단어는 한글 자 차이일 뿐이지만, 맡게 되는 역할과 처하게 되는 환경, 학업의 강도, 더 나아가 사회적인 입지는 하늘과 땅 차이다. 그럼에도 불구하고 많은 학생이 대학원에 대한 막연한 상상과 피상적인 정보만으로, 준비 없이 대학원에 진학했다가 큰 어려움을 겪곤 한다. 사실 그러한 시행착오를 겪었던 것은 이 책의 저자들도 예외는 아니었다.

　이 책은 다양한 연구 경험을 지닌 세 명의 선배 연구자가 자신의 대학원 생활과 연구 경험을 바탕으로, 제목 그대로 자신이 '대학원생 때 알았더라면 좋았을 것들'을 각자의 시각에서 풀어낸다. 과연 대학원이라는 곳이 어떤 곳이며, 진학해야 할지는 어떻게 결정해야 하고, 지도 교수는 어떻게 정하는지, 연구라는 것은 무엇인지, 논문은 어떻게 써야 하고, 박사학위를 취득한다는 것은 무슨 의미인지, 그 과정에서 생기는 다양한 고민을 어떻게 해결해야 하는지를 상세하고도 현실적으로 전한다.

해외와는 달리, 국내에는 이렇게 대학원에 진학할지 고민하고 있거나, 갓 대학원에 진학한 학생들이 대학원 생활과 연구 방법에 대해 참고할 수 있는 안내서가 턱없이 부족하다. 세 명의 저자는 후배 연구자들이 겪는 시행착오를 줄이고, 한 사람의 연구자로서 성공적인 출발을 돕기 위해서 이 책을 집필했다.

이 책의 장점 중의 하나는 각기 다른 배경과 경험을 지닌 세 명의 선배 연구자가, 저마다 자신의 경험과 시각을 바탕으로 대학원과 연구의 여러 측면에 대한 이야기를 풀어낸다는 점이다.

- 엄태웅은 현재 캐나다에서 인공지능을 연구하고 있는 박사과정 말년 차 대학원생이다. 본인의 연구를 바탕으로 페이스북이나 유튜브 등을 통해 소통을 즐기는 재기발랄한 인재로, 이 책을 통해 현역 대학원생으로서의 이야기를 전한다.
- 최윤섭은 국내에서 생명과학 분야의 박사학위를 취득한 후, 대학병원 및 대기업 연구소 등에서 연구하였고, 지금은 산업계에서 독립적으로 활동하는 전문가이다. 국내 대학원 및 해외 대학원 방문 연구, 병원·기업·연구소 등 다양한 조직에서의 연구 경험을 바탕으로 이야기를 전한다.
- 권창현은 산업공학으로 박사학위를 받고, 미국의 한 대학에서 본인의 연구실을 꾸려가고 있는 현직 교수이다. 과거 대학원생으로서의 경험뿐만 아니라, 현재 대학원생을 지도하는 교수의 입장에서, 그리고 박사학위를 취득한 후 학계에서 교수로서 커

리어를 쌓아나가는 시점의 이야기를 전한다.

이렇게 세 명의 저자는 국내 대학원과 외국 대학원, 현직 대학원생과 교수, 학계와 산업계, 그리고 다양한 전공을 바탕으로 각자의 시각에서 대학원 생활과 연구자의 삶을 풀어낸다. 이들의 이야기에는 공통적인 조언도 있고, 약간은 서로 다른 시각도 있다. 비록 세 명의 저자가 표준적이고 모범적인 대학원 생활을 했다고 이야기하기는 어렵겠지만, 독자들은 이러한 경험을 타산지석으로 삼아 대학원에 대한 여러 측면을 균형적으로 들여다볼 수 있을 것이다.

이렇게 한국, 미국, 캐나다에 머무는, 원래는 일면식도 없던 세 명의 저자가, 하나의 주제로 집필하는 '다국적 프로젝트'는 우연한 기회를 통해서 시작되었다. 저자 중 한 명인 최윤섭이 2012년 슬라이드 공유 사이트에 무심코 올렸던 「내가 대학원에 들어왔을 때 알았더라면 좋았을 연구 노하우」가 화제가 되었던 것이 시작이었다.

이를 계기로 SNS를 통해 인연을 맺은 세 명의 저자가 의기투합하여 3년에 걸친 기간 동안, 서로 번갈아가며 집필하고 온라인에 연재하면서 이 책이 세상의 빛을 보게 되었다. 서로 다른 국가와 시간대에 머무는 저자들이 온라인으로 서로 의견을 나누고, 글이 잘 나오지 않을 때는 서로 독려하며 오랜 기간 이 프로젝트를 이어온 것은 저자들에게도 새롭고 흥미로운 경험이었다.

이제 독자들은 세 명의 저자들이 차례로 전하는 대학원 생활과 연구자로 살아가는 삶에 대해서 접하게 될 것이다. 이 글을 읽는 독자

중에는 아직 대학원에 진학하지 않은 사람들도 있을 것이며, 지금 대학원에서 어려움을 겪고 있거나, 박사 졸업을 앞두고 대학원 이후의 진로를 고민하는 분도 계실 것이다. 이 책에는 담긴 것은 저자들의 지극히 개인적인 경험과 조언일 따름이지만, 부디 이를 통해 후배 연구자들이 대학원에서 겪는 시행착오를 줄이고, 한 명의 독립적인 연구자로서 성공적으로 성장하는 데 도움이 되기를 바란다.

2019년 4월
세 명의 저자를 대표하여,
최윤섭

차례 Contents

들어가는 말 이 책은 대학원이라는 미지의 영역에 대한 안내서이다   **4**

1부 박사과정 대학원생의 이야기   **11**
• 엄태웅 박사과정생편 •

프롤로그 거창한 이야기의 시작   **13**

1 박사를 꿈꿔도 되나요   **17**
2 취업이냐 진학이냐, 그것이 문제로다 (상)   **22**
3 취업이냐 진학이냐, 그것이 문제로다 (하)   **28**
4 전공을 바꿔 대학원에 가고 싶어요   **35**
5 나의 유학 실패 이야기   **43**
6 나의 유학 도전 성공 이야기   **49**
7 좋은 지도 교수 선택하는 법   **58**
8 영어 못해도 영어 논문 잘 읽는 법   **66**
9 영어 못해도 영어 논문 잘 쓰는 법   **77**
10 자기관리가 대학원 생활의 전부다   **87**
11 대학원생이 갖추어야 할 의외의 덕목들 4가지   **93**
12 내게 뒤처질 수 있는 행복을 허하라   **103**

에필로그 안정적인 삶, 그런 거 없다   **111**

2부 대학원을 졸업한 연구자의 이야기 — 115
• 최윤섭 박사편 •

프롤로그 나의 연구 이야기를 시작하며 — 117
1. 나는 과연 대학원에 가야 하는 걸까 — 125
2. 박사학위라는 것의 의미 — 136
3. 지도 교수를 어떻게 선택해야 할까 — 150
4. 대학원에 들어왔는데…… 이제 어떡하지? — 168
5. 첫 연구주제를 어떻게 정하고 접근할 것인가 — 178
6. 첫 번째 논문을 최대한 빨리 써라 — 189
7. 대학원생의 시간관리 — 202
8. 생각해라, 생각해라, 생각해라 — 215
9. 절대로 혼자 일하지 마라 — 231
10. 후배의 성장을 도와줘라 — 250

에필로그 좋은 연구자란 무엇인가(+ 몇 가지 사소한 팁) — 260

3부 대학원생을 지도하는 교수의 이야기 271
• 권창현 교수편 •

프롤로그 개구리가 올챙이에게   273

1   좋은 학생, 나쁜 학생, 이상한 학생   279

2   내 연구하기   292

3   연구의 비법: 파인만 알고리즘   301

4   지금 하고 있는 게 연구인가, 아닌가?   306

5   연구와 장비병   313

6   대학원생의 이메일 커뮤니케이션   319

7   교수처럼 생각하고 행동하는 사람이 교수가 된다   330

8   연구의 실제   340

9   학회에 가면 무엇을 해야 하나요?   349

10   대학원에서 닥쳐오는 멘붕의 파도   359

에필로그 뭘 해도 불안하다   376

출처   380

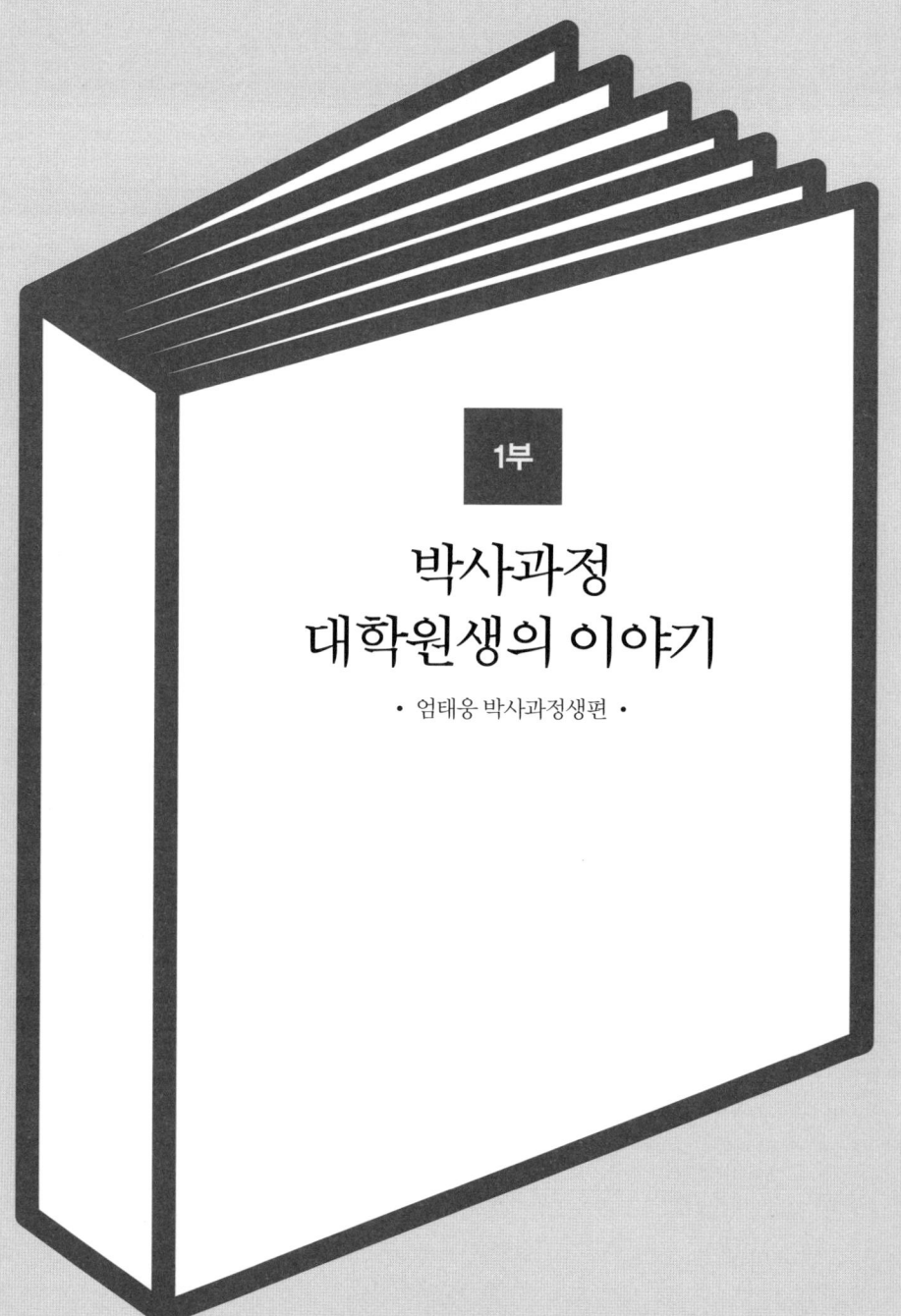

프롤로그

거창한 이야기의 시작

우리는 모두 나름의 자기 인생을 살아간다. 하지만 그 인생이 온전히 자신의 것이 되기까진 참 많은 시간이 걸리는 것 같다. 흔히 말하는 어른의 정의가 '우리의 삶을 스스로 이끌어가는 주체'라면 지금 대학원 진학을 고민하고 있는 여러분들은 아직 어른이 되지 못한 미생일지도 모른다.

미생에서 어른으로 거듭나기

내가 이 책을 쓰기 시작한 이유는 단지 사람들에게 '좋은 대학원에 진학하는 팁' 또는 '석박사학위를 잘 받는 팁'을 제공하기 위해서가 아니다. 물론 이 글들을 모두 읽고 난 뒤 여러분은 좋은 대학원에 진학할 팁을 얻었을 수도 있고 수월하게 석박사학위를 받을 수 있는 팁을 얻었을 수도 있을 것이다. 하지만 그것은 이 글을 읽으며 독자가 고민하던 과정 중에 얻었을 부산물일 뿐, 그것이 이 글의 목적은 아님을 밝혀둔다. 나는 어른이 되기 위해, 독립적으로 자신의 인생을 책임지고 이끌어갈 주체가 되기 위해 우리들이 얻어야 할 대학원 속에서의 배움에 대해 이야기해보고자 한다.

물론 인생이란 거창한 주제에 관해 이야기한다는 것이 그리 쉬운 일이 아닙니다. 하지만 인생을 헤쳐가며 거창한 질문의 무게와 한 번도 정면으로 맞서지 않는다면 우리의 인생은 남들이 세워놓은 '통과의례'에만 허덕이다 끝나는 인생이 될지도 모른다. 고등학교 후엔 대학교에 가고, 대학교 후엔 대학원에 가고, 대학원 후엔 회사에 가고, 입사 후엔 결혼을 하고, 아이를 낳고, 집을 사고, 자녀를 키우고……. 이렇게 눈앞에 놓인 통과의례를 해결하는 것에만 허덕이다 보면 '대체 내가 내 삶의 주인이었던 적이 있었던가?' 싶은 후회가 밀려온다. 그리고 내 인생이 통과의례의 등쌀에 떠밀려 살기 바쁘기만 했다는 생각이 든다. 그렇게 우리가 떠밀려갔던 곳엔 나처럼 떠밀려온 다른 사람들과의 치열한 경쟁이 늘 기다리고 있었고 그 경쟁에서 살아남느라 우리는 우리의 인생을 돌아볼 기회가 없었다.

대학원, 삶의 주인이 되는 변화의 시작

나는 여러분이 적어도 대학원에서만큼은 그런 삶을 살지 않았으면 하는 바람에서 이 글을 시작하였다. 대학원에서의 삶은 사실 인생의 축소판이다. 인생에서와 마찬가지로 대학원 생활 속에서도 수많은 선택과 갈등 그리고 성공과 실패를 마주하게 된다. 그리고 그 속에서 살아가는 대학원생들의 모습을 보면 그들의 태도가 그들이 삶을 대하는 태도와 크게 다르지 않음을 깨닫게 된다-'대학 다음 대학원' 혹은 '회사 대신 대학원'으로 떠밀려온 사람들은 대학원 생활마저도 그렇게 떠밀리듯 졸업만을 바라보며 살아간다. 하지만 그러한 끊임없는 삶의 쳇바퀴 속에서 벗어나고 싶다면, 대학원이 바로 가장 좋은 변화의 시작이 될 수 있다.

누가 이렇게 허덕이는 삶의 쳇바퀴를 만든 것일까? 학창시절엔 부모님과 선생님의 기대가 우릴 그렇게 만들었던 것 같고, 이후엔 치열한 경쟁 사회가 그렇게 만들었던 것 같다. 사회는 줄에서 이탈한 자들을 낙오자라 불렀고, 남들과의 경쟁에서 이긴 자만이 달콤한 빵을 나눠 먹을 수 있다며 우릴 끝없는 경쟁 속에서 길들였다.

하지만 이제는 사회가 정해준 경쟁의 늪에서 벗어나 당당히 주체적인 삶을 살 때이다. 이제까진 누군가가 내주는 문제를 열심히 풀어 누군가가 평가해주길 기다렸을 것이다. 학교나 회사에서 시험지를 내주면 열심히 그걸 풀고는 칭찬해주길 기다렸을지 모른다. 하지만 이제부턴 다르다. 스스로 문제를 찾고 스스로 그 문제를 푼 뒤, 이에 대한 평가도 스스로 내리는 삶으로 바뀌어야 할 것이다. 그 누구도 내 인생의 점수를 시험지 쪼가리 하나로 평가할 순 없다.

가장 중요한 부분은 '어떤 문제를 풀 것인가?'이고 '왜 풀어야 하는가?'이다. 그저 학위가 필요해서라거나 취직을 위해서 대학원에 오려 했다면 그것은 우리의 소중한 시간을 쓰기 충분한 이유가 되지 못할 것이다. 더 근본적인 이유가 있어야 한다. 그래야 우리의 대학원 생활이 행복할 수 있고, 우리의 인생이 만족스러울 수 있으며, 결국 그것이 당신을 남과는 다른 자기 인생을 사는 사람으로 만들 것이다.

나는 박사 2년 차에 이 책의 집필을 시작해 어느덧 박사 졸업을 앞두고 있다. 처음엔 고작 박사과정 학생인 내가 이런 글을 써도 될지 많이 조심스러웠다. 하지만 애초부터 정답을 말하려 했거나 누군가를 가르치기 위해 이 글을 시작하지 않았다. 그저 함께 대학원의 터널을 지나오는 과정에서 나의 고민들을 공유하여 다른 분들에게도 생각할 거리를 던져주었으면 하는 바람이다. 드디어 긴 항해를 시작한다. 거창한 시작이다. 비록 쉽지 않은 여정이 되겠지만 기나긴 여정 끝엔 나도 성장해 있고, 이 글을 읽으시는 많은 분들도 성큼 성장해 있길 바란다.

1
박사를 꿈꿔도 되나요

'과연 나는 박사를 해도 되는 사람일까요? 과연 나는 공부를 해도 되는 사람일까요?'

대학원 생활 속에서 크고 작은 좌절에 부딪칠 때마다 대학원생들은 늘 '내가 맞지 않는 옷을 억지로 입으려 하는 건 아닌지?' '내가 과연 석박사의 자격이 되는 인물인지?' 자신을 의심해보곤 한다.

이러한 의구심도 없이 그저 '대학 다음에 대학원' 또는 '회사 대신에 대학원'으로서 본인의 진로를 선택하는 것은 문제가 있다. 대안으로서의 선택, 도피로서의 선택은 최악은 막아줄 수 있을지언정 최선의 선택은 결코 될 수 없기 때문이다. 물론 우리의 인생이 언제 최선의 길만 찾아 걸었겠느냐마는 – 입시, 취업, 연애도 늘 순탄치 않았는데 말이다 – 대학원 진학에 대한 선택이 당신이 만든 첫 '최선의 선택'이 될 수 있도록 진지하게 고민해 보았으면 좋겠다.

"나는 박사를 꿈꿔도 되는 사람인가요?"

이 질문에 대해 가장 먼저 드는 생각 중 하나는 아마 다른 친구들과의 비교일 것이다. 대학원에 진학해 공부를 해볼까 생각하니 고등학교, 대학교 때 날고 기던 잘난 친구들의 얼굴이 떠오르고, 그런 친구들이 대학원 대신 취업 스터디로 돌아섰다는 소식이 들려온다. '나보다 공부 잘하는 애들이 대학원을 포기했는데 내가 어떻게……'라는 생각이 드는 건 15년간 상대평가의 프레임에서 배워온 우리에겐 어쩌면 자연스러운 일인지도 모른다.

하지만 이것만 기억하도록 하자. 우리 학교 수석이 대학원에 가든 안 가든, 옆집 순이가 박사를 하든 안 하든, 그건 내 인생의 선택과는 아무 상관 없는 독립사건들일 뿐이란 점이다. 함께 대학원에 가면 같이 경쟁해야 하는 것 아니냐고? 전혀 그렇지 않다. 대학원은 이제껏 봐왔던 '동일한 문제를 동일한 시간에 풀어 제출하는 성적 위주의 경쟁'과는 결이 완전히 다른 도전들이다. 직접 대학원 생활을 해보면 느끼겠지만, 대학원 과정은 타인과의 경쟁이 아닌 철저히 자기와의 싸움이요, 넘치는 자유 혹은 부족한 시간 속에서 피어나는 자기관리의 결과물이다. 그러니 남과의 비교의 틀에서 지레 겁먹지 말자. 중요한 점은 '나보다 잘하는 애들이 대학원을 가느냐?'가 아니라 '내가 정말 대학원에서의 배움을 원하는지?' 혹은 '나는 정말 대학원이라는 기나긴 마라톤을 즐겁게 마쳐낼 수 있을지?'에 대한 고민이다.

대학원 진학의 조건

성공적인 대학원 생활에서 '공부'가 차지하는 부분은 얼마나 될까? 좀 더 쉬운 질문으로, 이제껏 학교 성적이 좋지 않았던 사람이 대학원에 가는 것은 불가능한 일인 것일까?

결론부터 말하자면, 그렇지 않다. 대학원 생활에 많은 공부가 필요하긴 하다. 하지만 그것은 대학원 생활의 일부일 뿐 더 중요한 것은 목표한 문제를 공략해가는 일련의 과정들일 것이다. 대학원에선 본인이 궁금하고 필요한 것들을 직접 찾아서 스스로 탐구해 나아가야 한다. 이것은 공부해야 할 주제와 분량이 정해져 있는 시험공부와는 매우 다른 과정이다.

논문으로 비유하자면, 대학원 생활 중에 공부는 '관련 연구related works' 부분에 해당한다. 관련 연구에 대한 조사도 논문에서는 문제에 대한 넓은 시각을 보여주는 중요한 부분이긴 하다. 하지만 그것이 논문의 핵심은 아니다. 논문의 핵심은 그러한 관련 연구 조사에 기반하여 또 하나의 진보를 이뤄내는 일이다. 이는 논문 구성 중 '방법methods'이나 '실험experiments' 그리고 '토의discussion' 부분에 나타난다. 다시 말해 대학원 연구의 진짜 중요한 핵심은 공부에 있는 것이 아니라 본인만의 탐구 결과에 있는 것이다.

그러니 단지 공부를 대학원 생활의 전부로 생각하거나 과거의 공부 실력만으로 본인의 미래 연구 역량을 재단하지 말자. 개인적인 생각으론, 학부 때 책을 놓고 공부하는 비중이 어림잡아 80%였다고 한다면, 석사 때는 50%, 박사 때는 아마 30% 정도에 불과할 것이다.*

그렇다면 '공부하는 능력' 말고 진학을 고려할 때 가장 중요하게 점검해봐야 할 점은 무엇일까? 그것은 바로 '지적 호기심'과 이를 탐구하는 '끈기'이다. 만약 당신이 해결하고 싶은 문제가 있고, 그 문제는 일정 수준 이상의 기술적 난이도를 가지고 있으며, 당신이 그것을 과학적 방법론으로 차근차근 풀어가보고자 하는 의지가 있다면 당신은 대학원에 매우 적합한 사람이다. 순간적인 호기심에 마음 가는 대로 뚝딱뚝딱 만들어내는 발명가를 말하는 것이 아니라 기존 방법론에 대한 공부에도 흥미가 있고 자신이 개발하려는 방법에 대한 이론적·실험적 검증에도 관심이 있는 진리의 탐구자가 대학원엔 더 적합한 유형일 것이다.

참고로 나는 다음과 같은 동기가 있었기에 대학원 진학을 결정했다.

'로봇·인공지능은 왜 인간과 같이 자유로운 판단과 움직임을 가질 수 없는지'에 대해 호기심을 가졌고 (문제 제기)

이 문제를 단순한 조건문if-else으로 해결하기보단 이론적 토대를 갖춘 로봇·인공지능 기술로 해결하기 바랐으며 (기술적 난이도)

이를 위해 학자들은 어떤 고민을 해왔는지 관심이 있었고, 기존 기술과는 다른 나만의 공학적 아이디어로 문제를 풀어내고 싶었다. (지

---

* 혹시나 '공부는 중요하지 않아.'라며 과장하여 해석할까 노파심에서 드리는 말씀인데, 반대로 얘기하자면 공부를 잘하는 사람은 이미 대학원 생활의 절반에 대해선 유리함을 갖고 있다는 뜻이기도 하다.

적 호기심과 기여 욕구)

 그래서 나는 지금 박사과정을 하고 있는 것이다. 만약 당신이 해결하고 싶은 문제를 갖고 있지 않음에도 불구하고 대학원에 갔기에 그저 교수님이 던져준 프로젝트에 대해 꾸역꾸역 억지로 흥미를 가져야 한다면 당신의 대학원 생활은 매우 험난한 여정이 될 것이다. 대학원은 지적 호기심과 이에 대한 끈기가 균형 있게 필요한 장거리 레이스이기 때문에 연구주제에 대한 근본적인 흥미 없이는 긴 레이스를 완주하기 쉽지 않다.

 "나는 대학원을 원하는 것일까, 아니면 단지 학위를 원하는 것일까?"
 이에 대한 답은 군대에 있는 군인의 상황에 빗대 생각해보면 쉽게 알 수 있다. 만약 억지로 징병 되어 끌려온 군인에게 "너 만약에 너 인생 중 2년을 없애는 대신 전역일로 점프할 수 있다면 그렇게 할래?"라고 물어본다면 아마 대부분이 "그렇다."라고 대답할 것이다. 왜냐하면 그들은 군필의 결과물이 필요하지 군대 생활의 과정을 즐기고 있는 것이 아니기 때문이다. 마찬가지로 본인에게 박사학위만 얻을 수 있다면 그 미래로 점프하고 싶은지를 자문해보라. 그 질문에 대해 "안 돼. 난 대학원 생활의 재미를 놓칠 수 없어."라고 자신있게 말할 수 있다면 당신은 대학원 진학의 마음가짐이 되어 있는 것이다.

 성공적인 대학원 생활을 하고 싶은가? 그렇다면 더욱 강렬히 묻고 파고들어라. 그 호기심만이 당신에게 의미 있는 경험과 좋은 성과를 가져다줄 테니 말이다.

2
취업이냐 진학이냐, 그것이 문제로다 (상)

 사람의 성향이 모두 같을 순 없다. 따라서 '취업이냐, 진학이냐?'의 진로 선택도 단 한 가지 정답만이 존재하지 않을 것이다. 어떤 사람은 대학원이 더 적성에 맞는 반면 어떤 사람은 직장생활이 천성에 맞을 것이다. 물론 가혹한 한국의 직장문화에서 만족할 만한 직장 환경을 찾는 것이 쉽지만은 않겠지만은(근데 사실 그건 대학원도 마찬가지다!), 매월 따박따박 입금되는 월급이 있고, 그 돈으로 사람다운 소비생활을 영위할 수 있으며, 비록 일하는 날들은 힘들더라도 정기적으로 찾아오는 설날 휴가, 여름 휴가, 추석 휴가, 연말 휴가를 보며 버틸 수 있다는 점은 직장생활의 큰 매력일 것이다.
 실제로 한국의 대학원에 다니던 내 친구는 당시 직장생활이 힘들다며 불평하는 내게 이런 말을 하기도 했다.

"넌 그래도 돈이라도 받지. 난 과제하랴, 보고서 쓰랴. 일은 일대로 하는데 돈은 최저 시급 수준이야. 6년 동안 남들 전셋값 모을 때 난 서른이 넘어서도 돈 한 푼 모은 게 없다. 대학원생이 부럽다고? 넌 그래도 돈이라도 받으면서 노예 생활하는 걸 다행으로 알아."

또 다른 내 후배의 이야기도 들어보자.

"우리 대학원은 나인 투 나인9 to 9이에요(아침 9시부터 저녁 9시까지 근무). 방장인 박사과정 형은 박사 6년 차인데 교수님으로부터 쌓인 화가 많은지 저희한테 화풀이를 하곤 하죠. 연구실 분위기가 꼭 그 선배 한 명 때문에 작살이 난다니까요. 할 일이 없을 때도 집에 가지 못하고 눈치 보며 연구실을 지켜야 하고, 그렇게 주말 없이 매일을 연구실에서 보낼 때면 '내가 여기서 뭐 하는 건가?'란 생각이 들어요. 회사는 그래도 휴가라도 주잖아요."

많은 사람들이 대학원 진학을 고려하는 이유 중 하나로 "본인은 한국의 직장생활과는 맞지 않기 때문"이라고 얘기한다. 그리고 그들은 직장생활을 '돈을 위해 자유가 뺏기는 선택'이라고 여기는 반면, 대학원 진학을 '나를 위한 투자'라고 생각하는 경우가 많은 것 같다.

하지만 꼭 그렇진 않다. 당신이 어떻게 하는지에 따라, 주변 환경이 어떠한지에 따라 당신의 대학원 생활은 천국이 될 수도 있고, 지옥이 될 수도 있다. 결국 이 둘 사이의 선택은 우열의 문제가 아니라 적성의 문제이다. 그리고 본인이 추구하는 삶이 어떤 모습에 더 가까운지에 대한 문제이다. 그러니 대학원 진학이 꼭 회사에서 찾을 수 없었던 본인의 행복을 찾아줄 것이란 환상을 버리고 냉정하게 고민해보도록 하자. 나는 어느 곳에 더 어울리는 사람인가?

대학원에 대한 환상들

경영학과를 가는 많은 학생들은 아마도 미래의 CEO를 꿈꾸며 경영학과를 가지 않을까 싶다. 하지만 CEO의 가장 중요한 조건은 경영학과 졸업이 아니라 회장님 아빠의 존재라는 현실을 우리는 외면할 수 없다(농담…이다…). CEO가 된 자신의 모습만 그리며 경영학과에 진학하면 낭패에 빠지기 쉬운 것처럼 박사가 된 자신의 모습만을 그리며 대학원에 진학해서는 안 될 것이다. 성공했을 때의 모습보다 더 중요하게 생각해봐야 할 것은 그곳까지 도달하는 현실적 과정들이기 때문이다. 아이돌에 도전하는 많은 청소년들도 험난한 연습생 과정을 버티지 못하고 결국 어둠 속에 사라지지 않던가! 여러분은 지금 '스타'가 아닌 '스타 연습생'이 되는 선택을 한다는 것을 기억하자.

그렇다면 대학원을 꿈꾸는 사람들이 갖는 잘못된 환상에는 어떠한 것들이 있을까?

학부 공부로 뭘 알겠어? 석사 정도는 해야 뭘 아는 거지

전혀 아니다. 석사를 해도 모른다. 박사를 하면 아냐고? 사실 박사를 해도 모르는 것투성이다. 공부를 하면 할수록 내가 담아야 할 세상의 크기는 점점 커지는 반면, 내가 채울 수 있는 속도는 좀처럼 빨라지지 않기 때문에 내 지식의 결핍은 결코 채워지지 않는다. 또한 인간의 망각 속도는 위대하기 때문에 자신의 분야에 대해 더 전문가가 되어갈 수록, 다른 분야에 대해선 더 깜깜이가 되어가는 본인을 발견할 수 있을 것이다.

따라서 당신이 막연히 전반적인 지식의 향상을 위해 대학원을 택했다면 그 목적은 쉬이 실패할 가능성이 높다. 대학원은 타깃을 향해 뾰족한 창을 만드는 곳이지 넓은 지식의 바다를 만드는 곳이 아니기 때문이다. 대학원에 진학한다고 여러분이 더 넓은 지식을 갖게 되는 것은 아니라는 점을 기억하자.

석사나 박사 하면 아마 취직은 더 잘될 거야

전혀 아니다. 특정 분야를 공부하면 공부할수록 많은 기업들이 원하는 업무와의 적합성fit은 어긋나게 될 가능성이 높다. 회사 입장에선 학사도 어차피 적합성이 잘 맞지 않아 재교육시켜야 하는 현실인데, 석박사는 재교육을 시키기에도 더 부담스러운 존재일 것이다. 석박사는 자신이 투자한 시간과 노력이 있는 만큼 자신의 전문 분야를 고집할 수밖에 없다. 따라서 취업의 길은 더욱 좁아질 수밖에 없으며, 여기엔 늘 치열한 경쟁이 기다리고 있다. 박사학위 후 교수나 정부출연 연구소만 바라보며 떠돌고 있는 많은 시간 강사들과 박사후연구원 post-doc들을 보라. 그들 중엔 '차라리 일찍 취업이나 할 걸'이라며 대학원 기간 동안 자신이 잃어버린 기회비용에 대해 후회하는 경우도 많이 볼 수 있다. 석사나 박사학위가 꼭 취업에 악영향만 주는 것은 아니다. 하지만 꼭 득이 될 것이란 기대도 버리는 것이 좋다.

버티다 보면 학위는 나올 거야

석사는 학교에 따라 물렁물렁하게 봐주는 곳도 있어 그럴 수도 있을 것 같다. 하지만 학위 취득만을 바라보며 원치 않는 과정을 수행한다는 것은 매우 괴로운 일일 것이다. 사실 석사 진학에 대해서 개인적으로는 '너무 큰 고민을 할 필요는 없다.'라는 생각이다. 왜냐하면 2년의 대학원 생활이 지난 후 학자의 길이 나의 길이 아니라고 판가름이 나더라도 학계를 잠시나마 경험해보는 것은 좋은 경험이 될 수 있기 때문이다. 대학원 과정이 궁금한가? 그렇다면 석사 2년을 투자해보는 것도 나쁘지 않다고 생각한다. 인생은 길고 2년은 짧다. 하지만 만약 석사의 의미가 그저 '학위 획득'이라면 추천해주고 싶지 않다. 요즘 세상에 석사학위만으로 전문가 대우해주는 곳은 거의 없을 것이기 때문이다.

반면 박사과정에 대한 선택은 전혀 다른 문제이다. 이것은 인생의 방향을 결정짓는 큰 선택이기 때문이다. 박사학위를 얻으려면 논문자격시험qualifying exam을 통과해야 하고, 박사학위 논문 제출과 이에 대한 디펜스 과정을 거쳐야 하며, 졸업 요건으로서 저널논문 출판을 요구하는 등 시간만 버틴다고 박사학위를 주는 경우는 거의 없다. 만약 이러한 과정을 통과하지 못하고 수업만 마쳤다면 '박사 수료'라는 타이틀을 얻게 되는데, 사실 박사 수료는 그리 추천할 만한 커리어 패스는 아니다. 하지만 세상에 박사 수료자가 많다는 사실은 그만큼 박사학위 획득이 녹록지 않다는 뜻이기도 하다. 그러니 박사과정에 대해선 버티다 보면 학위를 받을 것이란 안일한 생각을 버리도록 하자.

이 외에도 사실 대학원 진학에 대한 오해가 너무나 많다. 중요한 점은 성공했을 때의 화려한 모습만을 상상하며 선택해선 안 된다는 점이다. 학위가 가져다주는 혜택은 부차적인 이유일 뿐이고, '정말 내가 대학원 생활과 특정 분야의 연구를 하고 싶은지'가 중요한 선택의 기준이 되어야 할 것이다. 신중한 선택을 위해선 대학원 생활에 대한 이해뿐만 아니라 나 자신에 대한 이해 역시 매우 중요하다. 진로는 외부 세계에 대한 질문이 아니라 본인 삶의 방향에 대한 질문이니 너무 세상의 말에 귀 기울이기보다 내 안의 목소리에 귀 기울이도록 하자.

3
취업이냐 진학이냐, 그것이 문제로다 (하)

선택을 앞두고 깊은 고민에 빠지는 건 너무나 자연스러운 일이다. 취업과 대학원 진학 사이의 고민 역시 고3 때 어떤 대학을 갈지 선택하는 것만큼이나 고민스러울 수 있다.

하지만 먼저 말씀드리고 싶은 점은 어떠한 선택 자체가 본인의 수준을 확 바꿔주진 못한다는 사실이다. 예를 들어 수학에 매우 뛰어난 업적을 남긴 수학 천재는 수학과가 아닌 물리학과를 갔더라도 잘했을 것이다. 반대로 기계공학과를 겨우 졸업한 학생은 만약 컴퓨터공학과를 갔더라도 매우 뛰어난 학생이 될 가능성은 희박했을 것이라 생각한다. 다시 말해 그 사람의 잠재력은 그 사람 자체의 재능과 태도에 있는 것이지 꼭 어떤 '잘한 선택'에서 비롯되진 않을 수 있다는 이야기다. 그러니 취업과 대학원 진학 사이에서 맞지 않는 선택을 했다고 꼭 인생이 망할 것처럼 생각하진 않았으면 좋겠다. 선택은 선택일 뿐

열매를 맺어주는 건 본인의 노력이다.

 개인적으로 나는 회사 경험과 대학원 경험 모두 삶을 살아가는 데 필요한 경험이라고 생각하기에 둘 다 해보시라고 추천하고 싶다. 예전에는 회사 경험 없이 학교에만 계속 있다가 교수가 된 사람 또는 대학원에 가보지 않고 회사에서만 평생을 일하다 정년퇴직한 사람들이 많았다. 하지만 지금은 수명이 길어지고 이직이 자유로워진 만큼 인생에서 두 가지를 모두 경험하게 될 가능성이 커졌다. 회사에 가도 언젠가는 다시 대학에 가 배워야 할 필요가 있을 것이고 학계에 있더라도 창업을 하거나 회사에 합류하여 현실 감각을 배워야 할 필요가 있을 것이다.

 그러니 '둘 중에 무엇을 할까?'의 고민에 대해 '이걸 하면 저건 못하게 될 거야.'라는 양자택일의 관점보단 '둘 중에 무얼 먼저 해볼까?'란 선후의 문제로 전환해 생각해본다면 고민의 무게가 한층 줄어들 것이다. 특히 석사 진학에 대해선 가볍게 생각해도 좋으니 너무 고민만 하다가 결정을 미루는 일은 없었으면 하는 바람이다.

회사 생활로부터 배울 수 있는 점

 내가 회사생활 경험을 통해 얻을 수 있었던 가장 큰 소득은 다양한 어른들의 삶을 엿볼 수 있었다는 점이다. 다들 아마 스무 살이 넘었기 때문에 성인이 되었다고 생각할지 모르겠지만, 그중 독립된 경제생활을 하는 이는 많지 않을 것이고, 가족을 부양하며 살아가는 이는 더 더욱 많지 않을 것이다. 그런 점에서 많은 대학생들은 아직 완벽히 독립된 어른의 삶을 살지 못하고 있는데 학교란 울타리는 이들의 사회적 독립을 더욱 더디게 만든다.

반면 회사에서는 남편으로서, 아내로서, 부모로서, 많은 책임감을 안고 살아가는 직장인들의 삶을 관찰할 수 있는데 그러한 모습을 곁에서 지켜보는 것이 어른이 되는 데 큰 도움이 된다. 대학교에 있었다면 비슷한 또래들에게만 둘러싸여 이만큼 다양한 삶을 관찰하기는 힘들었을 텐데 말이다. 또한 공동의 일을 함께 수행해야 하는 조직 속에서 누가 리딩을 잘하고 누가 팔로워십을 잘 발휘하는지, 혹시 남의 성과에 발만 올려 무임승차하는 사람은 없는지, 갑과 을의 착취관계란 무엇인지, 조직에서의 수직적, 수평적 관계는 어떻게 형성되는지 등을 지켜보는 것 역시 직장생활에서 배울 수 있는 삶의 큰 교훈들이다.

물론 회사에서 접하는 어른의 모습이 꼭 긍정적인 영향만을 주는 것은 아니다. 꿈을 잃고 기죽어 살아가는 직장인들을 보다 보면 자신 역시 허무주의와 냉소주의에 빠지게 될지도 모른다. 하지만 다양한 관찰 속에서 배울 점과 배우지 말아야 할 점을 골라내는 것 역시 본인의 몫이다. 회사 사람들 중엔 배울 점이 많은 사람부터 '저런 사람은 되지 말아야겠다.'라고 결심하게 만드는 사람까지 다양한 인물들을 목격하는데 그들의 모습을 투영해보며 자신의 인품과 태도를 갈고닦는 것 역시 큰 배움이 될 것이다. 회사는 확실히 대학원보다 큰 다양성을 지닌 사회로서 그 다양성만으로도 배울 점이 있다.

이상적인 경우, 회사는 개인으로서는 이루지 못할 큰 꿈을 실현시켜 줄 키다리 아저씨가 되어줄 수 있다. 회사가 나를 착취하는 것이 아닌 내가 나의 자아실현을 위해 회사의 자원을 이용한다고 생각하면 즐겁고 발전적인 회사생활을 할 수 있을 것이다. 중요한 것은 회사의 목표가 본인의 성장 방향과 일치하여 일이 곧 본인의 자아실현과 연결되게 만드는 것이다. 그러려면 배울 점이 많은 훌륭한 동료들이 있고, 본인의 가치와 비슷한 가치를 추구하는 회사를 만나야 할 것이다. 첨언한다면 이렇게 좋은 곳에 가는 방법은 단 한 가지, 본인 역시 그들과 어울릴 만한 훌륭한 사람이 되는 것이라는 점을 잊지 말도록 하자.

대학원 생활로부터 배울 수 있는 점

한편 대학원 생활로부터 배울 수 있는 가장 큰 이점은 아마도 논문을 통해 지식을 얻는 습관과 과학적 방법론으로 문제를 해결하는 경험이 아닐까 싶다.

지난 글에서 이야기했듯 대학원 생활을 통해 본인의 일반적인 지식 수준이 향상되리라 기대한다면 그것은 큰 오산이다. 오히려 해당 분야를 제외하고는 아무것도 알지 못하는 바보가 될 확률이 더욱 높다. 다만 대학원 과정을 마칠 때쯤이면 학문적인 호기심이 생겼을 때 논문을 검색해보고 이를 통해 지식을 습득하는 것이 자연스러워질 수 있다. 물론 현실적으로는 위키피디아를 검색하는 일이 많겠지만, 적어도 본인의 전문 분야에서만큼은 '마음만 먹으면 논문을 통해 최신 기술을 탐색할 수 있다' 정도의 자신감은 가질 수 있을 것이다.

대학원에서의 또 다른 배움은 지식 그 자체가 아닌 '지식을 얻는 과학적 방법론'을 경험하는 것에 있다. 이제까지의 지식이 책이나 강의로부터의 일방적인 주입에 기초했다면, 대학원에서는 스스로 문제를 정의하고 조사하고 탐구하여 새로운 방법에 대한 검증까지 마치는 일련의 과정을 경험할 수 있다. 이것은 매우 값진 경험이다. 대학원에서 논문을 읽고 써본 사람은 새로운 지식에 대한 무조건적인 수용이나 배격이 아닌 과학적 검증 체계를 통한 지식 습득 습관을 갖출 수 있을 것이다.

대학원 생활에서 배울 점을 하나 더 꼽는다면 '본인이 주도하는 삶'을 이야기하고 싶다. 이 역시 개인 차가 있고 환경 차가 있겠지만, 일반적으로 회사보다 대학원이 조금 더 큰 자유가 주어지는 것이 보통이다. 시간관리부터 연구에 대한 실행까지 스스로 규율을 세우고 스스로 탐색해 나아가는 것이 대학원 생활이다. 이러한 환경 속에서 때론 나태함에 빠지기도 하고 때론 무너진 워크-라이프 밸런스에 일 중독에 빠질 수도 있겠지만, 그러한 자율성을 주도해보는 경험 역시 대학원 생활에서 얻는 큰 배움 중 하나이다.

사소한 선택의 팁들

이제 선택의 시간이다. 본인의 선택은 회사인가, 아니면 대학원인가? 아직도 고민하실 분들을 위해 내가 선택을 내릴 때 가지고 있는 몇 가지 기준들을 공유해본다.

엉덩이가 불편한 쪽으로 선택하라

모두 지금까지 본인이 '선택해서' 현재에 이르렀다고 생각할지 모르겠지만, 사실 '선택하지 않아서' 남들 하는 대로 흘러가다 보니 현재에 와 있는 경우가 더 많을 것이다. 따라서 현재 본인이 학교에 있다면 '학교'라는 선택이 더 쉬울 것이고 회사에 있다면 '회사'라는 선택이 더 쉬울 것이다. 하지만 이렇게 관성을 따르는 선택은 최선의 선택이 아닌 게으른 선택을 할 가능성이 크다. 따라서 이러한 관성의 편향을 없애려면 조금이라도 '엉덩이가 불편한 쪽', 즉 변화의 쪽에 가중치를 둬서 선택해야 더 공정한 선택의 결과를 낳을 때가 많다는 점을 기억하자. 실제로 기존의 환경을 유지하는 것보다는 새로운 환경으로 변화를 주는 것이 더 많은 배움의 기회를 주곤 한다.

환상을 깨고 선택하라

위에서도 여러 번 언급했지만, 성공했을 때의 좋은 결과만 상상하는 것은 선택에 큰 도움을 주지 않는다. 결과는 순간이고 실제 겪게 되는 것은 기나긴 과정이기 때문이다. 나아가 대학원과 회사의 구도를 '투자'와 '소모'의 구도로 단순히 생각한다거나, 어느 한쪽 길이 더 순탄할 것이란 예단을 갖고 선택하는 것은 좋지 않다. 회사를 가더라도 직장생활에 만족하며 성장하는 사람이 있다. 반면 대학원에 가더라도 지옥 같은 생활에 졸업만을 바라보는 사람도 있다. 그러니 이런 외부적 요인에 휘둘리기보단 본인이 어떤 사람인지, 본인의 소중한 젊음의 나날들을 무엇을 하며 보내고 싶은지에 귀 기울이며 선택하는 것이 더 좋은 결과를 가져다줄 것이다.

대안 선택을 피해라

어떤 회사원이 창업을 결심했다고 하자. 그런데 결심의 이유가 '더는 회사 생활을 못할 것 같아서'였다고 한다. 과연 이 회사는 성공할 수 있을까? 아마 쉽지 않을 것이다. 이 사람은 선택이 아니라 도피를 한 것이기 때문이다. 대학원에 대한 선택 역시 마찬가지이다. '회사 생활이 싫어서'라거나 '난 아직 회사에 갈 준비가 안 된 것 같아서'와 같은 이유는 도피의 이유이지 선택의 이유가 아니다. 그러니 진짜 선택의 이유를 찾아보도록 하자. 왜 대학원에 가고 싶은가? 대학원에 가서 무엇을 이루고 싶은가?

'될 놈 될'의 교훈을 기억하라

선택이나 환경이 모든 성과를 만들어주진 않는다. A 환경에서 잘 헤쳐가지 못하는 사람은 B 환경에서도 그럴 가능성이 높다. 결국 무언가를 이루는 주체는 선택이 아닌 본인 자신의 노력이다. 속된 말로 '될 놈 될', 즉 될 놈은 뭘 해도 된다. 그러니 지금 선택의 이유가 현재 자신에 대한 막연한 불만에 기인하지는 않았으면 하는 바람이다. 환경은 거들 뿐 진짜 변화를 만드는 건 회사도 대학원도 아닌, 바로 본인뿐이다.

4
전공을 바꿔 대학원에 가고 싶어요

대학원 진학을 꿈꾸시는 분 중엔 '이제야 내가 하고 싶은 전공을 찾았다'며 전공을 바꾸고 싶은 분들도 많은 것 같다. 대학원을 통해 커리어 전환을 꿈꾸는 것이다. 하지만 여기엔 현실적인 문제가 있다.

'제가 가려는 분야로는 아는 것도 거의 없고 보여줄 성과도 없는데 어떻게 하면 그 분야의 대학원에 뽑힐 수 있을까요? 과연 교수님이 저를 받아주실까요?'

이쯤 되면 당신은 '경력 있는 신입'만 뽑는 취업준비생의 딜레마에 빠진 것이다. 교수는 자신의 연구 분야에 대해 전혀 경험이 없는 사람을 석사로 뽑고 싶어 하지 않는다. 반면 당신은 그 분야에 대해 전혀 경험이 없다. 경력 있는 신입만 뽑는 교수님과 전혀 경력이 없는 당신. 과연 대학원을 통한 커리어 전환은 성공할 수 있을까?

하지만 그전에 먼저 던져야 할 질문이 있다. '왜 전공을 바꾸고 싶은지?'에 대한 물음이다. 전공을 바꾼다는 것은 기존의 시간 투자를 헛수고로 만들 수 있고 앞으로의 투자는 얼마나 길어져야 할지 모를 매우 값비싼 선택이다. 그런 만큼 '전공 전환이 가능한지'에 대해 따져보기에 앞서 그 선택에 대한 정당성부터 살펴봐야 할 것이다.

여기엔 개인마다 다양한 사연들이 있겠지만 대체로 (1) 지금의 전공이 마음에 들지 않거나 (2) 가려고 하는 전공이 더욱 적성에 맞고 유망해 보이기 때문인 경우가 많을 것이다.

나는 왜 지금의 전공이 마음에 들지 않는가?

고3 때 진로 탐색에 충분한 시간을 투자하지 못했고 점수에 따라 학교를 맞춰가다 보니 지금의 전공에 오게 되었으며 실제 공부해보니 생각보다 적성에 맞지 않더라는 흔한 사연들……

하지만 본인의 전공을 버리기 전에 드리고 싶은 말씀은, 전혀 쓸모가 없다고 생각했던 지금의 전공도 미래엔 요긴하게 쓰일 수도 있다는 점이다. 개똥도 약에 쓰려면 없다는데, 여러분의 전공은 적어도 개똥보다는 더 자주, 그것도 훨씬 더 중요한 필요와 함께 마주치게 될 것이다. 그러니 현재의 전공에 애정이 뚝 떨어지셨더라도 포기하지 마시고 이것 역시 최선을 다하셨으면 좋겠다. 현재 전공에 대해 공부한 지식은 남지 않을지 몰라도 공부를 대하는 태도는 본인에게 남아 새로운 전공을 공부할 때도 이어질 것이기 때문이다. 만약 지금의 전공을 헛것으로 만들었다가 새롭게 찾은 두 번째 전공마저 헛것이 되

만약 스티브 잡스가 학부시절 캘리그라피를 배우지 않았더라면 이 시대의 컴퓨터는 모두 한 가지 서체만을 가지고 있었을지 모른다. 이처럼 '미래의 쓰임'이란 누구도 예측할 수 없는 것이니 모든 배움을 헛되이 보내지 않는 자세가 필요하다.

어버린다면 아무것도 남지 않은 빈털터리가 될지도 모른다.

"캘리그래피로 뭔가 쓸모 있는 것을 해낼 수 있을 거라는 기대는 애초부터 하지 않았죠. 하지만 그로부터 10년이 지난 뒤 매킨토시를 개발할 때 당시의 경험이 큰 힘이 되었습니다. 컴퓨터를 설계하는 과정에서부터 캘리그래피 기술을 적극적으로 활용했으니 매킨토시는 그 기술을 적용한 세계 최초의 컴퓨터인 셈이죠. 만약 그때 그 수업을 듣지 않았다면 이처럼 다양하고 독특한 서체font를 개발해내지 못했을 겁니다."

이는 애플의 창업자 스티브 잡스Steve Jobs가 훗날 캘리그래피를 배웠던 대학 시절을 회상하며 한 말이다. 이처럼 우리의 인생에선 생각지도 못했던 A와 B가 만나고 이를 C가 도와주는 일들이 비일비재하

1부 박사과정 대학원생의 이야기 **37**

게 일어난다. 그리고 이 모든 것이 가능해지려면 A, B, C 모두를 진지하게 내 것으로 소화해야 한다. 지금 버리려고 하는 자신의 전공이 미래에 소중하게 쓰일 A, B, C 중 하나일 수 있다.

그러니 현재의 전공을 너무 쉽게 무시해버리거나 불성실한 태도로 낭비해버리지 말고 잘 갈무리해서 미래의 무기로 가지고 있었으면 좋겠다. 당신의 홀대하는 지금의 전공이 스티브 잡스의 '캘리그래피'가 될 수도 있기 때문이다.

나는 왜 가려는 전공이 더 좋아 보이는가?

이 질문에 대해선 다음 두 가지의 편향적 생각에 대해 한 번 점검해 볼 필요가 있다. '이게 내 적성처럼 느껴진다'는 착각과 '이 분야가 유망하다'는 착각이다.

먼저 가려는 전공이 내 적성처럼 보이는 이유는 어쩌면 현재 내 상태가 매우 불만스러운 것에서 기인한 대조 효과인지도 모른다. 막상 새로운 전공에 진입해보면 그 전공이 생각했던 것만큼 아주 즐겁진 않을 수도 있다. 어떠한 취미도 직업이 되면 스트레스가 되고 만다고 하지 않던가. 쉬운 수준의 강연을 듣고 튜토리얼 강좌를 따라할 땐 그렇게 재미있어 보이던 전공도, 막상 전문적으로 파고들다 보면 이곳 역시 노잼의 벽, 난이도의 벽, 그리고 극한 노력의 벽에 둘러싸여 있다는 것을 깨닫게 될 것이다.

결국 이전 전공이든, 새로운 전공이든 많은 인내로 배움의 과정을 견뎌내야 전문가가 될 수 있다는 사실은 변하지 않는다. 어떤 분들은 '6개월만 배우면 프로그래머로 일할 수 있다.' '1년 코스로 전공을 세탁한다.' 등의 광고문구에 혹하실지도 모르겠지만, 그 어떤 단기 코스도 오랜 기간의 노력을 따라잡을 순 없다. 그러니 새로운 분야와의 허니문에 빠져 쉽게 마음을 뺏기기보단, 새로운 전공에서도 인내와 고통의 시간이 존재할 것이란 현실적인 가정하에 전공 전환에 신중을 기하셨으면 좋겠다.

그리고 '유망하다.'라는 전망도 사실 '최고 레벨의 전문가뿐만 아니라 평범한 레벨의 직장인 역시도 유망하다'는 아닐 수 있고 '몇십 년이 지나도 유망하다'는 말은 아닐 수 있다는 점을 명심하자. 지금 유망하다는 소식을 쫓아 전공을 바꾸는 것은 오늘의 경제뉴스를 보고 유망한 종목의 주식을 구매하는 것과 크게 다르지 않다 – 이미 늦었고 내가 졸업할 때쯤엔 레드오션이 기다리고 있다. 그리고 사실 그것이 유망할지 안 할지는 아무도 모르는 일이다.

그러니 '유망하다'라는 전망은 진로선택에서 철저히 무시해도 좋을 것 같다. 참고로 2007년 미국 US 뉴스에서 뽑은 미래 유망직종은 다음과 같았다.

내과 의사 보조, 공인 간호사, 기금모금 전문가, 직업관리사, 교육심리학자, 시스템 분석가.

이 리스트가 10년 뒤인 현재에도 최고의 직종이라는 것에 동의하는가? 예를 들어 적성에 맞는 직업을 추천해준다는 직업관리사는 2000년대 꾸준히 유망직종 리스트에 올랐던 직업인데 10년이 지난 지금도 기대에 걸맞는 위상을 보여주고 있는가? 그렇다면 현재 유망직종이라 불리는 '데이터 사이언티스트'나 '인공지능 전문가'의 미래는 어떨까? 과연 10년 뒤에도 여전히 유망할 것이라 자신할 수 있을까?

결국 전공을 바꾸는 선택의 기준은 외부가 아닌 나 자신의 목소리여야 할 것이다. 지난 글에서 강조했던 '될 놈 될의 교훈'을 기억하자. 본인의 성공 여부 역시 '무슨 전공을 선택하느냐?'보다는 '어떻게 그 과정을 수행하느냐?'에 달려 있다.

전공을 바꾸지 말라는 이야기가 아니다

이제까지의 말들이 혹시 "전공을 바꿔봐야 소용없어요."로 들렸는지 모르겠지만, 사실 나는 오히려 "현재의 전공에 얽매이지 말고 본인이 가고 싶은 길을 선택하세요."란 조언을 더 많이 드리는 편이다. 지금이야 학부 때 배웠던 전공들이 매우 크게 보이겠지만 지나고 보면 그것들은 단지 교양일 뿐이다. 이러한 교양과목에 묶여 미래의 선택을 제약한다는 것은 참 어리석은 일이다. 미래에 대한 선택은 내 삶의 방향에 따라 내리는 것이지 수능 성적에 맞춰 학과를 지원하듯 현재 내 성적에 맞춰 결정하는 것이 아니기 때문이다.

단지 지금까지 드린 말씀은 현재 전공을 실패로 규정해버리기에 앞서 전공을 대했던 자신의 태도를 돌아보고 새로운 곳에선 성공할 수 있을 것이라는 근자감(근거 없는 자신감)을 경계하며 '유망하다'와 같은 근거 없는 말들에 흔들리지 않는 선택을 하라는 말씀이었다. 다시 말씀드리지만 도전하고 싶은 분야가 있다면 새롭게 도전하시라. 냉정한 현실 인식 속에 투철한 배움의 자세를 갖춘 당신이라면 어느 분야에 도전하든 성공할 수 있을 것이다. 세상의 빠른 변화속도를 생각한다면 여러분은 두세 개의 전공 분야를 바꿔가며 시대의 흐름에 맞춰 변신에 성공해야 할 것이다. 특정 지식보다는 새로운 지식에 대한 빠른 학습 속도 learning curve를 가진 사람이 되는 것이 중요하다.

경력 있는 신입사원을 뽑는 딜레마를 뚫는 방법은 멀리 있는 것이 아니다. 어디서든 경력을 쌓는 방법 뿐이다. 일단 타 전공자인 본인이 입시의 다른 경쟁자들에 비해 덜 매력적인 후보자란 사실을 충분히 인지하고 있어야 한다. 그리고 객관적인 실력 역시 4년을 공부한 그들과는 비교할 수 없다는 점을 인정해야 한다. 따라서 그들 말고 본인이 뽑혀야 할 이유를 주장하기 위해서는 온라인 강좌 수강이 되었든, 개인적인 연구 프로젝트가 되었든, 관련 연구실에서의 인턴십이든, 다양한 방법을 통해 해당 분야의 경력을 쌓고 기록을 남기는 방법 외엔 뚜렷한 왕도가 없다. 공부하고 기록하고 연습의 흔적을 남기자. 진정성 있는 노력을 알아봐줄 교수님은 어딘가엔 분명히 존재할 것이다.

어떤 일을 하기 위해 내가 준비해야 할 것은 다양한 입시 조건 충족이 아니라 실제 그 일을 해보는 것이다. 예를 들어 인공지능과 관련하여 대학원에 진학하고 싶다면 경쟁자들보다 더 높은 학점, 더 높은 영어성적, 더 훌륭한 인터뷰 기술에 신경 쓰기보다 실제 인공지능을 공부해보고 연습 프로젝트를 깃허브_{GitHub}에 남기며 본인의 열정을 보여주는 것이 가장 좋은 준비 방법이다. 실제 학부생 중에는 학교 수업만 열심히 들었을 뿐 스스로 탐구하려는 열정을 보인 사람은 많지 않다. 그런데 열정을 보여준다면 아마 전공을 바꿔 대학원에 진학하는 것도 불가능은 아닐 것이다. 전공을 바꾸고 싶은가? 그렇다면 그 분야에 대해 열정을 보여주시라.

5
나의 유학 실패 이야기

많은 사람들이 유학을 꿈꾼다. 나 역시도 그중 한 명이었다. 어떤 사람이든 유학을 꿈꾸면 묻게 되는 질문들이 있는 것 같다.

"유학 가려면 성적은 얼마나 좋아야 해요?"

"영어성적은 얼마나 중요하나요?"

"지도 교수님과 컨택은 어떻게 하죠?"

나도 이러한 질문들에 대한 답을 얻기 위해 수많은 글을 검색하고 읽었던 기억이 난다. 유학 관련 OOO 커뮤니티에는 장학금 정보, 공부 팁, 토플시험장 후기 등 다양한 정보가 올라와 자주 방문하곤 했었다. 특히 '어드미션 포스팅' 게시판에는 유학의 관문을 뚫은 사람들이 자신의 성적과 함께 합격한 학교와 불합격한 학교를 공개하였는데, 마치 수능 성적과 배치표를 비교하던 고3 시절을 떠올리게 하는 장면들이었다.

이곳에 올라오는 '저도 드디어 이곳에 합격 소식을 올리게 되네요.'로 시작하는 글들은 유학 준비생들이라면 한 번쯤 써보고 싶은 꿈같은 글이기도 하다. 하지만 양지가 있으면 음지도 있는 법. 나의 스펙과 대비되는 합격자들의 화려한 스펙을 보며 나의 자존감은 끝없이 추락하였다. 합격생들의 조건만 따져보자면, 나는 내가 원하는 대학 그 어디도 갈 수 없는 암울한 조건을 갖추고 있었기 때문이다.

내 성적으로 유학 갈 수 있을까?

나는 서울대학교를 졸업했다. 석사학위도 있었고 국제학회 논문도 있었으며 회사에서 일한 경험도 있었다. 하지만 그게 전부였다.

나는 학부 학점도 낮았고, 영어성적도 낮았으며, 심지어 석사 학점도 그리 좋지 못했다. 내가 가진 낮은 성적에 대해 변명거리가 없는 것은 아니지만 나는 그냥 내 실력을 인정하기로 했다. 난 원래 공부를 잘하는 사람이 아니고 영어는 더욱 엉망인 사람이다. 주위의 서울대 친구들은 조금만 공부해도 토플 점수 조건은 충족한다기에 나도 당연히 그럴 수 있을 줄 알았지만, 내 근본 없는 영어 실력은 한 과목씩 번갈아가며 시험을 망치는 참사를 만들어냈다. 난 결국 또다시 시험을 치르기보다 그냥 내 실력을 인정하기로 했다. 난 공부도 못하고 영어도 못하는 사람이고, 학점과 영어성적이 내 실력을 잘 말해주고 있다.

그런데도 난 '그래도 내가 관악의 물을 먹었는데!'라는 허영이 좀 남아 있었던 것 같다. 주변의 친구들이 다 좋은 학교에 가니 나도 이 정도는 가야 하지 않을까 싶은 그런 마음? 그래서인지 내가 유학 준비를 하며 제일 자주 했던 일은 US 뉴스, QS 랭킹 등을 통해 각종 대학 랭킹을 확인하는 일이었다. 나는 내가 어느 정도의 능력이 되는 사람인지는 자각하지 못한 채 그저 톱 클래스 대학들의 연구실만 아이쇼핑eye browsing하며 허영심만을 키웠던 것 같다.

지금 생각해보면 내 행동이 고등학교 시절 대학 배치표만 바라보던 그때와 크게 다르지 않았다는 생각이 든다. 고등학생들을 만나 조언을 줄 땐 "전공이 중요해요."라며 꼰대의 말을 하면서도, 난 여전히 대학 랭킹이나 이름이 주는 현란함에 더 관심이 있었던 것이다. 그동안 맛봤던 '서울대'라는 후광이 너무 달콤했기 때문일까? 난 웬만하면 남들이 다 아는 명문대학교에 가고 싶었다. 그래서 늘 좋은 대학교의 틈새시장을 노리며 어떻게든 합격할 요행을 바랐다.

2012년에 나는 하버드, 카네기멜론, 조지아텍 등 이름만 대면 알 만한 대학 여덟 곳에 지원했고 모두 불합격 소식을 받았다. 마지막 학교에서 불합격 소식을 받았을 때의 그 참담함이란……. 실패를 모르고 살아왔던 내가 처음으로 낙방의 아픔을 겪는다는 건 참 쉽지 않은 경험이었다. 이미 긴 대학생활과 회사생활로 남들보다 늦은 유학길에 오른 내게 실패로 1년이 더 늦어진다는 것은 큰 부담으로 다가왔다. 내년의 도전도 성공하리란 보장이 없었기에 그 실패는 더 무겁고 참담했다.

'나 다시 도전해도 되는 걸까? 내년 입시에도 내 낮은 학점은 그대

로일 텐데······.'

유학준비 과정 돌아보기

유학준비를 시작하던 2012년 당시 나는 석사 병역특례로 월화수목금금금 일하는 회사에 다니고 있었다. 회사도 집에서 꽤 멀었던지라 아침 6시에 일어나 출근해 밤 11시가 넘어야 집에 오는 생활을 반복해야만 했다. 답답했던 회사의 위계 문화는 '이곳은 내가 있을 곳이 아니구나.'라는 생각을 더욱 강하게 하였고 나의 유학 결심을 굳히는 계기가 되었다.

"팀장님, 저 유학을 가려고 합니다. 그리고 이 회사에선 유학을 준비하기 어려울 것 같아 회사를 옮기려고요."

이날 이후 나는 팀장과 매주 면담하며 "앞으론 야근이나 주말 근무가 많이 줄어들 거다."라는 회유부터 "너 이 바닥 얼마나 좁은지 아느냐?"라는 협박성 발언까지 참 다양한 말들을 들어야 했다. 결국 여러 차례의 면담 끝에 난 퇴직을 연기하는 대신 '학원 가는 날 칼퇴근권'을 따냈다. 그렇게 2012년 4월 처음으로 토플학원 주말반을 다니기 시작했고 7,8월엔 GRE반을 다니며 영어시험을 치렀다.

결과는 좋지 못했다. 실력도 없었고 운도 따르지 않았다. 당시 토플은 보통 105점(상위권 110점), GRE Verbal은 155점(상위권은 160점)은 넘어야 톱 클래스 대학에 명함을 내밀 수 있다고 하는데, 내 성적은 그것에 미치지 못했다. 그리고 학점 역시 과에서 중간 정도의 평범한 성적이었다. 추천서는 석사 지도 교수님께 하나, 옆 연구실의 교수님께 하나, 그리고 회사의 선임분께 하나를 받았다. 그 세 추천서 중 그 어느 것도 인상적이지 않았을 것이라 확신한다. 그분들에겐 내가 그저 그런 사람이었고 교수님들도 나를 특별한 사람처럼 써줘야 할 동인이 없었기 때문이다.*

그렇게 10월에 모든 영어성적표를 받고 11월부터 허겁지겁 학업계획서 State of Purpose와 학교별 원서를 작성해 11월 중순부터 1월 중순까지 총 8개 학교에 원서를 접수하였다. 바쁜 회사 일을 처리하며 서로 다른 양식의 원서 작성하랴, 각종 증명서 떼랴, 외국에 우편 보내랴, 참 만만찮은 과정들이었다. 교수와의 컨텍이 중요하다기에 원서 제출 후에는 열 장짜리 슬라이드를 만들어 교수들에게 뿌리기도 했고, 그 연구실에 있는 한국 학생을 통해 나의 존재를 알리려고 애썼다.

하지만 불합격 소식이 들려올 때마다 나의 희망은 조금씩 무너져 갔다. 2013년 5월, 나는 모든 곳에서 불합격 소식을 통보받았고, 바로 그 해 12월로 다가온 지원을 준비해야 했다.

---

* 참고로 많은 분들이 교수님께 추천서를 받는 것부터 어려워 하는데, 그저 철판을 깔고 교수님 방문을 두드리는 수밖에 없는 것 같다. 첫 만남에 추천서를 부탁드리긴 부담스러울 수 있으니 처음엔 약속을 잡아 가볍게 인사를 드리고 그 뒤엔 한두 번이라도 일부러 시간을 내 찾아뵙는 것이 좋다. 나 같은 경우엔 휴가 때마다 찾아뵀다. 이 정도 되면 교수님들도 대충 눈치를 챈다. '나중에 추천서 부탁하겠구나…….' 그래도 이런 방법이 통보하듯 추천서를 요청하는 방법보단 나을 테니 유학을 고민 중이라면 우선 교수님과의 벽부터 깨길 바란다.

무엇이 문제였을까?

사실 문제가 아닌 점을 찾기가 더 어려울 것 같다. 내 지원서는 그 어느 것 하나 뛰어난 점이 없었다. 학점, 영어성적, 학업계획서, 추천서, 논문 실적 등 모든 것이 '꼭 뽑아야 하는 이유'와는 거리가 멀었다. 내가 목표로 하던 톱 스쿨의 교수들이라면 아마 이미 알고 있는 학생들이나 믿을 만한 동료의 추천을 받은 학생들만으로도 후보자가 넘쳤을 것이다. 그런 상황에서 특별히 인상적이지 않은 지원서의 익명의 외국인 학생을 뽑는다는 것은 교수로서는 참 위험한 도박일 수 있다. 다시 말해 내가 뽑히지 않은 건 교수의 입장에서 보면 어쩌면 당연한 선택이었는지도 모른다.

2013년 5월 마지막 불합격 소식을 들음과 동시에 나는 또다른 입시를 6개월 후에 앞두게 되었다. 그 사이 나는 과연 지원서의 어느 부분을 발전시킬 수 있을까? 영어성적? 학업계획서? 그것들을 발전시킨다고 과연 내가 6개월 뒤 합격증을 받아들 수 있을까? 나는 처음 겪어본 실패에 모든 것이 불안했다.

결과부터 말하자면, 난 6개월 뒤 새로운 6개의 대학에 지원했고 그중 네 곳에 합격하여 현재의 캐나다 워털루 대학University of Waterloo에 올 수 있었다. 하지만 난 영어시험을 다시 보지도 않았고 학업계획서를 크게 고친 것도 아니었다. 내가 6개월 동안 고민했던 것은 영어성적이나 학업계획서 같은 합격 기술이 아닌, 나 자신에 대한 탐구였다.

"나는 과연 무엇을 연구하고 싶은 사람인 걸까?"

6
나의 유학 도전
성공 이야기

또 한 번의 불확실한 입시를 앞둔 나는 근본적으로 이 길이 나의 길이 맞는지 깊은 회의가 들었다. 실제로 유학 도전 실패 후 깔끔히 포기하고 다른 길을 걷는 친구들을 종종 봐왔기에 나 역시도 그러한 선택을 하는 것이 맞지 않을까 의구심도 들었다. 특히 다양한 사회문제에 관심이 많고 책상 앞에 진득하게 앉아 있기보다 활발히 나대는 것을 좋아하는 나를 볼 때 내가 박사과정에 진학한다는 것은 무언가 잘못된 선택처럼 보였다.

사실 내가 유학을 가려던 이유도 본질적인 학문에 대한 욕구보다는 부차적인 이유들이 더 많았던 것 같다. 예를 들면 다음과 같은 것들이었다.

- 한국에서만 30년을 살았는데 외국에서도 한 번 살아보자.

- 나는 영어를 너무 못하는데 영어라도 확실히 배워오자.
- 답답한 회사는 내가 있을 곳이 아니다. 박사가 되어 좀 더 큰 자유를 누려보자.
- 인생은 긴데 내가 아는 건 너무 적은 것 같다. 지금이 아니면 또 언제 배울 수 있을까?

다들 그럴싸한 이유들이다. 하지만 아무리 그럴싸한 이유들이라 할지라도 모두 '부차적인' 이유일 뿐 그 이유만으로 박사 유학을 간다는 건 사탕 준다고 교회에 가는 것만큼이나 참 가벼운 선택일 것이다. 결국 가장 중요한 질문은 나의 지적 호기심이 어디를 향하는지에 있었다.

'4~5년이나 투자해 탐구하고픈 지적 호기심이 과연 내게 있기나 한 걸까?'

2013년 5월 모든 학교로부터 불합격 통지를 받고 새로운 지원서 제출을 단지 6개월 앞에 남겨놓은 그때 나는 모든 것을 버리고 나의 호기심을 쫓아 새로운 분야로 전공을 옮겼다. 석사 때 연구하던 로봇 모션 플래닝Robot motion planning도, 회사 때 담당업무였던 외골격 로봇Exoskeleton robot도 아닌, 한 번도 배워본 적 없는 머신러닝Machine learning으로의 무모한 도전이었다. 불안한 상태에서 더 불안한 상태로의 이동, 과연 나는 올해는 유학 갈 수 있을까?

머신러닝으로의 도전

나의 행동은 재수생이 점수 높일 생각은 안 하고 낭만만 좇는 정말 한가한 선택이었는지도 모른다. 하지만 나는 그 분야가 아니면 박사를 하는 의미가 없다고 생각했다. 내가 4~5년을 투자해 알고 싶은 분야는 머신러닝이었고 그 분야라야 내가 4~5년을 즐겁게 공부할 수 있을 것 같았기 때문이다.

문제는 내가 머신러닝에 대해 공부해본 적이 없었다는 사실이었다. 당시 나는 한국과학기술연구원KIST에서 척추손상 환자를 위한 착용로봇exoskeleton 개발에 참여하고 있었다. 나는 그 연구의 중요성을 알면서도 나의 지적 호기심과는 일치하지 않아 한껏 열정을 다하지 못하고 있었다. 다행히 함께 일하는 팀에서 진로에 대한 이런 나의 고민을 이해해주었고, 나는 머신러닝을 하는 새로운 팀에서 기회를 잡을 수 있었다. 새로운 팀에서 나를 받아들이는 데에는 한 가지 조건이 있었다. 2주 동안 연구계획을 준비해 그 발표로 팀을 설득할 수 있어야 한다는 조건이었다.

나는 주어진 2주간 책과 논문과 온라인 머신러닝 강좌와 함께 씨름했다. 과연 내가 어떤 연구주제를 파고들 수 있을지 알기 위해 머신러닝의 망망대해를 헤엄쳤다.

'어떤 연구주제가 나의 호기심과 맞닿아 있지?'

'관련해선 어떤 연구들이 진행되고 있고, 누가 이 분야를 리딩하는 선구자지?'

'지금까지 나온 연구의 한계점들은 뭐야?'

'한계점 극복을 위해 내가 기여할 수 있는 부분이 있지 않을까?'

더이상 나는 학교 랭킹이나 보며 그럴싸한 연구실을 쇼핑하는 쇼핑족이 아니었다. 과연 나는 무얼 연구하고 싶은 사람인지 나 자신과 넓은 학계에 대해 탐구했고 그 과정을 통해 내가 지향하는 연구 방향과 비슷한 연구실들을 찾을 수 있었다. 머신러닝 공부는 처음엔 막막했지만 여러 튜토리얼로 시야가 넓어지자 조금씩 가속이 붙기 시작했다. 2주 뒤 나는 기존에 내가 갖고 있던 연구자적 장점과 새로 공부한 논문들에서 찾은 연구의 기회를 잘 결합하여 나의 연구계획을 발표했다.

"음…… 빈곳들이 많아 보이긴 하지만, 그 주제로 한 번 학회 논문을 써보도록 합시다."

그렇게 나는 새로운 분야에 발을 디딜 수 있었다. 그리고 운 좋게도 머신러닝을 공부한 지 4개월 만인 2013년 9월에 나는 새로운 아이디어를 쥐어짜내 메이저 로봇학회인 ICRA_{International Conference on Robotics and Automation}에 새로운 논문을 제출할 수 있었다. 나도 내가 이렇게 짧은 기간에 논문을 낼 수 있을 줄 몰랐다. 하지만 정말 하고 싶은 분야를 연구하니 학습도, 연구 속도도 참 빨랐던 것 같다. 그제야 난 하고 싶은 연구만 하며 평생을 바친 학자의 마음을 조금은 이해할 수 있었던 것 같다. 하고 싶은 공부를 해야 공부가 재밌다.

나를 팝니다

하지만 지원서상에서 작년과 달라진 점은 단지 새로 제출한 논문 한 줄 뿐이었다. 그동안 연구에만 집중해왔기에 영어성적도 그대로였고 자기소개서는 아직 손도 대지 못했다. 이제 원서 제출까지 남은 시간은 고작 3개월. 발등에 불이 떨어진 나는 과연 무엇을 해야 할까? 토플, GRE 시험을 다시 치기에도 빠듯한 시간일 텐데. 이러다 또 1년 늦어지는 건 아니겠지?

나는 남은 시간 동안 영어성적을 올리기보다 연구자들과 직접 부딪치며 나 자신을 '판매'하는 방법을 취하기로 했다. 일단 내가 연구계획서를 만들며 관심을 가지게 된 교수들에게 나를 소개하는 슬라이드를 만들어 메일을 보냈다. 당연히 대부분으로부터 답장을 받을 수 없었다. 혹시라도 해당 연구실에 한국인이 있으면 그분께 메일을 보내 간접적으로 전달을 부탁하기도 했다. 하지만 그런 부탁에 흔들릴 유명 교수들이 아니었다.

이메일만으로는 한계가 있다고 느낀 나는 직접 만나 인터뷰 기회를 잡는 것이 좋겠다는 결론에 도달했다. 나는 당장 11월에 열리는 로봇학회 IROS International Conference on Intelligent Robots and Systems에 참가하기로 했다. 휴가 내고 자비로 가야 하는 큰 결심이었다. 숙소는 예전 연구실 후배들이 자는 호텔 바닥을 무료로 빌렸고 학회장도 일찍 귀국하시는 분의 이름표를 받아 대신 입장했다. 목적은 분명했다.

"셀 마이셀프Sell myself, 저를 팝니다."

나는 학회 중간 쉬는 시간만 되면 내가 관심 있는 연구자들을 찾아가 말을 걸었다. 이런 유명 연구자들은 보통 많은 연구자들에 둘러싸여 있어 말을 걸 타이밍을 잡기가 쉽지 않다. 나는 꾸역꾸역 빈틈을 찾아 어렵게 말을 섞었다.

"안녕하세요. 저는 이번에 당신의 연구실에 지원하려고 하는 학생이에요. 예전에 메일도 보냈는데 혹시 보셨나요? 못 보셨다고요? 그럼 잠깐 제 연구 분야를 소개해도 될까요?"

그렇게 연구자들을 찾아 나의 소개를 하고 다녔다. 절반 정도는 마치 길거리에서 원치 않는 전단지를 받은 표정이었다.

"혹시 가져오는 장학금 있나요? 없으면 아마 쉽지 않을 텐데. 그래도 한번 지원해봐요."

하지만 일부 긍정적인 반응도 있었다.

"메일을 보냈다고요? 미안해요. 워낙 메일들을 많이 받아서. 혹시 오늘 다시 메일을 보내줄 수 있나요? 확인해보고 연락해줄게요."

그렇게 나는 캐나다 워터루 대학교와 임페리얼 칼리지 런던Imperial College London의 교수에게 다시 메일을 보낼 수 있었고, 그들은 내 백그라운드가 마음에 들었는지 다음날 인터뷰를 제안하였다. 학회장 한편에서 진행됐던 한 시간 정도의 인터뷰에서는 나는 그동안 내가 어떤 연구를 했는지, 연구과정에서 어떠한 문제들이 있었는지, 그것들을 어떻게 해결했는지, 그리고 박사과정 동안 하려는 연구는 무엇이고 이에 대한 아이디어가 있는지 등에 대해 질문을 받았다. 인터뷰에선 대화 내용에도 관심을 가졌지만, 그보다 나의 사고과정이나 태도 등을 파악하며 학생이 어떤 사람인지 좀 더 알아보려는 느낌이 강했던 것 같다.

　만약 내가 지난 5월부터 내가 하고 싶은 분야에 대해 고민하고 연구하지 않았더라면 그 인터뷰에서 무슨 답을 할 수 있었을까? 만약 내가 대학 이름만으로 그곳을 선택하고 컨택했다면 교수는 아마 금방 나의 얕은 탐구 수준을 알아챘을 것이다. 하지만 나는 그동안 많은 고민을 해왔기에 기쁜 마음으로 즐겁게 나의 향후 연구 방향에 관해 이야기할 수 있었고, 고맙게도 난 그 자리에서 바로 합격 오퍼를 받을 수 있었다. 한 번의 큰 실패를 겪어봤기에 나는 그 기쁨을 두 배로 느낄 수 있었다. 불안함을 가득 안고 떠났던 학회 여행에서 나는 직접 부딪쳐 결국 목적을 달성했고 홀가분한 마음으로 한국에 돌아올 수 있었다.

　최종 선택은 캐나다의 워터루 대학교였다. 이곳을 선택한 가장 결정적인 계기는 그 연구실에 있는 학생의 강력한 추천 때문이었다. 내가 메일로 교수님은 어떤 사람인지 묻자 '교수님은 연구적으로나 인간적으로나 존경할 수 있는 분이다. 100% 보장한다.'라는 답을 주었다. 얼마나 훌륭한 분이면 학생이 이렇게 큰 확신을 가지고 교수님을 추천할 수 있을까? 한국에서는 교수님 욕밖에 안 하던데……. 나는 그 메일을 받자마자 워터루 대학교로 마음을 굳혔고 현재까지도 너무나 만족스러운 생활을 하고 있다. 누군가 나에게도 나의 교수님에 대해 묻는다면 나는 똑같이 말할 것이다. 교수님은 연구적으로나 인간적으로나 존경할 수 있는 분이다. 100% 보장한다.

유학도전의 성공 방정식?

먼저 말씀드리고 싶은 점은, 만약 내가 첫해에 유학도전에 실패해 다른 곳으로 진로를 틀었다 하더라도 그것이 실패는 아니라는 점이다. 만약 그 길이 본인과 맞지 않는 길이었다면 유학을 포기하는 것이 오히려 성공의 길일 수도 있다. 그러니 꼭 합격에만 목숨 걸지 말고 대학원 생활이 진정 본인이 원하는 길인지를 진지하게 자문해봤으면 좋겠다. 박사과정에 진학하려면 이유 말고 학문을 하고 싶은 진짜 이유가 필요하다.

가끔 나는 '내가 첫해에 유학에 성공했다면 어땠을까?'라는 상상을 해보곤 한다. 내 적성에 맞지 않았던, 하지만 연구경력상 강점이 있었던 착용 로봇 분야로 말이다. 그 분야로 유학을 하였더라도 나는 나름 열심히 연구하고 있었을 것이다. 하지만 마음 한 켠에 남아 있는 머신러닝에 대한 호기심은 풀지 못해 큰 응어리가 남지 않았을까 싶다. 유학 가서도 남들이 하는 연구만 부러워하며 또 다른 박사과정을 꿈꿨을지도 모른다.

내가 어떤 학교를 선택할지 고민하던 시절, 먼저 박사과정을 하고 있던 한 프랑스 친구가 내게 이런 말을 했다.

"학교 이름이 뭐가 중요해? 이름 없는 학교라도 내가 하고 싶은 연구를 할 수 있다면, 이름 있는 학교에서 하기 싫은 연구를 하는 것보다 100배 더 좋을 것 같아. 그게 하버드이든 MIT이든 말이야."

참으로 맞는 말이다. 유학을 준비하는 분들은 아마 일단 좁은 문을 통과하기 위해 스펙을 준비하는 데 안간힘을 쓰고 계시겠지만, 유학은 수단일 뿐이고 진정 성공을 얘기하고자 한다면 내가 가고 싶은 길부터 잘 그려봐야 할 것이다.

유학 입시를 통과하기 위해서는 좋은 학점, 영어성적, 자기소개서, 추천서, 지도 교수 컨택 등이 모두 중요하다. 하지만 더 중요한 것은 내가 정말로 하고 싶은 것을 찾고 그것을 향해 실제로 행동을 시작하는 것이다. 연구계획만 잘 세워져 있다면 6개월간 인턴십을 할 국내 연구실을 찾고 그 과정에서 논문 한 편을 내는 일도 불가능은 아닐 것이다. 그렇게 내가 진정으로 연구하고 싶은 마음이 여러 성과물 속에 녹아든다면, 여러분의 지원서는 특색 없는 학교 쇼핑족의 그것보다 훨씬 빛나는 지원서가 되어 있을 것이라 믿어 의심치 않는다. 모두 파이팅!

7
좋은 지도 교수 선택하는 법

대학원을 진학하는 데 있어 가장 중요하게 고려해야 할 요소는 무엇일까? 학교? 전공? 장학금? 아니면 연구 분야? 많은 고려 요소들이 있겠지만 나는 그 어떤 요소도 지도 교수만큼 중요하지는 않다고 생각한다. 만약 최악의 지도 교수 밑에서 하고 싶은 연구를 하는 것과 최고의 지도 교수 밑에서 싫지 않은 주제의 연구를 하는 것 중에 굳이 고르라고 한다면 나는 단연코 후자를 추천하고 싶다.

대학원생에게 지도 교수의 존재는 마치 갓난아이의 부모와 같다. 아이가 부모를 통해 세상을 배우듯 어떤 지도 교수를 만나느냐에 따라 학계가 푸른 바다처럼 보일 수도 혹은 더러운 시궁창처럼 보일 수도 있기 때문이다. 대학원 생활의 푸른 바다를 만나고 싶다면 좋은 지도 교수를 만나는 것은 필수적이다. 대학원 생활이 지식을 습득하는 곳이 아니라 나 자신을 성장시키는 곳이란 점을 상기한다면 좋은 지도 교수의 중요성을 이해할 수 있을 것이다.

하지만 많은 사람들이 학교 이름에 대한 미련을 버리지 못하고 '지도 교수 〉 연구분야 〉 장학금 〉 학교'여야 할 선택의 우선순위를 그 반대인 '학교 〉 장학금 〉 연구분야 〉 지도 교수'로 생각하는 것 같다. 마치 고등학교 때 '명문 대학의 안 좋은 과를 갈래, 아니면 후진 대학의 좋은 과를 갈래?'의 선택지 사이에서 고민하던 때처럼 말이다.

하지만 그런 얕은 고민으로 우리의 미래를 결정짓는 건 대학입시를 마지막으로 이별해야 한다. 대학원을 간다는 것은 나의 미래 인생을 그리는 일이다. 그러니 단순히 이력서에 어떤 대학교 이름을 올리느냐를 고민하기보다 소중한 나의 몇 년을 투자해 내 인생을 어떤 방향으로 변화시킬 수 있을지 고민해보는 것이 좋을 것이다. 그리고 그 몇 년을 천국 혹은 지옥으로 만들 힘이 지도 교수에게 있다.

좋은 지도 교수는 어떻게 만날 수 있을까?

학부생들이 먼저 유념해두어야 할 점이 있다. 교수가 학부생을 대하는 모습은 자신의 대학원생들을 대하는 모습과 크게 다를 수 있다는 점이다. 교수에게 있어 강의는 일종의 쇼와 같다. 그리고 학부생들은 그 쇼를 관람하는 관객들이다. 잘 짜인 쇼 속에서 좋은 사람인 척 연기를 펼친다고 그 배우가 꼭 좋은 사람이라는 뜻은 아니다. 마찬가지로 수업에서 좋은 모습을 보여주는 교수라고 해서 꼭 대학원생들에게 좋은 지도 교수라는 법은 없다. 그러니 보기 좋은 떡과 먹기 좋은 떡을 구분하도록 하자. 대외적으로 유명한 교수 역시 보기 좋은 떡에 불과한 경우가 많다. 바쁜 일정 와중에 실적을 유지하려면 실질적인 학생지도는 생략한 채 학생을 쥐어짜는 데에만 바쁠 수 있기 때문이다.

진학 전 지도 교수를 잘 알 수 있는 가장 좋은 방법은 직접 그 연구실에 들어가 인턴으로 연구에 참여해보는 것이다. 물론 인턴이 처음 부여받은 일은 단순한 조사나 반복 실험일 가능성이 크겠지만, 바로 곁에서 대학원생들의 삶을 간접 체험해볼 수 있다는 것만으로도 미래 계획을 세우는 데는 큰 도움이 될 것이다. 아울러 지도 교수님이나 연구 분야에 대한 선배들의 생각들을 듣다 보면 그 연구실로의 진학, 나아가 대학원 진학 자체에 대해서도 한번 검토해볼 수 있을 것이다(단, 대학원생들의 엄살에 주의하자. 보통 대학원에 있는 선배들은 대학원에 오지 말라고 하고, 회사에 있는 선배들은 회사에 오지 말라며 엄살을 부린다).

만약 인턴의 기회를 잡기 어려운 상황이라면 적어도 지원하려는 연구실의 대학원생과 대화라도 나눠보도록 하자. 직접 아는 사람이 없다면 아는 사람의 소개라도 받아서라도, 소개해 줄 수 없다면 메일을 보내서라도, 메일에 답이 없다면 직접 연구실로 찾아가 문이라도 두드려보자. 마침 지루해하던 대학원생이 좋은 말벗이 되어줄 테니 너무 걱정하지 말고 연구실 문을 두드려도 괜찮을 것이다. 이렇게 그 연구실의 사람과 대화를 해보는 것은 진학 전 꼭 해야 할 행동이다. 아무 정보 없이 나의 몇 년을 맡길 순 없지 않은가?*

---

* 대학원 재학생·졸업생들이 본인의 지도 교수를 평가하는 김박사넷(phdkim.net)을 이용해 교수를 파악하는 것도 좋은 탐색 방법이다.

어떤 유형의 지도 교수가 좋을까?

말 나온 김에 교수들의 유형별로 좀 더 깊은 분석을 해보도록 하자. 다음 그림에 나온 아홉 가지 교수 유형 중 최선은 누구이고 최악은 누구일까? 개인의 성향에 따라 교수와의 궁합이 달리 나타날 수 있겠지만, 활발하고 주도적인 성향을 가진 나의 입장에서 아래 유형의 순위를 매겨봤다.

9위 – 사이코

나는 일단 인간성 측면에서 실망을 안겨주는 지도 교수는 실력과 상관없이 최악이라고 생각한다. 마치 아동학대를 당하며 자란 아이가 나중에 부모가 되어 아동을 학대할 가능성이 크듯, 인성이 나쁜 지도 교수를 통해 학계에 입문한 학생은 본인도 그 악마의 모습을 닮게 될 가능성이 크다. 따라서 인간적으로 존경할 수 없는 지도 교수는 어떤 상황에서도 선택하지 않는 쪽이 좋다.

공동 6위 – 노예주인, 구멍가게 주인, 느긋한 교수

세상 어떠한 일이든 과유불급, 적정함을 지킬 때가 가장 보기 좋다. 그런 면에서 노예주인은 대학원생에 대한 지배 욕구가 너무 과해서, 반면 구멍가게 주인과 느긋한 교수는 자기 학생에 대한 의무를 다하지 않아서 모두 좋지 않은 지도 교수의 유형들인 것 같다.

이들 사이에도 굳이 등수를 가른다면 노예주인이 조금 더 나쁜 것 같다. 실제로 한국에는 이처럼 대학원생들을 노예처럼 부리는 교수들

이 종종 있다. 문제는 올바른 학문적 방향과는 별개로 진짜 교수 개인의 노예로서 부리는 경우가 많다는 것이다(사실 이런 교수는 노예주인 유형이 아니라 사이코 유형이다). 학문적으로 올바른 방향으로 이끈다고 하더라도 노예주인이 연구의 주도권을 독점하다 보면 학생은 연구의 재미를 잃은 채 연구실에서 퇴근만을 바라보게 될지도 모른다. 하지만 대학원은 자기 주도적 삶을 살기 위해 온 곳이 아니던가? 그러니 이런 노예주인 유형의 교수들은 피하는 것이 좋다.

구멍가게 주인과 느긋한 교수는 노예주인처럼 학생을 괴롭히지는 않지만, 학생의 열정을 자연스레 소멸시키는 경우가 많다. 열정은 전염병과 같아 열정이 넘치는 사람 곁에선 없던 열정도 샘솟아 나고 열정이 식은 사람 곁에선 나의 열정마저 빼앗기는 경우가 많다. 구멍가게 주인과 느긋한 교수 곁에선 학생마저 열정을 잃고 표류하기에 십상이다. 교수가 안빈낙도 하는 모습만 보며 시간을 떼우기 위해 대학원에 간 것은 아닐 테니 이런 교수 유형도 피하도록 하자.

5위 - 달변가

이 교수들의 장점은 본인의 연구를 중요한 연구처럼 포장해 세일즈 하는 능력이 탁월하다는 점이다. 결과적으로 과제비를 충분히 확보함으로써 경제적으로 풍족한 연구실을 만드는 장점이 있다. 부모의 중요한 역할 중 하나가 자식의 생계를 책임지는 경제력이듯 지도 교수의 과제 획득 역량 역시 매우 중요한 지도 교수의 덕목 중 하나다.

반면 이런 교수 밑에서 배우다 보면 자칫 학문에 대한 진중한 자세를 잃기 쉽다. 원래 학문은 인내와 함께하는 법인데 '발표할 때 잘 포장하면 되지.'라는 생각이 자리 잡다 보면 눈속임의 유혹에 빠져 진정한 연구를 하지 못할 가능성이 크다. 특히 달변가인 교수 중 TV에 노출되는 것을 좋아하는 교수는 절대적으로 피해야 한다. 그들은 논문에는 관심 없고 TV 출연에만 관심이 있으며 정작 학생의 연구는 지도

해줄 시간도, 지도해줄 능력도 없는 경우가 많기 때문이다.

4위 – 반쯤 신

반쯤 신은 매우 좋은 교수일 수도, 매우 나쁜 교수일 수도 있다. 만약 교수의 얼굴을 거의 볼 수 없다면, 그리고 교수의 역할을 위임받은 포닥이나 사수마저 그리 배울 점이 없는 사람이라면 이 유형은 '구멍가게 주인'과 별반 다르지 않을 수 있다. 어쩌면 당신은 그저 방치될지도 모른다.

하지만 본인의 실력이 늘어 교수의 총애를 얻고 교수와 대화를 할 수 있는 수준이 된다면, 반쯤 신은 심오한 학문적 깊이와 높은 덕망에 의한 넓은 인적 네트워크를 가진 매우 강력한 유형의 지도 교수라 할 수 있다. 그리고 보통 학회를 가거나 졸업 후 취직 시장에 나가면 지도 교수의 이름이 마치 브랜드처럼 따라붙게 마련인데, 이때 반쯤 신의 이름은 본인의 존재를 각인시키는 데 매우 큰 역할을 할 것이다.

공동 2위 – 통제광, 과학 오타쿠

석사생이라면 태업을 일삼는 교수보단 오히려 통제광이나 과학 오타쿠를 추천하고 싶다. 통제광이나 과학 오타쿠는 학생의 연구에 사사건건 개입하기에 때론 성가시게 느껴질 수도 있다. 하지만 그들이 얘기하는 사소한 디테일들이 처음 연구를 하는 학생들에겐 매우 소중한 팁들이 될 수 있다. 이러한 연구 팁은 논문에도 나와 있지 않다. 통제광과 과학 오타쿠는 주니어 연구자들에겐 좋은 습관을 몸에 익히게 하는 좋은 지도 교수의 유형이라고 생각한다.

다만 그러한 개입이 '학문에 대한 꼼꼼함'에 국한되어 있다는 점에서 노예주인과는 구분할 필요가 있다. 즉 통제광의 통제가 만약 사생활의 영역까지 넘어와 학생이 숨을 쉴 수 없는 지경까지 만든다면, 그 교수는 통제광이 아닌 노예주인으로 불러야 맞을 것이다. 만약 통제광이나 과학 오타쿠임에도 불구하고 학생의 의견도 경청해주는 교수라면 이보다 더 금상첨화일 수는 없을 것이다. 강력 추천한다.

1위 – 떠오르는 별

본인의 실력만 준비되어 있다면 떠오르는 별이 쏘는 로켓에 함께 탑승해 성장하는 것이 가장 이상적인 지도 교수이지 않을까 싶다. 다만 떠오르는 별은 매우 바쁘기에 정신 차리고 따라가지 않으면 낙오되기 쉬울 것이다. 떠오르는 별 곁엔 주로 엄청난 실력자들이 포진한다. 만약 본인의 실력이 이들의 실력에 한참 못 미친다면 제대로 된 관심도 받지 못한 채 버려질지도 모른다. 그러니 마음 단단히 먹고 떠오르는 별의 꼬랑지를 잡아보도록 하자. 만약 본인의 실력이 아직 떠오르는 별을 쫓아가기 부족하다고 생각된다면, 더 많은 대화와 관심을 가져주는 통제광이나 과학 오타쿠가 더 나은 유형일 수도 있을 것이다.

8
영어 못해도 영어 논문 잘 읽는 법

"그 책 번역 정말 못 읽겠더라. 차라리 원서로 읽지 그래?"
"맞아! 어떻게 한글이 영어보다 어렵니? 원서가 읽기 훨씬 쉬운 듯."
학부 시절 영어가 벅찼던 내가 운 좋게 번역본을 구해 들고 있을 때면 친구들은 항상 이런 말들을 건넸다. "번역본이 훨씬 읽기 어렵지 않아?"

나도 "응. 그냥 원서로 읽을 걸 그랬나 봐."라고 대답하고 싶었지만 그럴 수가 없었다. 이 번역이 발 번역이라면 내가 하는 번역은 똥 번역이었기 때문이다. 원서로는 하루 한 페이지도 읽기가 어려운데 어찌 이 영어실력을 가지고 원서로 공부를 할 수 있을까? 그래서 나는 늘 번역서를 찾아 헤맸고 번역서가 없을 땐 번역본이 있는 비슷한 책을 구해 공부하곤 했다.

하지만 대학원생 그 누구도 영어의 벽을 피해 갈 순 없다. 특히 최신 연구를 영어 논문으로 접해야 하는 대학원생들이라면 정확한 영어 독해 실력은 필수이다. 학부 때는 번역본이라도 내용만 정확하게 이해하면 됐겠지만 석박사는 학문의 최전선에서 지식을 받아들이는 전문가를 지향하는 만큼 번역본이 나오기만을 기다려선 안 될 것이다. 석박사는 영어를 잘해야 한다.

그렇다면 영어에 까막눈인 사람도 영어 논문을 효율적으로 읽을 수 있을까?

논문 영어, 겁먹지 마라

사람들은 "그냥 논문만 읽기도 어렵고 영어만 읽기도 어려운데, 논문 영어면 얼마나 어렵겠어?"라며 지레 겁을 먹는다. 하지만 사실 논문 영어는 일상 속 영어, 뉴스 속 영어, 소설 속 영어보다 훨씬 쉬운 영어로 이루어져 있다. 논문은 표현의 간결성conciseness과 명료성clarity이 매우 중요하기 때문에 이유 없이 추상적인 말이나 모호한 말로 논점을 흐리지 않기 때문이다. 게다가 논문 구조는 대부분 다음과 같은 구성을 따르고 있다.

나는 이런 문제를 풀 거야 (abstract)
사실 이 문제는 이런 동기에서 연구가 시작된 건데 (introduction)
관련해서 이런저런 접근들이 있었지 (related works)
난 이런 새로운 방식으로 접근해보려고 하는데 (method)

정말 이게 효과적인지 실험도 해봤어 (experiment)

실험 결과는 이렇게 해석할 수 있지 (discussion)

마지막으로 너를 위해 요약해줄게 (conclusion)

논문은 위의 구성에서 '이런, 저런, 어떻게'와 같은 대명사들을 특정 연구 내용들로 치환한 문서이다. 수식이 어려워 못 읽겠다는 분도 있는데, 수식은 문장으로는 명확히 이해되지 않을 때 혹은 그 논문을 직접 재현해야 할 때 필요한 것이다. 대부분의 논문들은 그 수식의 의의와 역할 정도만 알아도 전체 논문을 이해하는 데는 큰 지장이 없다.

그러니 너무 겁먹지 말자. 일상 영어를 못해도 영어 신문을 못 읽어도 영어 논문은 충분히 읽을 수 있다.

읽을 논문 선택하기

처음 석사에 들어간 분들은 읽을 만한 논문을 선택하는 일부터 쉽지 않을 것이다. 가장 간편한 방법은 구글 스칼라 Google scholar를 이용하는 것이다. 웹문서를 검색하듯 구글 스칼라에 관심 있는 키워드를 넣고 검색하면 관련 논문들이 검색된다. 처음 연구 분야를 접하는 분들이라면 'review' 'overview' 'survey' 'tutorial'과 같은 검색어를 함께 넣어 검색해보면 좋은 리뷰 논문들을 발견할 수 있을 것이다. 리뷰 논문이란 특정 문제의 해결책을 제시하기보다 이제까지 제안되었던 관련 연구들을 검토하거나review, 훑어보거나overview, 조사하거나 survey, 쉽게 설명하고 있는tutorial 논문들을 말한다. 따라서 처음 해당 분야를 접하는 이들이 전체적인 연구 흐름을 쫓아가는 데 좋은 길잡이가 되어준다.

논문을 고를 때는 출판 연도, 논문 인용 수, 그리고 저자를 확인해 보면 좀 더 믿을 만한 논문을 골라 읽을 수 있다. 논문 인용수가 많더라도 너무 옛날 논문이라면 조금 더 최신의 논문부터 읽어보길 권한다. 논문을 읽다가 좀 더 배경지식이 필요하다고 느낀다면 그때 옛날 논문을 읽어도 늦지 않기 때문이다. 논문을 읽기 전에 1저자와 마지막 저자(보통 지도 교수가 위치하는 자리)를 클릭하여 그들의 출판 논문 리스트를 보는 것도 유용하다. 이런 과정을 통해 해당 논문의 신뢰성도 검증할 수 있고 관련 논문도 찾을 수 있다.

이 글에선 한 가지 예로서 내가 2017년에 쓴 논문을 함께 읽어보겠다. 논문 제목은 "Data Augmentation of Wearable Sensor Data for Parkinson's Disease Monitoring using Convolutional Neural Networks (2017)"[*]. 제목에서 이 논문이 웨어러블 센서를 이용한 파킨슨병 환자의 모니터링에 관련된 논문임을 알 수 있다.

초록

세상의 연구자 중 99%는 초록abstract부터 읽는다. 초록은 마치 「출

---

[*] https://arxiv.org/abs/1706.00527

발 비디오여행」에서 보여주는 영화의 하이라이트와 같기 때문이다. 게다가 대부분의 논문들은 '초록 읽기' 단계에서 나머지를 읽을지 말지를 결정할 수 있다. 그러니 초록의 한 문장 한 문장을 놓치지 말고 꼼꼼히 읽어보며 전체 논문의 주제를 파악하도록 하자. 다음은 예시 논문의 초록이다.

While convolutional neural networks (CNNs) have been successfully applied to many challenging classification applications, they typically require large datasets for training. (기존 방법의 한계점을 이야기하고 있군.) When the availability of labeled data is limited, data augmentation is a critical preprocessing step for CNNs. (한계 극복을 위해선 Data augmentation이란 게 필수래.) However, data augmentation for wearable sensor data has not been deeply investigated yet. (하지만 이것이 웨어러블을 위해서는 아직 개발되지 않았다고 하는군. 아마도 이걸 주제로 한 연구인 모양이야.)

In this paper, various data augmentation methods for wearable sensor data are proposed. (역시나 그것이 주제가 맞았군.) The proposed methods and CNNs are applied to the classification of the motor state of Parkinson's Disease patients, which is challenging due to small dataset size, noisy labels, and large intra-class variability. (제안된 방법론이 현재까진 해결

하기 어려웠던 문제인 파킨슨병 모니터링에 적용되었다.) Appropriate augmentation improves the classification performance from 77.54% to 86.88%. (결국 성능을 높였다고 하는군.)

논문 초록을 통해 적어도 이 논문이 무슨 문제를 풀고 있고, 어떠한 기여를 담고 있는지 파악해야 한다. 이 단계에서 만약 해당 논문이 본인의 관심사가 아니라면 적당히 그림들만 둘러보고 다른 논문을 찾아 떠나도 좋다.

우리가 선택한 이 논문에서는 많은 데이터가 필요한 CNN 방법을 위해 적은 데이터를 증강data augmentation시킬 수 있는 방법론을 담고 있고, 그것이 파킨슨병 환자 데이터에 적용되어 실질적인 효과를 보았다고 한다. 이 정도 파악이 되었다면 다음 단계로 넘어가도록 하자.

결론

논문은 꼭 순서대로 읽을 필요가 없다. 나 같은 경우엔 내가 초록을 통해 '다루는 문제와 이 논문의 기여'를 파악한 후 내가 제대로 이해 했는지 확인하기 위해 결론을 먼저 읽어본다. 결론은 초록과 매우 유사한 내용을 담고 있지만 실험 과정, 결과, 의의가 좀 더 자세하게 적혀 있는 경우가 많다.

In this paper, an automatic classification algorithm for PD

motor state monitoring is developed based on wearable sensor data. PD motor state classification is a challenging task because of large inter-class variability, noisy labels, interference by irrelevant motion signals and limited data availability. The challenging PD task is successfully tackled using a 7-layer CNN and the proposed data augmentation methods. The combination of rotational and permutational data augmentation methods improves the baseline performance of 77.52% accuracy to 86.88%. Systematic experiments with various data augmentation methods provide a direction towards a general approach for augmentation for wearable sensor data.

대충 보면 초록과 비교해 '7-layer CNN'이 적용되었다는 구체적인 방법론이 추가되었고 문제와 결과에 대해 조금 더 상세하게 기술되었을 뿐 크게 다르지 않은 내용이 담겼음을 알 수 있다. 만약 결론까지 읽었는데도 논문의 개괄이 잘 와닿지 않는다면 논문 속 그림과 표를 훑어보는 것이 좋다. 그림은 영어보다 훨씬 읽기 쉬우니 말이다. 이 논문에서는 웨어러블 센서 데이터의 다양한 예제와 제시된 방법론을 통해 증강된 데이터의 예제가 그림으로 나와 있고, 파킨슨병 환자에게 적용했을 때 볼 수 있었던 효과가 표로 정리되어 있다. 이쯤 되면 이 논문이 무얼 하려고 하는 논문인지 명확해진 것 같다.

서론

서론Introduction이야말로 초짜 대학원생들에겐 가장 보물과 같은 부분이다. 논문의 본론에서는 단 한 가지 문제의 해결에만 집중하고 있는 데 반해 (게다가 이해하기도 어렵다!) 서론에서는 타깃 문제와 관련하여 주옥같은 관련 연구들을 요약과 함께 매우 친절히 소개하고 있기 때문이다. 논문의 서론은 다른 논문을 소개해주는 메뉴판과 같다. 그러니 꼭 이 논문의 방법론은 읽지 않더라도 서론을 통해 다음 읽을 논문을 소개받도록 하자.

한 논문의 서론에선 적게는 한두 개에서 많게는 대여섯 개 정도의 읽을 논문 리스트를 발견할 수 있을 것이다. 그리고 그다음 것을 읽으면 또 주렁주렁 또 읽고 싶은 논문들이 생긴다. 이처럼 첫 논문을 선택하고 읽는 것이 어렵지 그다음의 사슬을 따라가는 것은 그리 어렵지 않다. 이렇게 줄기의 줄기를 따라가다 보면 어느새 그 연구 분야에 대해 대략적인 연구 개괄을 파악할 수 있을 것이다.

서론은 (1) 풀려고 하는 문제가 무엇인지, (2) 왜 이 연구가 중요한지, (3) 다른 연구와 달리 본 논문의 아이디어는 무엇인지 등을 개괄적으로 설명해준다. 또한 서론은 관련하여 다른 연구들도 간략히 소개해주는데, 각 예시에 산만하게 빠져들기보다 전체적인 그림을 그리는 데 집중하도록 하자. 서론의 모든 내용은 본론을 잘 이해시키기 위해 존재하는 것이다.

여기까지 읽었다면 이미 논문의 절반은 이미 읽은 것이다! 서론에서 다른 흥미로운 논문을 소개받아 그쪽으로 넘어가고 싶다면 여기에서 읽기를 멈춰도 좋다. 하지만 그런 식으로 논문만 소개받다가는 소개팅만 100번 하고 연애 한 번 못해본 사람으로 끝날 수 있으니 좋은 논문을 만난다면 꼭 끝까지 읽어보도록 하자.

방법과 실험

이제까지의 논문 읽기가 '무엇을' '왜' 연구하는지 대한 내용이었다면, 방법과 실험Methods & Experiments은 '어떻게'에 대한 저자의 방법과 검증에 대한 설명이다. 이 부분을 읽는 데는 왕도가 없다. 그저 저자의 실험 과정을 '뚫어져라' 반복해 읽는 방법뿐이다. 글과 수식과 그림을 종합하며 저자가 설계한 실험 목적, 방법, 결과를 찬찬히 이해해보자.

"수식이 이해되지 않으면 어찌하나요? 그냥 넘어가야 하나요?"

논문 읽기를 어려워하는 분들에겐 수식도 영어 못지않은 큰 장벽일 것이다. 중요한 건 그 수식의 역할이다. 수식이 무엇을 입력값으로 받아 무엇을 결과물로 내놓는지 보고, 이렇게 하는 이유가 무엇인지, 즉 그 수식의 역할을 파악하는 것이 중요하다. 하지만 만약 그 논문이 본인에게 정말 중요한 논문이라면 관련 교과서들을 공부하며 수식까지 이해하는 것이 좋다. 대학원 공부는 이렇게 하는 것이다. 수업에서 가르쳐주는 내용만 배우는 것이 아니라 논문을 이해하기 위해 스스로 찾아서 하는 공부가 대학원 공부이다.

큰 줄기를 이해했다면 디테일을 모두 이해할 수 없더라도 다음 단계로 넘어가도 좋다. 중요한 것은 수식이 아니라 '내가 뭘 읽고 있는지'와 '내가 왜 읽고 있는지'를 주기적으로 점검하며 능동적 이해의 자세를 견지하는 것이다. 혼미해지는 정신 꽉 부여잡고 논문의 핵심 스토리에 집중하자.

읽은 후 정리

논문을 다 읽었다면 처음에 언급했던 논문의 구성에 따라 본인이 이해한 바를 노트로 정리하는 것이 좋다. 다른 사람들 앞에서 발표를 해보는 것도 좋은 방법이다. 또한 '나의 논문에 이 논문을 인용해야 한다면 어떻게 표현하는 것이 좋을까?'라며 한 문단으로 이 논문을 요약해보는 것도 좋다. 이렇게 정리한 노트들은 나중에 본인의 논문을 쓸 때 매우 큰 자산이 될 것이다. 마지막으로 우리가 지금까지 예시로 둘러봤던 논문을 노트에 정리한다면 다음과 같이 쓸 수 있을 것이다.

- 나는 이런 문제를 풀 거야 abstract
  → 딥러닝을 웨어러블에 적용할 때 데이터가 부족한 경우 이를 증강하는 방법에 대한 연구
- 사실 이 문제는 이런 동기에서 연구가 시작된 건데 introduction
  → 파킨슨병 환자의 증상을 생활 속에서 진단하려면 딥러닝이 필요한데 수집할 수 있는 데이터의 수가 적다.

- 관련해서 이런저런 접근들이 있었지related works

    → 데이터가 적은 경우 비전, 음성과 같은 다른 도메인에서는 어떻게 다루어왔는지에 대한 조사. 그리고 파킨슨병 환자의 모니터링 연구에 대한 조사.

- 난 이런 새로운 방식으로 접근해보려고 하는데method

    → 데이터 증강 방법 제시

- 정말 이게 잘되는지 실험도 해봤어experiment

    → 10%가량의 성능 향상

- 이를 통해 알아낸 사실도 있지만 한계점도 있지discussion

    → 적절한 데이터 증강 방법은 타깃 태스크마다 다를 수 있어 직접 실험해 검증해보는 것이 좋다는 한계

- 마지막으로 너를 위해 요약conclusion

    → 이제 이 논문이 어떤 논문인지 알겠지?

9
영어 못해도 영어 논문 잘 쓰는 법

논문을 쓰는 일은 결코 쉬운 일이 아니다. 영어로 쓰는 논문이라면 더욱더 그럴 것이다. 나는 첫 해외 학회 논문을 석사과정이 끝날 무렵에야 쓸 수 있었는데, 당시엔 영어로 한 문장 한 문장 쓰는 것이 무척 고역이었던 기억이 난다.

'In these days, OOO approaches have been attracted large attentions…… 아냐 아냐…OOO approaches have shown a powerful performance in OOO in the last decade…… 아냐 아냐…… 딴 곳에선 어떻게 시작했는지 더 찾아봐야 하나?'

나는 문장 하나하나를 좀 더 영어답게 쓰기 위해 수많은 논문 속 문장들을 찾아보며 이 문장 저 문장들을 짜깁기하듯 인용해 와야했다.

그렇기에 나의 논문 쓰는 속도는 매우 느릴 수밖에 없었다. 더 끔찍했던 점은 이렇게 어렵게 완성한 문장들이라 할지라도 내용이 달라지면 모두 버리고 새로 썼어야 했다는 점이다.

나는 아직도 논문을 쓰는 일이 어렵다. 매력적인 초록과 서론을 쓰는 것은 여전히 지상 최대의 과제이고, 한국적 사고방식의 틀에 박힌 나의 영어는 늘 작문의 발목을 잡는다. 나도 아직 정복하지 못한 부분이긴 하지만 함께 고민해보자는 차원에서 감히 이 글을 써본다.

일단 써라

논문 쓰기에 진척이 없는 가장 큰 이유는 결국 아무것도 쓰지 않아서다. 일단 쓰시라. 영어가 어렵다면 한글로라도 좋다. 영어든 한글이든, 일단은 뭐라도 캔버스 위에 그려져야 전체 구성이 보이고 부족한 부분들이 보인다. 머릿속의 생각을 글로 정리하다 보면 연구만 할 때는 미처 느끼지 못했던 논문 조사나 필요성이나 추가 실험의 필요성을 종종 느끼게 된다. 이 경우 다시 연구로 돌아갔다가 다시 논문 쓰기로 돌아와야 한다. 이처럼 논문은 연구를 다 하고 쓰는 순차적 과정이 아닌, 쓰기와 연구가 오가는 상호 보완적 과정임을 인지하자. 이렇게 캔버스 위에 전체 그림이 그려져야 지도 교수님, 그리고 다른 동료와의 활발한 토의도 가능하다.

그러니 연구가 완전히 끝나지 않았다 하더라도 일단 쓰시라. 추천하는 방법은 처음부터 완벽한 문장을 쓰려고 하는 것보다 일단 목차를 나누고 각 섹션에 들어갈 내용을 개조식bullet form으로 적어보는 것이다. 이렇게 개조식으로 무엇이 들어가야 할지만 적어도 아마 목표 분량의 절반은 채울 수 있을 것이다. 그리고 사이사이에 어떤 형태의 그림과 표가 들어가면 좋을지도 대충 만들어 넣어보자(손으로 그려 넣어도 좋다.). 그렇게 분량을 채우고 나면 전체적인 윤곽도 보이고 글을 쓰는 것에 대한 부담도 줄어들어 논문을 쓰는 일이 훨씬 수월해질 것이다.

초록과 서론

사람을 만날 땐 첫인상이 매우 중요하다. 논문도 마찬가지다. 추측건대 아마도 90%의 논문은 초록Abstract과 서론Introduction 일부만 읽힌 채 버려지지 않을까 싶다. 이는 논문이 학회 혹은 저널의 심사를 받을 때도 마찬가지이다. 초록과 서론이 형편없으면 그 이후 내용에 대한 기대도 사라져 논문에 대한 부정적 평가가 나오게 마련이다. 그러니 이 부분을 작성하는 데 전체 40% 이상의 노력을 기울이도록 하자.

'서론을 읽고 난 뒤 독자가 어떤 느낌을 받았으면 좋겠는지'를 상상해보면 반대로 서론에서 어떤 내용을 제시해야 하는지도 쉽게 가늠해 볼 수 있다. 예를 들어 우리는 독자가 서론을 읽고 난 뒤 이렇게 느끼길 바랄 것이다.

'이 논문이 다루는 문제는 정말 꼭 해결해야 하는 문제 같아.'
'이전의 솔루션들은 아직 많은 한계점을 갖고 있군.'
'여러 시도와 비교해도 이 논문의 기여는 의미가 있겠어.'
'이 논문의 기여 중 핵심은 OOO이군.'
'앞으로 논문의 나머지 부분에선 이런 내용이 나올 것 같아.'

저자는 서론에서 논문의 큰 그림을 보여주어야 한다. 만약 서론을 읽었는데도 아직 논문의 주제가 오리무중으로 느껴진다면 그것은 독자의 잘못이 아니라 저자의 잘못이다. 이는 논문 심사에도 영향을 미치는데, 제대로 작성되지 못한 서론을 본 논문의 리뷰어는 본문에서도 큰 기대를 할 수 없을 거라며 좋지 못한 평가를 내릴 가능성이 크다.

그러니 서론에서는 전체 연구의 큰 흐름과 그 속에서의 본인의 기여를 명확하게 보여주도록 하자. 먼저 서론은 넓은 범위에서의 문제 제기부터 시작해 본인의 연구 영역까지 점진적으로 범위를 좁히며 초점을 맞추도록 한다. 그 과정에서 다른 사람들이 문제를 해결해온 방식도 간략히 소개할 수 있을 것이다. 그리고 기존 연구의 한계점을 설명한 뒤 본 연구의 필요성을 역설하고 마지막으로 본 연구의 기여를 요약해주면 (그리고 앞으로 나올 내용의 예고편을 보여주면) 훌륭한 서론의 작성이 끝이 난다.

관련 연구

관련 연구Related Works 부분은 사실 다른 부분들에 비해 상대적 중요도가 떨어지는 부분이다. 이미 해당 연구 분야를 잘 아는 독자들은 때론 이 부분을 건너뛰고 읽기도 한다. 하지만 기존 연구들이 친숙하지 않은 독자들에겐 본 연구의 상대적인 위치를 잘 보여줄 수 있는 곳이기도 하니 본 연구를 부각하기 위해 잘 활용하자.

만약 본인의 외모를 "송승헌보다는 눈썹이 좀 덜 짙고 장동건보다는 피부가 하얘. 공유에 비해선 좀 더 얼굴도 크고 또렷한 편인 것 같아."라고 설명할 때 송승헌, 장동건, 공유가 등장하는 이유는 무엇일까? 아마 '본인의 외모를 상대비교를 통해 명확히 설명하기 위해서'일 것이다. 관련 연구도 마찬가지다. 어떤 논문을 보면 마치 교과서를 쓴 것처럼 해당 분야의 모든 지식을 나열하는 경우가 있다. 이것은 효과적인 논문 작성법이 아니다. 관련 연구 부분도 결국 본 연구를 더욱 명확하게 설명하기 위해 존재하는 것이다.

따라서 논문들을 설명할 때도 단순한 리스트의 나열을 피하고 비판적 시각을 견지하며 본인 연구와의 차이를 드러내는 것이 좋다. 아무 의미 없이 다른 연구들만 나열된 논문에선 저자가 관련 연구조사의 필요성을 잘 이해하지 못하고 있다는 것이 느껴진다. 관련 연구를 조사하는 목적을 잃어버린다면 그 결과물도 무의미해 보일 수밖에 없으니, 관련 연구가 본 연구를 더욱 명확히 드러내기 위해 존재함을 잊지 말도록 하자.

덧붙여 본인의 결과를 돋보이게 한다고 남의 연구를 깎아내리는 것에는 신중을 기해야 한다. 만약 논문의 리뷰어 중 한 명이 해당 연구의 저자라도 된다면 매우 불쾌해 하며 낮은 리뷰 점수를 줄 수도 있을 것이다. 따라서 남의 연구를 평가할 땐 객관적인 수치와 함께 조심스럽게 그 한계점을 드러내는 것이 좋다. 예를 들어 'B 연구는 A 연구를 개선하였다.'라고 두루뭉술하게 이야기하는 것보다는 'B 연구는 어떠한 부분에 어떤 아이디어를 적용하여 A 연구를 정확도 ○○%에서 ○○%로 개선하였다.'처럼 구체적인 수치를 들어가며 비교하는 것이 좋다. 또한 '절대 안 된다'와 같이 강력한 표현을 쓰기보다는 가능성을 나타내는 완화된 표현을 쓰는 것이 일반적으로 더 추천하는 표현법이다.

방법과 실험

본론에 해당하는 방법Methods과 실험Experiments 부분은 논문의 내용에 따라 그 형식이 다양해 구체적인 틀을 제시하는 것은 적절치 않을 것 같다. 다만 좋은 논문은 서론에서 제기했던 질문들을 이곳에서 하나씩 실험 결과와 함께 풀어준다는 점이 중요하다. 서론에서 제기하지 않았던 질문을 본론에서 풀고 있거나, 반대로 서론에서 의문을 제기했음에도 불구하고 본론에서 다루고 있지 않다면 글의 구성이 잘못된 것이다. 최대한 서론에서의 문제 제기와 본론에서의 해결이 잘 호응하도록 논문을 구성하도록 하자.

또 중요한 것은 글의 속도와 리듬감이다. '자세하되 자세하지 않아야 한다.'라는 모순된 말로 표현하고 싶은데 연구내용을 재현할 수 있을 정도로 모든 내용이 논문에 담겨야겠지만, 지엽적인 내용을 너무 많이 나열함으로써 논문이 지루해지거나 초점이 흐려지는 일은 경계해야 할 것이다. 이는 마치 래퍼들이 랩을 만드는 것과 비슷하다. 래퍼는 많은 단어와 문장들을 말하면서도 잘 쓰인 펀치 라인과 라임을 통해 랩을 지루하지 않게 만든다. 논문도 이와 마찬가지여서 글의 초점이 흐려질 때면 간결한 문장으로 목적을 다시 상기시키며 글의 긴밀한 구성을 유지하는 것이 중요하다.

실험 결과를 해석할 때는 그 의미를 과대 해석하지 않도록 경계해야 한다. 'A 조건보다 B 조건에서 좋은 결과를 얻었다'와 'A 조건보다 B 조건이 우월하다' 사이에는 매우 큰 간극이 존재한다. 왜냐하면 나의 실험 조건 하나하나가 가설이고 제약조건이기 때문이다. 따라서 실험 결과를 지식으로 일반화할 때는 늘 그것이 반박당할 수 있다는 점을 생각하며 조심스럽게 풀어나가도록 하자.

논문 평가는 연구 내용에 대한 평가이기도 하지만 이를 연구한 연구자에 대한 평가이기도 하다. 아무리 논문이 인상적인 연구결과를 포함하고 있다 하더라도 결과를 풀어내는 과정에 논리적 결함이 있다면 논문 전체의 신뢰성은 크게 흔들리게 마련이다. '이런 논리적 구멍이 있는 연구자라면 실험 결과 자체도 믿지 못하는 것 아니야?'라며 말이다. 그러니 자신의 연구결과를 잘 세일즈하되 과장 광고 때문에 신뢰를 잃는 일은 경계하도록 하자. 이것이 믿음직한 논문 판매원이 되는 길이다.

결론

많은 사람이 저지르는 실수 중 하나가 결론에 초록의 내용을 반복해서 쓰는 일이다. 논문 초록은 논문을 읽지 않은 사람들이 처음으로 읽는 글이고 결론은 논문을 모두 읽은 후 전체 내용을 조망하는 글이니 그 역할을 구분하도록 하자. 초록과 결론 모두 논문의 요약을 포함하고 있다 할지라도 초록은 문제 제기와 연구의 중요성에 조금 더 큰 방점을 두고 결론은 실험을 통해 얻은 지식과 의의에 대해 조금 더 큰 방점을 두고 풀어내는 것이 좋다. 다시 말해 초록은 손님을 많이 끌어와야 하는 애피타이저이고 결론은 손님에게 만족스러운 마무리를 제공해야 하는 디저트이다. 애피타이저와 디저트를 혼동하지 말자.

당연한 이야기지만, 결론에서 새로운 이야기를 꺼내는 것은 부적절하다. 본문에서 주장했던 바에서 한 걸음 더 나아간 주장을 펼치는 것 역시 마찬가지다. 결론은 약간 건조한 느낌에서 전체를 되돌아보며 쓸 필요가 있는데, 뒤늦게 호기심의 샘물을 터뜨리며 불타오르는 것은 적절치 않다. 어떤 사람들은 본문 속에서 해결하지 못한 한계점들을 방어한다며 퓨처 워크Future work에 너무 많은 이야기를 나열하는 경우가 있다. 하지만 이 업계에 있는 사람이라면 퓨처 워크가 'OOO을 할 것임'이 아니라 'OOO은 안 했음'을 고백하는 글이란 걸 잘 알고 있다. 따라서 본 연구의 한계는 결과의 토의 부분에서 솔직히 고백하도록 하고 퓨처 워크에는 너무 큰 부분을 할애하진 않도록 하자.

영어

비록 이 글의 제목을 '영어 못해도 영어 논문 잘 쓰는 법'으로 정했지만, 안타깝게도 논문을 잘 쓰려면 영어 문법에 대한 정확한 숙지가 필요하다. 또한 많은 영어 논문을 읽으며 아카데미에서 주로 쓰이는 단어와 문장에 익숙해지는 것이 좋은데, 그래야지만 본인이 쓴 문장이 논문에 쓰일 만한 문장인지 아닌지 판단이 서기 때문이다.

단어를 사용할 때는 동어 반복을 피하고자 유의어 사전을 이용하기도 한다. 예를 들면 'OO임을 보여준다.'라고 이야기할 때 본인이 쇼show라는 단어밖에 모른다면, 쇼show의 유의어에서 프레즌트present를 찾아 활용할 수도 있을 것이다. 단, 유의어는 서로 완벽히 동일한 뉘앙스를 의미하지 않기 때문에 때론 혼선을 줄 수 있으니 꼭 사전을 찾아보고 이용하는 것이 필요하다. 또한 특정한 객체를 지칭하는 단어나 학문적으로 의미가 있어 널리 통용되는 단어는 변화를 준다고 마음대로 바꾸지 않는 것이 좋다.

전치사와 관사는 한국인에겐 너무나 어려운 문법 요소들이다(사실 이들은 원어민 사이에서도 의견이 갈리는 경우가 종종 있다). 우선 영어 공부를 할 때부터 동사와 전치사의 궁합collocation을 같이 알아두는 것이 전치사 실수를 줄이는 한 가지 방법이다. 예를 들면 attach to, substitute for처럼 압도적으로 자주 쓰이는 동사와 전치사의 궁합은 동사를 공부할 때 전치사까지 함께 공부하는 것이 좋다. 관사에 대해서는 기본적인 용법 습득은 물론이고 상황에 따라 그것이 전체 카테고리를 이야기하는 것인지, 특정한 하나의 개체를 끄집어내 이야기하는 것인지 구분하며 사용할 필요가 있다. 어쩔 수 없이 많은 예문을 통해 감을 익혀야 하는 문제인 것 같다(원어민에게 물어봐도 왜 'a, the' 를 썼는지 잘 설명하지 못하는 경우도 많다).

어떤 분들은 영어를 대충 쓰더라도 교정을 맡기면 좋은 영어 글이 되어 돌아올 것이라 기대하는데 절대로 그렇지 않다. 예를 들어 여러분이 생전 모르는 분야의 (예를 들면 어려운 화학 분야의) 논문을 보고 있다고 하면 심지어 그것이 옳은 문장들로 쓰여 있다 하더라도 문장을 읽거나 수정하는 것이 쉽지 않을 것이다. 원어민이 하는 영어교정이 이와 유사하다. 내용의 이해에는 조금도 근접하지 못한 채 기계적으로 문법을 고친다. 만약 그 과정에서 저자와 교정자 간의 의견 교환마저 불가능하다면 영어교정은 잘못된 오해를 만들어낼 수 있을 것이다. 그러니 본인이 최대한 좋은 영어를 쓰도록 노력해야 할 것이다.

10
자기관리가 대학원 생활의 전부다

대학원 생활을 한다는 건 무슨 의미일까? 어떤 분들은 대학원을 단지 학부의 연장으로 보는 것 같다. 학부를 졸업해도 아는 게 없으니 세부 분야의 수업들을 더 들으며 자신만의 전문성을 키워보겠다는 것이다.

하지만 학부 생활을 2년 연장한다고 4년 동안 얻지 못했던 전문성이 갑자기 얻어지는 것은 아니다. 그럴 것이었으면 2년이 아니라 4년 동안에 이미 어느 정도 얻어졌어야 했을 것이다. 물론 당신은 2년 동안에 새로운 것을 더 배울 수 있다. 하지만 새로운 대학원 지식이 머리에 자리잡는 만큼, 어떤 학부 지식들은 당신의 머릿속에서 잊힐 것이기 때문에 지식의 총량은 졸업 후에도 동일할지 모른다. 그리고 졸업 후엔 입학 전에 하던 취업 고민을 또다시 하고 있을지도 모른다.

대학원 생활에서 얻어야 할 가장 큰 덕목은 '지식'이 아니다. 여러분이 배웠던 지식은 5년 후면 구닥다리가 될지도 모르니, 단지 '미래의 구닥다리 지식'을 쌓기 위해 대학원을 간다면 그것은 참 비합리적인 투자일 것이다. 만약 지식을 쌓는 것이 목적이라면 대학원 생활보단 고시 공부가 더 효율적인 방법인지도 모른다. 단시간 안에 많은 지식을 머리에 주입해주기 때문이다. 하지만 대학원은 고시 공부하듯 학생을 가르치진 않는다. 고등학교보다 대학에서, 대학보다 대학원에서 우리는 학교로부터 더 많은 자율을 부여받는다.

대학원 생활에서 중요한 것은 '이렇게 늘어난 자율을 어떻게 관리하는가'이다. 가방끈이 늘어나며 여러분이 얻어야 하는 것은 지식이 아니라 자율을 관리하는 방법이다. 구체적으로는 목표를 위해 주어진 자원을 분배하고 시간을 관리하며 스스로 동기부여를 통해 목표를 이뤄가는 과정을 배운다. "물고기를 주지 말고 물고기 잡는 법을 가르쳐라."라는 격언은 모두가 아는 식상한 격언이지만, 대학원에서 지식 습득에만 집중하는 것이 단지 물고기(지식)에게만 집중한다는 모습이란 걸 많은 분들이 깨닫지 못하는 것 같다. 물고기가 아니라 물고기 잡는 법을 생각해야 한다.

나의 시간을 유통기한이 있는 한낱 지식과 바꾸기엔 다시 오지 않을 청춘의 나날들이 너무나도 소중하다. 지식보다 더 가치 있는 것을 대학원 생활로부터 얻어야 한다. 그것은 지식이 아닌 삶의 자유를 대하는 우리의 태도다.

내 인생의 주체가 되는 법

대학원은 학생을 지식 주입의 대상에서 벗어나 독립적인 연구의 주체로 변화시켜주는 교육의 꽃이다. 그런 의미에서 만약 당신의 대학원 생활이 온갖 타의로만 점철되어 있다면 당신의 대학원 생활을 한번 되돌아볼 필요가 있다. 예를 들어 자신이 마치 프로젝트의 노예처럼 느껴진다거나 혹은 배울 점 없는 사수의 수족으로만 이용되는 것처럼 느껴진다면 당장 대학원 생활에 변화를 줄 필요가 있다. 우리는 삶의 주체가 되려고 대학원에 왔지 누군가의 수족이 되려고 온 것이 아니기 때문이다.*

"교수님, 저는 어떤 연구를 하면 되죠?"라고 묻는 것은 "교수님, 저는 무얼 궁금해는 사람이죠?"라고 묻는 것과 같이 답이 나오지 않는 질문이다. 또한 "교수님, 저는 어떻게 이 문제를 어떻게 풀어야 할까요?"라고 해결책을 물으며 "교수님이 하라는 대로 했는데 다 안 되던데요."라며 지도 교수를 비난하는 것은 연구의 주체가 본인이어야 함을 망각한 미성숙한 태도라고 할 수 있다. 지도 교수는 영어로 감독관 **supervisor**이라고 불리기도 하지만 조력자 **advisor**라고 불리기도 한다. 내가 지도 교수의 수족이 되어 그의 연구를 돕는 것이 아니라 나의 주

---

* 참고로 오해가 있을까 봐 사족을 덧붙이는데, 기업 프로젝트가 무조건 나쁘고, 사수의 실험 보조 역할을 하는 것이 무조건 나쁘다는 이야기가 아니다. 프로젝트를 통해 실전적인 연구를 하고 사수의 실험 보조 활동을 통해 선배의 연구 팁들을 배워갈 수 있다면 이보다 더 좋은 교육이 없을 것이다. 다만 그것이 주체적인 배움 속에서 진행되는 것이 아니라 노예 착취처럼 느껴진다면 환경의 변화를 꾀해 볼 필요가 있다.

체적인 연구를 교수가 옆에서 돕는다는 뜻이다. 하지만 많은 대학원생들이 교수가 하라는 대로만 하며 스스로 노예생활을 자처하는 것 같아 참 안타깝다. 처음엔 입학하여 교수님이란 감독관의 곁에서 시작하겠지만 마지막엔 조력자의 축하를 받으며 졸업하는 것이 훌륭한 대학원 생활이다.

참고로 나의 경우, 석사 시절의 지도 교수님이 대가로 평가받는 수학 천재이신지라 논문 주제를 잡기가 참 쉽지 않았다. 교수님이 주시는 제안들은 수학적으로 어려워 좀처럼 연구할 엄두가 나지 않았고, 내가 제시하는 의견들은 교수님이 보기엔 한없이 얕은 기교처럼 보였기 때문에 잘 받아들여지지 않았다. 하지만 나는 다양한 논문 조사를 통해 나의 아이디어가 다른 연구자들의 생각과 궤를 달리하지 않음을 보여줬고 간단한 실험toy example을 통해 아이디어의 실현 가능성을 보여주며 설득하였기에 결국 내가 원하는 연구를 할 수 있었다. 이처럼 지도 교수는 토론을 통해 함께 연구를 이끌어가는 동료이지 나의 정신과 육신을 지배하는 노예주인이 아님을 서로가 깨달을 필요가 있다.

연구의 주인은 지도 교수가 아니라 본인이다. 그리고 본인이 호기심을 갖고 스스로 질문을 던져야 한다. 이제까지의 삶은 남이 내주는 문제를 푸는 데 허덕이며 살았는지도 모른다. 하지만 대학원 생활, 아니 앞으로 남은 인생에선 스스로 의미 있는 질문을 하고 그것에 성실히 답해가는 삶을 살아야 할 것이다. 다시 말해 이제까진 남이 내준 문제를 풀어 남이 채점해주는 삶을 살았겠지만, 앞으론 내가 낸 문제를 내가 풀어 내가 채점하는 삶을 살게 된다는 것이다. 그 변화의 첫 걸음이 바로 대학원 생활이다.

시간관리의 중요성

나의 시간을 어떻게 활용하느냐 역시 본인 스스로가 결정해야 한다. 시간을 어떻게 관리하느냐에 따라 대학원의 성패가 결정될 것이다. 반대로 얘기하면, 대학원 생활을 통해 여러분은 올바른 시간관리법을 얻어가야만 할 것이다. 이렇게 배운 시간관리법은 어쩌면 대학원을 통해 배운 지식보다 더 오래 남는 인생의 지혜일 수도 있다.

자유시간의 정도는 대학원마다, 연구실마다 천차만별이기에 천편일률의 해답을 드릴 수는 없을 것 같다. 나의 경우처럼 출퇴근 시간이 없어 자유롭게 연구하는 연구실이 있는 반면에 출퇴근 시간과 휴가를 회사처럼 관리하며 규칙적인 생활을 요구하는 연구실들도 있기 때문이다. 시간은 연구만이 아니라 우리의 사생활을 위해서도 쓰여야 한다. 어떤 사람은 취미로 댄스학원에 다니기도 하고, 헬스장에 열심히 다니며 인생 최고의 몸을 만들기도 하며, 사진에 취미를 들여 여행을 다니고 작품사진을 찍기도 한다. 이성 친구를 만나 연애하고 결혼하는 일 역시 결코 무시되어선 안 되는 인생의 대소사이다.

이러한 다양한 선택지 속에서 어떻게 시간을 분배하고 쓸 것인가는 본인이 결정해야 할 문제이고, 주체적인 연구생활의 중요한 부분이기도 하다. 단기 목표를 정하고 스스로 다그쳐야 할 때도 있겠지만, 때론 자신을 다독이며 스스로에게 달콤한 상을 내려야 할 때도 있다. 나 자신을 당근과 채찍으로 잘 다독이며 원하는 목표를 이루는 법, 그것이 대학원 생활의 성공을 이끄는 길이다. 나아가 앞으로 삶의 성공도 보장하는 대학원에서의 큰 배움일 것이다.

대학원에 와서 넘치는 자유에 혹시 당황해하고 있진 않은가? 혹시 누군가가 나의 할 일과 시간표를 만들어주고 그에 대해 평가를 해주길 은근히 바라고 있진 않은가? 이제까지의 삶이 다양한 사회적 요구에 이끌려갈 수밖에 없었다면 지금부터라도 하나씩 되찾아 오도록 하자. 나는 무엇을 궁금해하는 사람인가? 무엇을 하면 내 삶이 만족스러울 수 있을까? 그러한 목표를 위해 나의 시간은 어떻게 분배해야 할까?

성공적인 대학원 생활을 이끄는 요인들은 성공적인 인생을 이끄는 지혜들과 그 조건이 크게 다르지 않다. 인생의 지혜를 통해 대학원 생활을 주도하고 대학원 생활을 통해 인생의 지혜를 배우도록 하자.

11
대학원생이 갖추어야 할 의외의 덕목들 4가지

"무슨 일 하세요?"
"아, 네. 저는 박사과정 중인 학생입니다."
"우와, 대단하세요! 전 대학교 이후 더는 공부 못하겠던데. ㅎㅎ"
(사실 그건 저도 마찬가지예요. ㅜㅜㅜ)

대학원에 다니는 분들이라면 아마 낯선 사람과의 대화에서 이런 장면을 꽤 많이 마주쳤을 것이다. '박사'라는 이름이 주는 고정관념 때문인지 모르겠다. 하여튼 사람들은 박사라고 하면 공부를 엄청나게 좋아하고 열심히 책상 앞에서 공부만 하는 공부벌레를 상상하는 것 같다. 물론 두꺼운 책들이 책장에 꽂혀 있는 것도 맞고, 공부를 엄청나게 많이 해야 하는 것도 맞다. 하지만 그렇다고 내가 그 두꺼운 책들을 모조리 읽으며 공부에만 파묻혀 사는 공부벌레란 뜻은 아니다.

이처럼 외부 사람들이 대학원생들을 보는 시각이 꼭 실제 그들의 모습과는 일치하지 않듯 우리가 생각하는 교수나 학자의 고정관념 역시 실제 모습과는 큰 차이가 있다. 특히 현재가 아닌 그들의 미래 모습을 상상해야 한다면 그 괴리는 더욱 커질 것이다. 옛날엔 책상 앞에서 교과서만 열심히 공부하면 유능한 박사가 될 수 있었는지 모르지만, 요즘엔 참으로 다양한 덕목들을 박사에게 요구하기 때문에 다양한 개성을 가진 박사의 모습들이 존재한다. 그래서 이번엔 공부벌레 말고도 박사들이 갖추어야 할 (어쩌면 의외인) 덕목들에 관해 이야기를 나눠볼까 한다.

참고로 이 글은 '나는 공부랑은 어울리지 않아.'라며 지레 겁먹고 대학원 진학을 포기하는 분들을 위해 쓰는 글이다. 세상에 한 가지 유형의 사람만 존재하지 않듯 다양한 형태로 사회에 기여하고 성취를 이루는 박사들이 존재한다. 아무쪼록 이 글을 통해 천편일률적인 석박사가 아닌, 자신만의 개성을 살리고 강점을 극대화하는 석박사로서 활약하는 미래를 그릴 수 있길 바란다.

커뮤니케이션 능력

시험공부는 혼자 하는 것이 좋은가? 대체로 그렇다. 물론 스터디 그룹을 만들어서 공부하기도 하지만, 최고의 퍼포먼스는 역시 시험 전날 독서실에 처박혔을 때 나오지 않나 싶다.

그렇다면 연구는 혼자 하는가? 답은 '절대 아니다'. 심지어 독방에

박혀 혼자 연구를 한다고 여겨지는 학자마저도 논문 제출과 논문 심사peer review라는 과정을 통해 다른 연구자들과 소통하며 함께 발전해나가고 있다. 팀을 이뤄 연구하는 학자라면 더더욱 많은 커뮤니케이션을 동료들과 해야 하고 말이다.

결국 핵심은 커뮤니케이션이다. 세상의 지식을 받아들이고 새로운 지식을 발표하는 일 모두 본인과 세상 사이의 커뮤니케이션을 통해 이루어질 수 있다. 개인이 이룰 수 있는 꿈보다 더 큰 꿈을 이루길 바란다면 팀을 조직하고 팀원들의 역량을 극대화해야 하는 일은 필수일 것이다. 교수-학생 사이의 관계는 학생뿐만 아니라 교수에게도 쉽지 않은 커뮤니케이션 작업이며 학문 외적인 일들을 다스리는 것 역시 커뮤니케이션의 역할이기에 학자에겐 커뮤니케이션 능력이 매우 중요하다.

학계에 있다 보면 정말 다양한 연구자들을 본다. 어떤 연구자들은 자신의 전문 분야에선 박학한 지식을 자랑하면서도, 자신의 분야에서 조금만 벗어나더라도 지식이 부족해 대화가 잘 안 통하는 경우가 있다. 반면 어떤 연구자들은 새로운 분야에 대한 호기심과 학습력이 뛰어나, 심지어 그것이 본인과 전혀 상관없는 분야일지라도 높은 이해력을 발휘하며 본인 연구의 새로운 아이디어로 이어가는 경우도 있다. 그리고 이러한 시너지의 핵심은 커뮤니케이션 역량에 있다.

현대 학계는 세분화되어 있고 변화의 속도도 매우 빨라 한 개인이 모든 영역을 좇기 매우 어려워졌다. 이럴 때일수록 다양한 분야의 전문가들과 커뮤니케이션하며 변화의 속도에 발맞추어야 한다. 책으로도 정리되지 않은 생소한 분야의 최신 기술들을 어찌 독학으로 습득한단 말인가? 정보의 양과 속도가 점점 한 개인이 감당하기 버거운 수준으로 커질수록 커뮤니케이션 능력이 강한 연구자가 더욱 빛을 발할 것이다.

"요즘 어떤 연구 하고 있어요?"

"○○은 도대체 뭐길래 요즘 그렇게 화젯거리인 거예요?"

"내가 이런 고민이 있는데 혹시 의견 좀 줄래요?"

"비슷한 연구를 하는 사람들끼리 워크숍을 한 번 열어볼까요?"

적절한 커뮤니케이션은 책과 인터넷 속에서 머리를 쥐어뜯어야 할 문제를 단 몇 마디의 대화만으로 해결할 수 있게 해준다. 혼자 고민하지 말고 세상과 함께 고민하자. 개인의 학문적 능력은 그 개인의 능력 곱하기 커뮤니케이션 능력과 동일하다.

[포인트 1]
평소 사람들과의 이야기를 즐기고, 이를 통해 많은 정보를 얻는 편인가? 그렇다면 학자의 자질 +1

사업적·정치적 능력

대학은 어떤 교수를 선호할까? 학문엔 무관심한 채 사업이나 정치에만 골몰하는 교수를 생각해보자. 그들은 과연 학생들과 동료 교수들로부터 환영을 받을 수 있을까? 아마 그렇지 않을 것이다. 그들은 실질적 기여는 만들어내지 못한 채 전체 파이만을 좀 먹는 존재이기 때문이다. 하지만 학문적 능력에 더해 사업적 능력에 정치력까지 갖춘 교수를 상상해보자. 그런 교수라면 아마도 학생, 동료 할 것 없이 모두로부터 사랑을 받지 않을까?

사업질, 정치질'만' 잘하는 학자도 버젓이 잘살아가는 곳이 현재 학계의 모습이다. 뒤집어 생각해보면 사업과 정치가 그만큼이나 학문활동에서 중요한 부분을 차지한다는 이야기이다. 사업과 정치만으로도 이렇게 잘나가는 학자가 될 수 있는데, 만약 '그것들마저' 갖춘 학자라면 얼마나 훌륭한 일들을 더 할 수 있을까? 물론 사업적·정치적 능력을 '불결하다'며 경시하는 학자도 있다. 하지만 소비자의 욕구를 파악하는 것이 사업이고 다양한 협력을 끌어내는 것이 정치라면 그것들은 오히려 학자라면 꼭 갖추어야 할 능력들이 아닐까 생각한다.

생각해보면 사업가와 학자나 정치인과 학자는 닮은 점을 많이 가지고 있다. 예를 들어 교수의 연구실 운영과 창업가의 스타트업 운영은 다음과 같은 닮은 점을 품고 있다.

- 투자를 잘 받아야 한다.
- 좋은 인재를 모아야 한다.
- 좋은 제품(연구결과)을 만들어야 한다.
- 대기업(대규모 연구실)과의 경쟁이 기다리고 있다.
- 사람 사이의 관계가 중요하다.
- 쉴 새 없이 바쁘다.

- 때론 다른 업체(연구실)들과의 협력이 필요하다.

특히 돈을 끌어오는 능력은 교수에게 의외로 중요하다. 교수는 연구실을 이끄는 가장과 같은 존재이다. 경제력이 없는 가장을 훌륭한 가장이라 할 수 있을까? 교수는 정부와 기업과제를 수주해 학생들의 인건비를 지급하고 좋은 연구환경을 갖추어야 한다. 이때 필요한 것이 돈이고 사업적·정치적 능력이다. 지도 교수가 이러한 능력을 갖추지 못해 학생들이 불필요한 과제에 시달리거나 따로 아르바이트해야 하는 경우를 많이 보아왔다. 따라서 학생의 이러한 자원낭비를 막으려면 교수의 사업적·정치적 능력은 결코 무시되어선 안 될 것이다.

교수가 아닌 산업계에 있는 박사라면 더더욱 사업력과 정치력이 중요하다. '사업력'이라 함은 기술을 고객의 수요와 마침맞게 연결하는 능력이다. 그리고 '정치력'이라 함은 많은 사람과 조직들을 움직여 결국 도전목표를 달성하는 능력이다. 그 어떤 것도 '기술'만으로는 목표를 완수할 수 없다. 그러니 본인이 단단한 핵심 역량을 갖추는 것과는 별개로 사업능력과 정치력을 갖추는 것 역시 박사에겐 무시하지 말아야 할 능력일 것이다.*

---

* 한국에는 사업과 정치의 중요성을 깨닫는 것을 넘어 결국엔 여기에 함몰되어 학문의 본질로부터 멀어진 교수들을 자주 본다. 과유불급이다. 모든 것의 적정선을 유지하도록 하자.

[포인트 2]

본인이 시장의 수요를 잘 파악하는 비즈니스 마인드가 있고, 여러 사람들과 큰일을 도모하는 능력이 있다고 생각하는가? 그렇다면 학자의 자질 +1

마케팅·브랜딩 능력

내가 연구하고 있는 딥러닝 분야는 파격적인 문화들이 빠르게 학계의 모습을 바꾸는 곳이다. 일례로 대부분의 학회 출간물은 유료가 아닌 무료 공개open access를 기본으로 하고 있고, 연구자들은 저널 출판에 의존하기보다 본인의 성과를 블로그나 아카이브arXiv(논문 초안을 공유하는 저장소)에 공유하여 빠른 교류를 시도하고 있다. 논문 심사조차도 게시판을 통해 저자와 리뷰어가 공개 문답을 주고받으며 논문 게재 여부를 결정하는, 기존 학회들의 문화와는 확연히 다른 모습들을 보여주는 곳이 내가 속해 있는 딥러닝 분야이다. 나는 타 분야도 미래엔 이러한 방향으로 변화할 것이라 믿고 있다. 타 분야는 아직도 우편물로 논문을 기고하고 저널을 받아보던 시절의 시스템을 유지하고 있기 때문이다.

이런 미래지향적 문화를 가진 딥러닝 학계에서 발견할 수 있는 또 다른 특징 중 하나는 많은 연구자가 트위터 계정을 통해 다른 연구자들과 소통하며 '논문 마케팅'을 펼친다는 점이다. 학자의 논문은 많은 사람을 통해 읽히고 이용될 때 더욱 빛난다. 하지만 엄청난 양의 논문이 쏟아지는 현실에서 다른 논문보다 주목받는 논문이 되기란 쉽지 않다. 결국 '마케팅'이 필요하다. 딥러닝 학계에서는 이러한 마케팅이 트위터에서 매우 뜨겁게 벌어지고 있다. 그뿐만 아니라 이들은 쉬운 블로그 글을 통해 독자들의 이해를 돕고 코드 공개를 통해 다른 연구자의 코드 활용을 독려하는 등 다양한 서비스를 통해 본인의 연구성과가 좀 더 유용하게 쓰일 수 있도록 노력하고 있다.

마케팅에서 빼놓을 수 없는 것 중 하나가 '브랜딩'이다. 브랜드라 하면 '그곳에서 나오는 상품은 믿을 만해.'라고 하는 상품 집합에 대한 평가라고 할 수 있다. 영향력 있는 연구자가 되려면 개별 논문의 마케팅을 넘어 개인이 신뢰 가는 브랜드가 되는 것이 중요하다. 실제로 요즘 활발히 인용되는 논문들을 보면 유명 학자나 유명 연구실, 구글 딥마인드, 페이스북 리서치FAIR와 같은 브랜드를 등에 얹은 경우가 많다. 개인이 할 수 있는 브랜딩은 그리 거창한 것이 아니다. 그저 자신의 전문성을 무기로 꾸준히 자신의 실력을 세상에 노출하고 논문, 블로그, 깃허브, 트위터 등을 통해 다른 연구자들과 소통하며 지내는 것이다. 그러다 보면 자연스럽게 '○○○ 전문가'로서의 개인 브랜드도 생길 것이며 본인 논문의 영향력도 덩달아 커질 것이다.*

---

* 오해하지 말자. 아무리 마케팅 능력이 좋다 하더라도 상품(논문)이 좋지 않다면 아무 소용이 없다. 마케팅에 앞서 누구에게 팔아도 부끄럽지 않은 '상품'을 만드는 것이 중요하다. 상품도 좋지 않으면서 마케팅만 하려는 사람은 그저 사기꾼일 뿐이니, 좋은 연구능력은 기본으로 갖추고 추가로 마케팅과 브랜딩 능력을 갖추도록 하자.

[포인트 3]
평소에 사람들에게 "너는 정말 너의 활동을 남들과 잘 공유하는구나."라는 평가를 듣는가? 그렇다면 학자의 자질 +1

연애 잘하는 능력

이쯤에서 '엥? 무슨 얘기인가?' 싶으실 수도 있겠다. 농담 반 진담 반이긴 하지만, 연애를 잘하는 능력 역시 박사과정생에게 필요한 매우 중요한 능력 중 하나이다. 많은 박사과정 학생들이 이 과정 동안 결혼하거나 결혼할 동반자와 만나게 된다. 연애를 수월하게 할 수 있는 능력은 많은 시간과 에너지를 아끼게 해주고, 때론 힘을 주기도 한다. 석사과정 학생도 마찬가지인데 '연애하지 말고 공부해'보다 더 좋은 길은 '연애도 잘하고 공부도 잘해'임을 부인할 수는 없을 것이다.

박사과정은 참 기나긴 항해이다. 항해하다 보면 대부분은 아마도 서른 언저리를 찍을 것이고 그 사이에 여러 번의 연애와 이별을 겪을 수도 있을 것이다. 많은 사람이 박사과정 중에 혹은 박사과정을 갓 마치고 결혼을 한다. 박사과정과 결혼은 떼려야 뗄 수 없는 부분일 것이다.

박사과정의 연애에는 험난한 장벽들도 많다. 돈을 벌지 못한다는 경제적 장벽에 결혼이 현실적으로 힘들 수도 있다. 또 유학 중인 이들이라면 좋은 감정을 쌓고 나쁜 오해들을 만나 풀 수 없는 장거리 연애에 힘들어할 수도 있다. 내 주위의 유학생 부부 중에는 박사 시절은 물론 박사 학위 후에도 미국 동부와 서부로 떨어져 끝없는 장거리 연애로 고통받는 경우를 보았다. 이러한 개인사의 고통은 대학원 생활에도 영향을 준다.

박사과정은 곧 20대 중후반과 30대 초중반의 삶을 의미한다. 연구를 잘하려면 연구 외적인 부분에서의 인생의 과정들도 순탄하게 진행해가는 것이 중요하다. 그리고 그중 하나는 순탄하게 연애하고 결혼을 하는 일일 것이다. 따라서 연구능력 못지않게 연인을 만나 아끼고 사랑하는 법을 미리 배워두는 것이 좋을 것이다(참고로 모두가 결혼해야 한다고 주장하는 말은 아니니 오해하지 말자. 자발적 비혼은 괜찮겠지만 강제적 연애 불구가 되어선 곤란할 것이다).

만약 연애에 매우 많은 시간과 감정을 소모해야 한다면 어떨까? 누구는 연인으로부터 힘을 얻는데 나는 연구도 챙기고 연인도 챙기느라 녹초가 되어버리고 만다면? 바쁜 연구 생활 속에 외로움까지 겹쳐 끝없는 우울함에 빠져들게 된다면? 기나긴 박사과정 항해를 하다 보면 슬럼프도 빠지고 괴로울 때도 있고 현실로부터 도망쳐버리고 싶을 때도 있다. 그럴 때 이러한 희로애락을 함께해줄 수 있는 연인이 있다면 더없이 좋을 것이다. 그러니 박사과정을 고민하는 학생이라면 우선 다채로운 연애 경험을 통해 연애능력을 길러놓도록 하자(농담 반 진담 반이다).

[포인트 4]

수려한 외모를 갖추었는가? 그렇다면 학자의 자질 +1은 농담이고 여자친구가 있는가? 그렇다면 학자의 자질 +1은 농담이고 우리 모두 애인이 생길 수 있다는 희망을 갖도록 하자.

12
내게 뒤처질 수 있는 행복을 허하라

 대학원 생활을 하다 보면 연구는 정체되어 있고 좀처럼 해결의 실마리가 풀리지 않아 괴로움에 몸서리칠 때가 참 많다. 이럴 때 매주 돌아오는 지도 교수님과의 미팅은 참 괴로운 순간 중 하나이다. 굳이 교수님이 나를 꾸짖지 않더라도 아무 성과 없이 보낸 한 주는 나를 한없이 초라하고 답답하게 만든다. 그렇다. 자신을 가장 괴롭게 만드는 사람은 교수님도, 부모님도 아닌 나 자신일 뿐이다. 누구도 그렇게 험한 소리를 하지 않는다. 그런데 난 언제부터 이렇게 나 자신에게 쓴소리를 하며 거침없이 자학하는 인간이 되어버린 걸까?
 우리는 끊임없이 우리 자신을 채찍질하며 살아왔다. 채찍질이 꼭 결과적으로 나의 부지런함으로 이어지는 것엔 실패했다 하더라도, 우리가 끊임없이 채찍질을 가하며 살아왔다는 건 분명한 사실이다. 어렸을 땐 그 채찍질의 주체가 부모님 혹은 선생님이었는지도 모른다.

하지만 어느새 그 채찍은 우리 자신의 손에 쥐어져 있었고 우린 때론 돈까지 써가면서 우리 자신을 채찍질해왔다.

그런데 정말 우리가 그렇게 잘못 살아온 것일까?

우리가 휘두르는 채찍질은 아마도 두 가지로 나눠 생각해볼 수 있을 것 같다. 하나는 상대적 기준에서 비롯된 채찍질, 다른 하나는 절대적 기준에서 비롯된 채찍질. 먼저 상대적 기준의 채찍질부터 살펴보도록 하자.

상대적 기준의 채찍질

내 주변엔 정말 다양한 스펙트럼의 사람들이 있다. 그리고 그중엔 나보다 훨씬 능력이 뛰어나고 화려한 스펙을 자랑하는 사람들도 많이 있다. 예를 들면 MIT나 스탠퍼드 등 세계적 명문 대학을 나왔다거나, 논문 인용 수가 벌써 몇백 몇천이 된다거나, 이미 국내외 유명 대학의 교수이거나, 또는 구글이나 애플과 같은 글로벌 기업의 연구소에서 몇억씩 연봉을 받으며 사는 친구들처럼 말이다. 지인을 넘어 눈을 외국으로 돌려보자면, 구글 딥마인드 같은 곳에서 난다 긴다 하는 사람들이 엄청난 수준의 논문들을 양산하고 있다. 이런 넘사벽의 연구자들을 볼 때면 '과연 이들에겐 열등감이란 게 있기나 할까?'라는 의문이 들 때가 있다.

그런데 그들도 끊임없이 열등감과 싸우고 있다

○○○로 유학을 갔던 내 친구는 주변의 천재들을 보며 한없이 하잘것없어 보이는 자신의 모습에 끊임없이 괴로웠다고 한다. 나에겐 늘 천재같이 우러러 보였던 친구였는데도 말이다. 누구나 미래의 직장으로 꿈꾸는 곳인 ○○○에서 일하는 한 친구는 늘 자신의 부족한 영어를 탓하며 능력도 좋고 원어민이기까지 한 다른 직원들과 자신을 비교한다. 그리고 그들에 꿀리지 않기 위해 집에까지 일을 싸 들고 가 밤늦게까지 하며 열등감과 싸우고 있다. 그리고 아마 구글 딥마인드에 있는 연구자 아무개 역시도 주변의 주목받는 동료 연구자들을 보며 자신이 그러지 못함에 조급함과 괴로움을 느끼고 있을 것이다.

나 역시도 타인에겐 그런 부러움의 대상일지도 모른다. 서울대에 처음 들어갔을 땐 주변 친구들이 "야, 네가 무슨 걱정이 있니? 진짜 배가 불렀다, 불렀어."라고 얘기하기도 했다. 그런데 돌이켜보면 그 말은 참 내 사정을 모르고 하는 얘기였다. 내가 서울대에 갔다고 해서 나보다 나은 여러 천재에게 치이며 살지 않았던 것도 아니고 미래에 대해 아무 걱정 없이 살 수 있는 것도 아니었다. 현재의 모습 역시도 마찬가지이다. 나는 언젠간 드러날 본인의 빈 강정에 대해 두려워하며 늘 노력해야 한다는 부담감과 현재 그러지 않고 있다는 죄책감과 싸우고 있다.

이러한 사례들을 통해 내가 깨달았던 점은 상대적인 비교는 남들보다 더 높은 곳으로 올라간다고 해결되는 문제가 아니라는 점이었다. 아무리 높은 곳으로 올라가더라도 늘 그곳엔 더 높이 있는 사람이 존재한다. 보는 시야만 달라질 뿐 열등감의 근본적 고민은 높이 올라간 다고 해결되지 않는 것이다.

상대적 비교의 승자는 제한된 조건상에서만 존재한다. 예를 들어 '반 1등'이라고 한다면 그 반에서만 1등이 승자일 뿐 전교로 따지자면 꼭 승자는 아닐 것이다. 전교 1등도 전국으로 보면 마찬가지일 것이고, 전국 1등도 다른 나이대의 전국 1등들과 세상에 나와 경쟁한다면 꼭 승자는 아닐 것이다. 그리고 눈을 세계로 돌려본다면 분명 본인을 패자로 만들어줄 사람이 존재할 것이다. 비교에 있어 세상에 절대 승자가 없다는 것을 상기하면 사실 그 누구도 패자라고 괴로워할 필요 없다. 상대적 비교의 모집단, 상대적 비교의 분야, 상대적 비교의 근거 모두 인공적으로 만들어진 기준들이기 때문이다.

"더 뛰어난 사람이란 건 존재하지 않아요."라고 말하는 것은 아니다. 다만 더 뛰어난 사람이 많다는 건 그냥 "이 세상에 사람 많아요."와 크게 다르지 않은 말이다. 세상에 사람이 많기에 나보다 더 뛰어난 사람이 존재한다는 건 매우 당연한 일이다. 어떤 사람들은 이러한 열등감과 오기가 자신을 이끌어줄 동력이라 생각하는지 모르겠다. 하지만 우리의 동력은 우리 자신을 사랑할 때 나오는 것이지 자신을 쓰레기로 매도한다고 초능력이 생기진 않는다고 나는 믿는다.[*]

---

[*] 여담이지만, 그런 의미에서 우리나라의 줄 세우기 교육은 참 잘못되었다. 줄 세우기 교육, 줄 세우기 대학 서열은 소수의 승자와 다수의 패자만을 양산할 뿐이다. 왜 많은 청소년이 공부를 못한다고 구박받아야 하고 왜 많은 대학생이 일류대를 다니지 못한다는 사실에 괴로워해야 하는가?

절대적 기준의 채찍질

나를 채근하는 채찍은 꼭 상대적 비교 때문만은 아닐 수도 있다. 예를 들면 "너 왜 그렇게 최선을 다하지 못했니?"라든지 "너 왜 그렇게 게으름을 피운 거야?"라며 절대적 기준에서 자신을 채찍질할지도 모른다. 이런 절대적 기준의 채찍질은 상대적 기준의 채찍질보단 더 나을 수도 있을 것 같다. 하지만 그렇다고 이러한 채찍질이 꼭 아프지 않다거나 필수 불가결하다고 생각지는 않는다. 나 역시도 참 많이 자신을 채찍질하며 괴롭히곤 했는데 만일 그 모습을 3자의 입장에서 지켜봤더라면 "거, 보소. 그만 좀 갈구시오."라고 했을지도 모르겠다.

세상을 살다 보면 마지막 힘까지 쥐어짜며 한계를 극복해야 하는 순간들이 참 많이 있다. 당장 내일로 다가온 중간고사나 기말고사가 그럴 수도 있고, 그보다 더 큰 시험인 수능이 그럴 수도 있고, 어떤 공모전과 같은 대회 도전의 순간이 그럴지도 모르겠다. 잠자는 시간마저 아껴 최고의 성적을 만들어내야 하는 그런 순간들 말이다. 그리고 우리는 그러한 순간들에서 소위 '쥐어짜기'를 시전한다.

하지만 쥐어짜기는 부작용이 존재한다. 예를 들어 내가 혼신의 힘으로 쥐어짜내 평소 실력 이상의 것을 얻게 된다면, 나는 그것을 유지하기 위해 무척이나 애를 쓰며 스트레스를 받아야 할 것이다. 예를 들어 내가 운 좋게 합격한 대학을 자신의 '평균 수준'으로 인식한다면, 다음번에 그 수준을 재현하지 못할 땐 끊임없이 괴로워하며 과거의 자신을 그리워할지도 모른다. 그리고 다음 관문에서도 지난번과 같은 또 다른 요행에 자신의 운명을 맡기며 통제할 수 없는 불행을 맞이할지 모른다.

이렇게 '쥐어짜기'를 반복한다면 마치 내 인생의 모든 순간을 막판 스퍼트하듯 달려야 할 텐데 문제는 인생이 그렇게 막판 스퍼트를 자주 할 수 있을 만큼 찰나의 시간이 아니라는 점이다. 어떤 사람들은 순간 순간에 '최선' 혹은 '무리'를 하여 가랑이 찢어가면 더 높은 곳에 올라갈 수 있으리라 생각한다. 하지만 사실 더 높은 확률은 결국 내 가랑이가 찢어지는 것이다. 가랑이가 찢어지고 나면 나는 절뚝절뚝 아픔을 안고 올라가야 할 것이며, 결국엔 원하는 바를 이루지 못하고 포기해야 할 수도 있을 것이다.

인생 길다. 빨리 달리는 사람이 멀리 가는 것이 아니라 오래 달리는 사람이 결국 멀리 간다. 그리고 멀리 가려면 우선 즐길 줄 알아야 한다. 극한의 괴로움 속에서 결과를 짜냈을 때 기쁨을 얻는 사람도 있겠지만, 그러한 기쁨은 대부분 성취에서 오는지라 '성공이냐 실패냐?'와 같은 결과물에 의해 행복이 좌우될 때가 많다. 만약 최선을 다한 과정 자체로 즐겼다면 오케이. 하지만 실패했을 때 괴로워할 것이라면 굳이 그렇게 가랑이를 찢지는 않으셨으면 하는 바람이다.

채찍 맞는 말은 오래 달리지 못한다

우리는 참 다양한 채찍질을 맞으며 살아왔다. 그리고 어느새 그러한 채찍질에 길들여졌고, 이제는 자신을 채찍질하지 않으면 죄의식을 느끼는 단계까지 이른 것 같다. 하지만 돌이켜보면 자신을 괴롭게 하는 채찍은 그 누구도 아닌 내가 가하고 있다는 것을 알 수 있을 것이다. 사실 그게 맞는 방향이긴 하다. 나에게 채찍질을 가할 수 있는 사람은 나뿐이어야 한다. 하지만 그 채찍질은 꼭 필요한 순간에 현명하게 사용해야 할 것이다.

삶에서 속력보다 방향이 중요하단 건 너무나 잘 알려진 격언이다. 하지만 우리의 채찍질이 정말 '방향'을 위해 쓰이고 있는지를 생각해보자면 지금까진 대부분이 '속력'에 관계되어 있음을 깨달을 것이다. 다시 말해 우리는 '속력'에 대한 채찍질이 과한 반면 '방향'에 대한 채찍질은 그만큼 적게 가하고 있다.

그렇다고 방향에 대한 고민에 대해 채찍질을 가하라는 말씀은 아니다. 방향이란 건 자주 고민한다고 좋은 것이 아니다. 방향을 너무 고민하다 보면 앞으로 나아가진 못한 채 제자리만 맴돌 가능성이 크다. 결론적으로 속력에 관한 것이든, 방향에 관한 것이든, 본인에게 채찍질을 자주 가하는 일은 그렇게 권장할 만한 일은 아니다.

그렇다면 어떻게 해야 할까?

그저 최대한 즐기시라. 사람은 경주마가 아니다. 채찍을 맞아 수동적으로 달리는 존재가 아니라는 말씀이다. 그리고 우리는 채찍 맞는 말은 오래 달릴 수 없다는 것을 잘 알고 있다. 나는 열심히 쥐어짜내며 점프해야 더 높이 올라갈 수 있다고 믿지 않는다. 오히려 주변 풍경을 천천히 즐기면서 걸어야 더 높이 오를 수 있다고 믿는다. 그렇기에 여러분이 시험 성적과 같은 단기적 성과로 자신을 구박하지 않으셨으면 하는 마음이다. 이번에 성적이 조금 좋지 않았다 하더라도, 이번 일에 대해 결과가 조금 좋지 않았다 하더라도, 자신에게 "수고했어."라며 조금씩 토닥여주자. 나를 채찍질할 수 있는 존재가 나밖에 없듯 필요한 순간에 나에게 사랑을 나눠주는 일 역시 내가 베풀어야 할 것이다.

대학원생에게 가장 필요한 덕목은 무엇일까? 좋은 성적 받기? 많은 논문 쓰기? 졸업하기? 졸업 후 좋은 곳에 취직하기? 하지만 그 어떤 것도 현재 이 순간을 행복하게 보내는 것만큼 중요하다고 생각하지 않는다. 성적을 잘 받든 못 받든, 논문을 많이 쓰든 못 쓰든, 심지어 내가 대학원을 졸업하든 못하든 간에 변하지 않는 사실은 지금 떠나보내는 이 순간이 다시는 돌아오지 않는다는 점이다.

그러니 모든 것을 당신의 즐거움 안에서 찾아가시기 바란다. 너무 괴로워하며 하루하루를 쥐어짜지 마시고, 너무 자신의 못남을 부각하며 채찍질하지 마시고, 그저 오늘을 즐기시고, 조금은 게으름을 허락해주시고, 주변 사람들과 행복을 만끽하시며 즐거운 여행처럼 하루를 사셨으면 하는 바람이다. 오늘의 즐거움을 내일의 발전과 자연스럽게 연결해가는 것, 그것이 어쩌면 내 미래를 위한 지속 가능한 발전의 길이 아닐까 싶다.

너무 자책하지 마시라. 그대는 충분히 잘하고 있으니까.

에필로그

안정적인 삶, 그런 거 없다

"좀처럼 글이 잘 나오질 않네요……"

지난 3년의 집필 과정 중 절반은 이런 고통 속에서 겨우 글을 짜냈다. 지금 쓰는 에필로그 역시 마찬가지다. 에필로그로 어떤 글을 써야 할지에 대해 지난 한 달을 고민했는데, 결국 좋은 주제를 찾지 못해 쓰는 글이 '좀처럼 글이 나오질 않네요'란 글이다. 참으로 한심하다.

근데 어쩌면 이 말이야말로 나의 지난 3년을 가장 잘 표현하는 문장이 아닌가 싶다. 그리고 내가 살아온 인생을 표현하는 말 역시 '좀처럼 논문이 잘 나오질 않네요.' '좀처럼 실험 결과가 잘 나오질 않네요.' '좀처럼 성적이 잘 나오질 않네요.' '좀처럼 세상일이 뜻대로 되질 않네요.'와 같이 늘 '좀처럼 잘 ○○되지 않는' 삶을 살았던 것 같다. 참으로 답답하다.

그런데 생각해보면 이렇게 한심하고 답답한 상태가 인생의 본성nature이고 기본 모드default mode가 아닌가 싶다. 그리고 우리가 불행한 이유는 어쩌면 이런 지극히도 자연스러운 인생의 본성을 받아들이지 못한 채, 이룰 수 없는 환상만 좇다 보니 이리 불행한 건 아닌가 싶다. 동화 속 신데렐라만 꿈꾸는 소녀가 어찌 현실에서 행복할 수 있겠는가? 동화 속 신데렐라도 환상이고, 일이 술술 풀리는 인생 역시 환상이다. 하는 일마다 턱턱 막히고, 생각지도 못한 사건에 고꾸라지는 것이 인생의 본성이고 기본 모드다. 그러니 우리가 '별일 없이 산다'는 친구를 부러워하는 것 아닐까?

불안정한 현실 역시 마찬가지다. 사람들은 좋은 학벌, 좋은 직장, 좋은 결혼이 나를 안정적인 미래로 이끌어줄 거라 기대한다. 그래서 수많은 청년들이 의대 진학을 희망하고, 공무원 시험에 매달리고, 안정적인 사람과의 결혼을 꿈꾸나 보다. (물론 모두가 그렇다는 뜻은 아니다.)

하지만 그 어떤 것도 내 인생에 영원한 안정을 가져다주진 않는다. 왜냐하면 불안정이 인생의 본성이고 기본 모드이기 때문이다. 입시 경쟁에 고통받는 고등학생은 좋은 대학만 가면 고민이 다 해결될 거라 믿겠지만, 고민들은 그저 다른 고민들로 대체될 뿐, 대학에 간다고 고민이 다 해결되는 것은 아니다. 좋은 직장 역시 마찬가지다. 힘겹게 취업의 바늘구멍을 뚫었다 해도 이내 '퇴사'를 꿈꾸는 것이 한국 직장인의 현실이다. 결혼 역시 마찬가지인데, 안정된 삶에 대한 기대와는 달리 결혼은 더 많은 사회적 역할의 저글링을 요구하기 때문에 우리의 삶을 더 불안하게 만들곤 한다. 그 속에서 개인의 꿈을 포기하는 경우도 여럿 봐왔다.

안정은 환상이다. 불안정이 디폴트다. 술술 풀리는 인생은 환상이고, 뭐든 턱턱 막히는 인생이 디폴트다. 그러니 지금 삶이 불안정하다고, 지금 삶이 하나도 뜻대로 되지 않는다고 너무 좌절하지 않으셨으면 좋겠다. 소셜미디어 속 사진에 속아 못 느낄지 모르겠지만, 누구나 시궁창 같은 현실에 살고 있고, 누구나 불안한 미래와 싸우고 있다. 필자의 삶도 예외가 아니다.

중요한 건 탈출이 아니라 그 안에서 행복을 찾는 일이다. 행복한 삶은 안정된 삶, 모든 일이 술술 풀리는 삶이 아니라, 불행과 함께 공존할 줄 아는 삶이다. 그러한 삶을 만들 줄 아는 사람을 우리는 현명한 사람이라고 이야기한다. 대학원 생활 역시 마찬가지다. 행복한 대학원 생활은 모든 일이 술술 풀리는 이상적인 나날들이 아니라 '그럼에도 불구하고' 만족스러운 꽃을 피울 줄 아는 현명한 처신 속에 존재한다고 믿는다. 그러니 괴로운 현실 속에서도 모두 한낱 희망의 꽃을 피울 수 있었으면 하는 바람이다.

집필을 시작한 지도 어느덧 3년이 흘렀다. 집필이 이렇게 오래 걸릴 줄 몰랐고, 아직도 내가 대학원생일 줄 몰랐다. 처음 집필을 시작할 땐 '내 주제에 무슨 조언을!'이라며 염치 모르고 글을 쓰는 나 자신을 한없이 부끄러워했는데, 내 역할이 조언이 아닌 '공감'과 '위로'라는 것을 깨달은 뒤에는 좀 더 편한 마음으로 글을 쓸 수 있었던 것 같다.

책의 서두에도 밝혔지만, 이 책의 목적은 누군가에게 정답을 알려주는 것에 있지 않다. 나는 그러한 정답을 알고 있지도 않고, 쓸 자격도 갖고 있지 않다. 다만 공감하고 위로해드리고 싶다. 내 글이 누군가에게 힘이 되고 위로가 되었다면 내겐 그만큼의 보람이 또 없을 것 같다.

"지금껏 잘살아오셨고, 지금도 잘하고 계신다. 그러니 너무 불안해

말고 앞으로도 지금처럼만 잘해나가셨으면 하는 바람이다. 이 책이 그런 당신께 조그만 응원이 되었으면 한다. 모두 화이팅!"

2부

대학원을 졸업한 연구자의 이야기

· 최윤섭 박사편 ·

프롤로그

나의 연구 이야기를 시작하며

대학원생 시절, 연구는 나의 모든 것이자 나의 삶 자체였다. 내 모든 것을 걸고 연구를 위해 전력으로 달려가던 그 시절. 나는 끝없이 이어지는 데드라인에 항상 쫓기면서 미친 듯이 바쁘게 살았고, 실험 결과 하나에 울고 웃었으며, 불확실한 미래와 진로에 대한 고민 때문에 뜬눈으로 밤을 지새우기도 했다.

실험이 계속해서 잘 안 될 때면 그렇게 힘들 수가 없다가도, 또 내 가설이 맞는 것으로 나오면 그렇게도 기쁠 수가 없었다. 어느 날 새벽 메일함을 열었을 때, 내 첫 번째 논문의 게재 수락 메일이 도착했던 순간을 나는 아직 잊지 못한다. 무려 1년이 넘는 기간 동안 여러 번의 게재 거절과 세 번의 리비전을 거친 뒤였다.

나는 그 여정에서 많은 빛나는 사람들을 만났다. 그중 어떤 사람들은 정말 인류를 한 걸음 더 나아가게 하는 천재들이었다. 하지만 또 많은 사람들은 대학원이라는 기간을 불행하게 보내었고, 또 누군가는 그 과정을 결국 견디지 못하고 소리 소문 없이 다른 길을 가기도 했다. 나는 비교적 운이 좋은 편이었지만, 그래도 인생에서 가장 힘들었던 시기를 꼽자면 역시 대학원 시절을 빼놓을 수는 없을 것 같다.

나의 대학원 시절은 많은 역설과 복잡다단한 애증의 감정으로 가득하다. 어쩌면 내 인생의 가장 순수하면서도 가장 힘든 시기였고, 가장 비효율적인 시간이었지만 또 결과적으로 가장 많은 것을 배운 시기였다. 그 모든 과정을 다시 밟아보라면 지금은 엄두도 못 낼 것 같지만, 만약 내가 정말로 그 시절로 돌아가서 선택의 기로에 서게 된다면 아마도 나는 같은 결정을 내릴 것 같다.

나의 대학원 생활

나는 결코 특별하거나 누구에게 내세울 수 있을 만큼 모범적이고 표준적인 대학원 생활을 했다고 하기는 어렵다. 사실 '표준적인 대학원 생활'이라고 할 수 있는 것 자체가 존재하지 않겠지만 말이다.

대학원생만큼 신분이 어중간하고, 역할이 불분명하며, 앞날도 불투명하고, 해야 할 일이 정해지지 않은 사람도 없다. 아마 대학원생들의 수만큼이나 특수한 경험이 있으리라 생각한다. 국내·국외, 분야, 학과, 세부 전공, 연구주제에서 지도 교수님의 특성에 이르기까지 똑같은 환경에서 똑같은 대학원 생활을 하는 사람은 아마 한 명도 없을 것이다.

그래서 앞으로 설명할 소위 '대학원 연구 노하우'라고 하는 것도 전적으로 나의 개인적인 경험에 기반한 것이다. 앞으로 나올 이야기들의 맥락을 이해하기 위해서는 우선 내가 어떤 분야의 연구를 진행했는지를 대략적으로 먼저 설명할 필요가 있다.

나는 국내의 이공계 대학교와 대학원을 나왔다. 포항공과대학교 학부에서 컴퓨터공학과 생명과학을 복수 전공했으며(그래서 학부를 5년 다녔고, 평점은 평균을 간신히 넘는 수준이었다), 같은 학교 대학원의 시스템생명공학부에서 이학박사학위를 취득했다(신생 대학원에 1기로 입학했으며, 내가 1호 박사였다. 그만큼 고생을 했다).

생명과학과 컴퓨터공학의 중간 즈음에 있는 전산 생물학이라고 하는 분야를 전공하면서, 전통적인 생물학 실험과 컴퓨터를 이용한 코딩, 시뮬레이션, 데이터 분석을 모두 했다. 지도 교수님도 두 분의 교수님께 공동으로 지도를 받았다. 내가 앞으로 설명할 연구에 관한 내용들도 대부분 이런 분야에서 이뤄진 것이다.

다양하고 잡다한 연구 경험

이것이 내 대학원 생활이지만, 내 '연구 인생'을 이야기하자면 사실 조금 더 부연 설명이 필요하다. 이 부분에서 내가 한 가지 나름대로 자랑스럽게 여기는 것은 내가 비교적 다양한 환경에서 연구를 해본 경험이 있다는 것이다. 아래는 내가 지금까지 거쳐왔던 연구 조직들을 시간순으로 나열해본 것이다.

- BRIC 생물학정보센터 생물정보학 팀
- 포항공대 생명과학과 남홍길 교수님 연구실
- 포항공대 생명과학과 김상욱 교수님 연구실

- 포항공대 생명과학과 류성호·서판길 교수님 연구실
- Stanford University, Department of Chemical & Systems Biology, James Ferrell Lab
- 서울대학교 의과대학 생화학교실 정준호 교수님 연구실
- KT종합기술원 바이오메디컬 인포매틱스 팀
- 서울대학교병원 의생명연구원 연구중심병원
- 최윤섭 디지털 헬스케어 연구소

포항공과대학교는 학부를 졸업하기 위해서는 학부생들도 연구실에 들어가서 연구 참여를 해야 하고, 형식적이기는 하지만 논문도 써야 한다. 나는 학부 3학년 여름방학 때부터 BRIC의 생물정보학 팀에 들어가서 연구라는 것을 시작했다(생물학 관련 전공자라면 BRIC이라는 이름이 익숙할 것이다. 지금은 없어졌지만 2003년에는 내부에 자체적인 연구 조직이 있었다).

돌이켜보면 나는 공과대학과 의과대학의 연구실, 기업 연구소, 병원에서 연구했으며, 식물학, 생물학, 생물정보학, 의학을 연구하는 곳을 거쳤다. 순수 연구와 사업개발을 위한 응용연구를 모두 경험했으며 한국과 미국에서의 연구 경험이 있다. 학부생, 대학원생, 연구교수, 팀장, 연구소장 등으로 다른 사람 아래에서, 혹은 내 팀원들을 이끌기도 했으며 현재는 독립적으로 연구를 하고 있다.

이렇게 나는 다양한 환경에서, 다양한 역할로, 다양한 목적을 위해 다양한 주제를 연구했다. 많은 조직을 옮겨 다니면서 여러 형태의 조

직에서 여러 유형의 사람들과 연구를 한 것이다. 때문에 여기에서 우러나오는 나만의 이야기를 조금은 할 수 있지 않을까 한다.

「내가 대학원에 들어왔을 때 알았더라면 좋았을 연구 노하우」 슬라이드

마지막으로 내가 이 책의 집필에 참여하게 된 계기도 이야기해야 하겠다. 바로 '연구 노하우' 슬라이드다. 아마 대학원에 있거나, 대학원을 준비하는 사람이라면 한 번쯤 이 슬라이드를 보지 않았을까 싶다.

이 슬라이드는 원래 내가 우리 연구실 후배들을 위해서 만든 자료

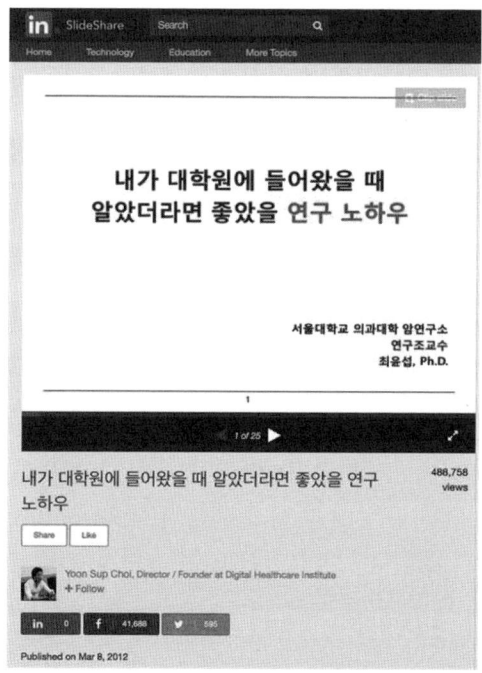

였다. 앞서 이야기했듯이 나는 포항공대 시스템생명공학부에 1기로 입학한 대학원생이었고, 우리 구조생물정보학 연구실(김상욱 교수님)에서도 첫 번째 박사 졸업생이었다. 이 연구실은 교수님이 처음 학교에 부임하시면서 연구실을 차리실 때 나도 창단 멤버로 합류해서, 이후 학부생-대학원생-박사후연구원 시절을 거치며 총 6년이라는 세월을 보내었던 정든 곳이다.

나는 이 연구실을 떠나는 첫 박사 졸업생이었다. 보통 연구실을 떠나기 전 마지막 랩 미팅에서는 송별 세미나Farewell Seminar라는 것을 한다. 그동안 내가 연구실에 머물면서 했던 연구와 생활을 돌이켜보고, 랩 사람들에게 하고 싶은 감사의 이야기도 전하는 기회이다. 나는 내 송별 세미나에서 내가 그동안 대학원 생활을 하면서 조금씩 생각했던 연구에 대한 나의 개똥 철학과 노하우를 후배들에게 전하고 싶었다. 내가 연구실을 떠나고 없더라도 남아 있는 후배들이 계속 잘 연구하기를 바랐기 때문이다.

그냥 그런 슬라이드였다. 그리고는 이 슬라이드를 내 하드디스크 속에 처박아두고 1년 넘게 까먹고 있었다. 어느 날 저녁 오래된 슬라이드 자료들을 정리하다가, 별다른 생각 없이 이 자료를 슬라이드 공유 사이트인 슬라이드 쉐어slideshare에 올린 것이 사건의 발단이었다.

슬라이드는 정말 무서운 속도로 공유, 공유, 공유, 또 공유되었다. 나는 사실 처음에는 그 슬라이드가 그렇게 화제가 되는지 몰랐다. 처음에는 내 메일 주소나 트위터 아이디 등 아무것도 넣지 않았기 때문에 상황이 어떻게 퍼져나가는지 나중에서야 알았다. 어안이 벙벙했다.

그 연구 노하우(개정 증보판까지 합치면)는 70만 번 정도의 조회 수를 기록하고 있다. 페이스북에는 5만 번 이상 공유되었고 말이다. 혹자는 "슬라이드계의 강남스타일(?)"이라고도 했고 "한국의 대학원생이라면 한 번은 봤을 슬라이드"라고 이야기하기도 했다. 소셜 네트워크의 위력을 몸소 실감한 기회이기도 했고 그래서 많은 재미있는 경험을 했다. 우연한 기회에 업로드한 내용이지만, 나 역시 많은 애착과 보람 그리고 일말의 책임감을 느끼고 있는 자료이기도 하다.

주의사항!

사실 이렇게 대학원 생활이나 연구에 대한 노하우라고 해서 결코 거창할 것은 없다. 대학원의 길고 어두운 터널을 어떻게든 지나갔던 사람들이라면 모두가 한 마디씩 거들 수 있는 내용이다. 나 역시 실험이 끝나고 실험실 형들, 누나들과 술 한 잔을 기울이면서 많이 묻고 또 많이 들었던 내용들이다.

무엇보다 이 내용들은 결코 절대적인 것이 아님을 강조하고 싶다. 최소한 대학원 시절의 나에게는 꽤 효과적이었던 내용이지만, 현재의 당신에게는 해당되는 내용이 아닐 수도 있다. 나는 결코 내 개인적인 경험에서 나온 노하우들이 절대적으로 옳다고 주장할 생각이 없다. 앞서 말했듯이 모든 대학원생은 각기 특수한 상황에 처해 있을 것이다. 그러니 내가 앞으로 하는 조언들을 비판적으로, 그리고 선별적으로 받아들이시기 바란다.

또한 이 연구 노하우들은 나라고 항상 실천했던 것은 아니다. 나도 불완전한 인간일 뿐이고, 연구의 신 따위는 더더욱 아니다(내 주위만 하더라도 나보다 연구 성과가 좋은 정말 훌륭한 사람들이 많다). 이 노하우들은 연구가 가장 잘되고, 스스로 신명이 나던 시기에 나도 무의식적으로 했던 것들일 뿐이다. 특히 연구가 잘 풀리지 않던 때는 이런 원칙을 의식적으로 더 실천하려고도 했고 말이다.

사실 나는 지금도 여전히 이 원칙의 많은 부분들을 지키기 위해 노력하고 있다. 아마 그런 노력은 내가 연구를 업으로 삼는 이상은 평생 계속되리라 생각한다.

1
나는 과연 대학원에
가야 하는 걸까

대학원생으로 살아가는 삶과 연구의 노하우에 대해서 이야기하기 전에 먼저 답해야 할 질문이 있다. 과연 대학원을 꼭 가야만 하는 걸까? 어떤 사람이 대학원에 가야 하고, 대학원에는 대체 왜 가야 하는 것일까? 이는 매우 중요한 질문이다. 특히 내가 어떤 분야를 전공하고, 어느 학교의 어떤 교수님 연구실에 지원할 것인지에 앞서, 가장 먼저 해야 할 근본적인 질문이다. 하지만 안타깝게도 이 질문에 제대로 답하지 않고 대학원에 들어오는 사람이 너무도 많다. 어쩌면 그 이후의 모든 어려움은 여기에서 시작되는지도 모른다.

형, 저 대학원 가야 할까요?

필자는 예전부터 후배들에게 진로 상담 요청을 자주 받는 편이었다. 특히 학부생들이 졸업을 앞둔 시점이라면 누구든지 취업 등의 여러 옵션과 함께 대학원 진학에 대해서 한 번쯤은 고민하게 마련이다. 더욱이 요즘과 같이 취업이 잘되지 않는 시대에는 말이다.

후배에게 대학원을 가야 할지, 말아야 할지에 대한 질문을 받으면 나는 곧바로 되묻는 질문이 있다. 바로 "네가 궁극적으로 하고 싶은 것이 뭔데?" 하는 것이다. 이 질문을 받으면 대부분의 후배들은 당황한다. 자신이 (대학원 진학과는 상관없이) 궁극적으로 하고 싶은 것이 무엇인지가 명확하지 않은 경우가 많기 때문이다.

나는 『이상한 나라의 앨리스』에 나오는 아래의 유명한 구절을 좋아한다.

- 앨리스: 내가 어디로 가야 하는지 길을 알려줄래?
- 고양이: 그건 네가 어디로 가고 싶은가에 달렸지.
- 앨리스: 난 어디든 상관 없어.
- 고양이: 그렇다면 어느 길로 가든 상관없잖아?

대학원은 결코 모든 것을 해결해주지 않는다. 박사를 딴다고 해서 인생이 더 행복해지는 것도 아니며, 돈을 더 많이 벌 수 있는 것도 아니다. 취업이 보장되는 것도 아니며(오히려 취업의 문은 더 줄어들 수도 있다), 솔직히 대학원에 진학한다고 해서 모두가 박사학위를 따는 것도 아니다. 내 주위에도 많은 동기와 선후배들이 박사학위를 마치지 못하고 중도에 대학원을 그만두었다(어떤 의미에서는 그것이 더 행복한

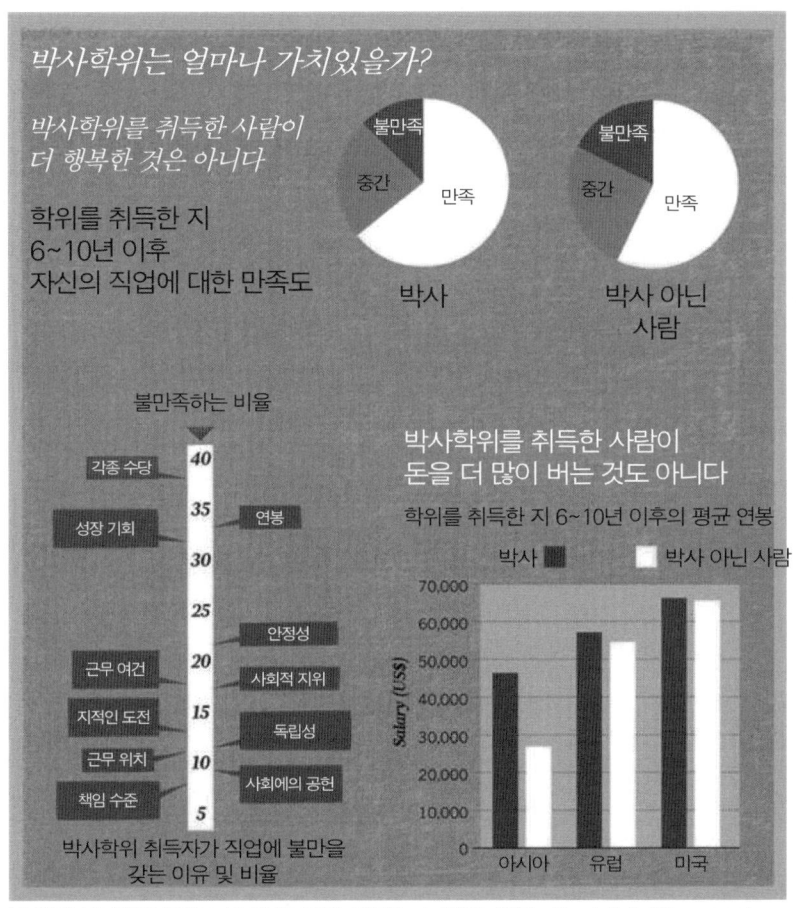

박사가 더 행복하지도 더 많은 돈을 번다는 보장도 없다. (출처: 『네이처』, 2011)

삶을 위한 옳은 선택일 수도 있다).

나는 결코 모든 사람에게 박사학위가 필요한 것은 아니라고 생각한다. 박사학위를 따기 위해서는 많은 것을 희생해야 하고, 많은 것들을 감내해야 하며, 큰 기회비용과 리스크를 감수해야 한다. 그렇기 때문에 본인이 궁극적으로 하고자 하는 목표에 박사학위가 꼭 필요하다면 당연히 대학원을 가야 하는 것이고, 반대로 그 목표가 박사학위를 꼭 필요로 하지 않는 경우라면 굳이 대학원에 진학하지 않아도 된다는 것이 솔직한 내 생각이다.

대부분의 사람에게 박사학위는 그 자체로 숭고한 목적이라기보다는, 하나의 수단으로써의 성격이 강하다. 평생 학문의 길을 걷겠다는 사람에게는 박사학위 자체가 목적이 될 수도 있겠지만, 그런 경우에도 박사학위는 끝없는 진리 탐구의 길에 거쳐가야 하는 하나의 과정에 불과하다. 오히려 현실적으로는 내가 교수가 되거나, 국책 연구소의 연구원이 되기 위해서(적어도 그 자리에 지원을 하기 위해서), 혹은 특정 업계에서 전문가로 인정받기 위한 최소한의 요건이 되는 경우가 대부분이다.

기본적인 원칙은 그러하다. 당신이 궁극적으로 원하는 것이 무엇인지를 잘 생각해보자. 내가 이루고자 하는 직업적인 목표는 무엇인가? 이 질문에 대한 답을 누구도 대신해줄 수는 없다. 이 질문을 진지하게 고민하지 않는다면 어떤 결정을 내려도 후회할 가능성이 높다.

특히 막연히 주위 친구들이 대학원에 가니까 나도 따라서 간다거나(실제로 이런 학생들이 꽤 많다), 넋 놓고 대학 생활을 하다 보니 군대 문제를 아직 해결하지 못해서 간다거나, 취업이 되지 않아서 좀 더 시간을 벌기 위해 별다른 고민 없이 진학한다면 필연적으로 불행한 대학원 생활을 하게 될 것이다. 자신이 내렸던 결정이 과연 옳은 것인지, 아니면 이 지옥 같은 대학원 생활을 지금이라도 당장 그만둬야 할지를 끊임없이 고민하면서 말이다.

나 자신만의 굳건한 이유가 필요하다

"내가 궁극적으로 하고자 하는 일이 무엇이며, 그 목표를 위해 박사학위가 꼭 필요한가?"라는 질문에 답을 찾을 수 있다면 대학원을 가는 자신만의 명확한 이유가 생긴 것이다. 그 이유는 결코 거창할 필요도 없고, 굳이 다른 사람을 설득할 수 있어야 하는 것도 아니다. 다만 나 스스로가 굳게 믿고 있으며 스스로 납득할 수 있는 이유이면 된다.

필자의 경우에는 "IT 분야와 생명과학 분야를 융합한 유니크한 전문성을 가지고 싶다"는 것이 이유였다. 나는 융합적인 전문성을 지닌 전문가로 살아가고 싶었다. 학부에서 컴퓨터공학과 생명과학을 복수 전공했지만, 그것만으로 융합적인 전문성을 가진 전문가라고 하기는 부족했다.

특히 신약 개발이나 헬스케어 분야에서 전문가로 인정받으며 연구하고 이 분야에서 살아남기 위해서는 박사학위가 필요했다. 대학원 진학하기 전에 내가 만나고 조언을 구했던 선배들, 전문가들은 대부분 박사학위를 가지고 있었다. 나도 그들과 어깨를 나란히 하는 전문가가 되어서 이 바닥에 입문하기 위해서는 누가 봐도 박사는 최소한의 입장권처럼 느껴졌다. 매우 막연한 이유일지도 모르겠지만, 최소한 나 자신은 굳게 믿고 있는 이유였다.

대학원에 가기 위해 그런 굳건한 이유를 가지는 것이 중요한 가장 큰 이유 중의 하나는 바로 대학원에서 끝까지 버텨내고 살아남기 위함이다. 앞으로 대학원에서 얻게 될 많은 소중한 것들에 대해서 이야기할 것이다. 하지만 그럼에도 불구하고 대학원생으로 살아간다는 것은 결코, 결코, 결코 쉽지 않다.

이 부분은 너무도 중요하기 때문에 다시 한 번 언급하겠다. 대학원생으로 살아간다는 것은 분야를 막론하고, 한국과 외국을 막론하고 정말로 쉽지 않은 과정이다. 당신이 한국에서 정규 교과 과정을 거치고, 평범한 대학생으로 살아온 사람이라면 여태껏 겪지 못했던 완전히 새로운 종류의 조직에서, 새로운 역할을 하며, 새로운 종류의 어려움과 고난, 고뇌를 겪게 될 것이다.

사실 대학원생은 사회 전반의 시각에서 보더라도 매우 특수하고도 어정쩡한 역할을 하는 중간인과 같다. 학생도 아니고, 사회인도 아니며, 교수도 아니고, 정식 연구원이라고 할 수도 없다. 대기업처럼 잘 만들어진 시스템 속에서 체계적으로 배우면서 일하는 것도 아니고, (잘은 몰라도) 노동법에 의해서 보호받는다는 이야기도 들어본 적이 없다. 인권의 사각지대에 있는 경우도 많으며, 역할 자체가 명확하지 않아서 어떤 역할이라도 필요하다면 해야 하는 경우가 많다.

대학원생으로 살아간다는 것은

대학원생으로 살아가는 것이 왜 힘든지는 대부분 아래와 같은 이유에서일 것이다. 필자의 개인적인 경험이 상당 부분 반영되기도 한 이야기들이다.

끝이 보이지 않는 터널: 대학원에서 박사학위를 목표로 연구한다는 것은 끝이 보이지 않는 터널을 지나는 것과 같다. 아무리 빨라도 박사학위를 따기 위해서는 4~5년의 시간이 필요하다. 길게는 8~9년이 걸리기도 한다. 어느 연구실에 가더라도 박사학위를 제때 따지 못해서 연구실에서 거의 화석 같은 존재가 되어가는 초고년 차 대학원생을 한두 명은 볼 수 있을 것이다. 그들이 연구를 열심히 하지 않았거나, 실력이 없어서, 혹은 게을러서 그렇게 오랜 시간을 대학원에서 보낸다고 할 수도 없다. 바로 당신이 그렇게 될 수도 있다. 더욱이 그 대학원이라는 터널을 빠져나오는 마지막 순간이 오기 전까지는, 터널이 언제 끝날지 알 수 없는 경우가 많다.

불확실한 미래: 마침내 박사학위를 받은 이후라고 하더라도 여전히 미래가 불확실한 것은 마찬가지다. 박사학위를 받는다고 해서 보장되는 것은 사실 아무것도 없다. 의사 면허, 약사 면허, 변호사 자격증, 회계사 자격증 등을 취득하게 되면 그런 자격이 없는 사람은 결코 할 수 없는 자신만의 영역이 생기게 된다. 하물며 운전면허를 따도 보장되는 것이 생긴다. 그렇다고 박사학위를 한다는 것이 의사, 약사, 변호사, 회계사 등의 자격을 가지는 것보다 결코 노력과 시간이 적게 들어간다고 할 수도 없다. 하지만 박사학위를 취득한다고 해서, 박사만

이 할 수 있다고 보장되는 것은 아무것도 없다. 교수 등 특정 포지션에 지원할 수 있는 최소 요건 정도를 충족시키는 것밖에는 말이다.

월화수목금금금: 황우석 박사가 써서 유명해진 말로 알고 있다. 대학원에 가게 되면 수업, 과제, 연구, 조교와 그 외 잡일 등으로 쉴 새 없이 바쁘게 된다. 특히 온갖 잡무를 처리하는 와중에도, 실험하고 논문 쓰면서 내 연구를 진전시키기 위해서는 절대적으로 시간이 부족하다. 대학원생이 주말에도 일을 하게 되는 것은 그 사람이 게으르거나, 워커홀릭이어서가 아니라, 그렇게 될 수밖에 없는 구조적인 여건이 갖춰져 있기 때문인 경우가 많다. 한국의 많은 연구실에서 랩미팅은 토요일 오전에 한다(내가 스탠퍼드에 있을 때 친구들에게 한국에서는 토요일 아침에 랩미팅을 한다고 하니 경악을 금치 못했다. 스탠퍼드의 우리 연구실이 금요일 오후에 랩미팅을 한다고 다른 학생들이 불만을 토로하던 상황이었다). 한국의 대학원생은 저녁이 있는 삶은커녕 주말이 있는 삶을 살기도 쉽지 않다.

계획대로 되지 않는 연구: 우리 지도 교수님이 실험이 잘 풀리지 않아서 좌절하고 있는 나를 위로하시면서 하신 말씀이 있다. "실험은 원래 디폴트가 꽝(원하는 결과가 나오지 않는 것)이고, 긍정적인 결과가 나오는 경우가 오히려 예외적"이라는 것이다. 그만큼 연구라고 하는 것은 결코 내가 계획한 대로 흘러가지 않는다. 연구 과정에는 반드시 문제가 발생하며, 내가 예상했던 것보다 항상 더 많은 시간이 (보통 두 배 이상) 들어간다. 그렇게 연구가 풀리지 않는 과정이 한 달, 두 달…… 1년, 2년이 되다 보면 나도 모르게 어느새 8년, 9년씩 연구실에서 썩는 초고년 차가 되는 것이다. 정말 남의 이야기가 아니다.

지도 교수: 존경할 만한 지도 교수님을 만난다는 것은 그야말로 행운이다. 아마 3대에 걸쳐서 (혹은 30대에 걸쳐서) 덕을 쌓았기 때문인지도 모른다. 하지만 뛰어난 학문적 실력과 리더로서 존경할 만한 인성을 모두 갖춘 지도 교수는 불행하게도 그리 많지 않은 것이 현실이다. 지도 교수는 대학원생들의 삶과 미래, 월급을 모두 틀어쥐고 있는 절대 권력자이다. 하지만 학문적 역량 이외에, 여러 사람들을 이끌 리더로서의 자격이 있는지는 검증받지 못한 사람들이며(교수 채용과 테뉴어 심사에서 인성이나 리더십의 검증은 없다) 연구실 내의 절대 권력에 어떠한 견제도 받지 않는 사람들이다. 싫든 좋든 대학원 생활을 하는 내내, 그리고 어떤 경우는 대학원을 졸업한 이후에도 대학원생들은 지도 교수의 절대적인 영향력하에 놓이게 된다. 장담하건대 지도 교수를 잘못 만나거나, 지도 교수와 궁합이 맞지 않거나, 좋은 관계를 형성하지 못한다면 당신은 문자 그대로 지옥을 맛보게 될 것이다.

쥐꼬리만 한 월급: 사실 쥐꼬리만 한 월급이라도 있으면 다행이다. 많은 경우 대학원생은 학부생 수업 조교를 겸하기 때문에 장학금 형식의 월급을 받게 된다. 하지만 월급이라고 하더라도 생활비로 쓰기에도 빠듯하고, 별도로 미래를 위한 저축을 하기에는 쉽지 않은 경우가

대부분이다. 대학을 졸업한 이후 대학원에 재학하는 20대 후반~30대 초반을 여유 자금 없이, 20대 후반~30대 초반을 여유 자금 없이, 저축도 하지 못하고 살아가야 한다는 것은 그리 바람직한 상황은 아니다. 박사를 받게 되는 30대 초중반에 모아놓은 돈이 1,000만 원도 없으면 참 암울하다(따로 과외 알바라도 뛰지 않고 연구만 열심히 한다면 1,000만 원 모으기 쉽지 않다). 더 운이 나쁘면 저축은 고사하고 부모님께 손을 벌리면서 대학원 생활을 해야 할 수도 있다. 이는 대학원에 가지 않고 취직한 주위 친구들과 비교해보면 더욱 큰 격차를 실감하게 된다.

기회비용: 사실 위의 모든 이유를 합한 것이 바로 기회비용에 관한 것이다. 기회비용은 내가 대학원 진학이라는 선택을 함으로써 잃어버리게 되는 많은 기회들을 말한다. 예를 들면, 기업에 취업해서 벌 수 있었던 (상대적으로) 많은 경제적 수입을 대학원에 진학하면 모두 잃어버리는 것이 된다. 직업 전선에 먼저 뛰어들어서 경력을 쌓아나가거나, 사회 생활을 일찍부터 시작하면서 얻을 수 있는 경험과 인맥 역시 대학원 생활의 기회 비용이다.

대학원 생활과 연구 노하우를 본격적으로 시작하기도 전에 너무 겁을 주는 것이 아닌지 모르겠다. 하지만 대학원에 진학하게 된다면 위에서 언급한 어려움 중의 몇 가지는 반드시 겪게 될 것이다. ……좋다. 좀 더 솔직하게 말하자면, 대학원에 진학한다면 당신은 이 어려움의 대부분을 (많은 경우에는 전부) 겪게 될 것이다. 이를 피해갈 수 있는 방법이란 없다. 그것이 현실이다.

　이러한 고난과 역경을 견디고서라도 박사학위를 반드시 따야만 할 필요가 있는 것일까. 그렇기 때문에 가장 먼저 던져야 한다는 그 질문이 그렇게도 중요한 것이다. 이 질문에 대한 정답은 자기만이 알고 있다.

　필자도 대학원에서 많은 고생을 했기 때문에 그 과정이 얼마나 지난하고 어려운 것인지 잘 알고 있다. 사실 그렇게 험난한 과정과 혹독한 트레이닝을 거치고 얻은 박사학위이기 때문에 가치가 있는 것이기도 하다.

　이런 과정을 끝까지 견뎌내고, 도중에 탈락하지 않고 살아남기 위해서는 앞서 누누이 강조한 자신만의 분명한 이유가 있어야 한다. 그 이유가 어둠 속에서 당신에게 한 줄기 빛이자, 마지막까지 당신이 붙잡을 수 있는 지푸라기가 되어줄 것이다.

2
박사학위라는 것의 의미

박사학위란 과연 무엇일까. 우리가 힘든 대학원 생활을 거치면서 기어이 받으려고 하는 그 박사라는 것은 과연 우리에게 어떤 의미일까.

어떤 목표를 추구하기 위해서는 그 목표가 어떠한 의미를 가지는지를 명확히 이해할 필요가 있다. 막연한 생각만으로 목표를 추구했다가는 정작 그것을 달성한 후에 "어? 이 산이 아닌가벼?"하게 될지도 모르기 때문이다. 현실적으로 박사가 가지는 의미를 제대로 이해하고 대학원 생활을 하는 사람은 많지 않을 것이다. 나 또한 그랬다.

디펜스의 추억

박사학위를 받기 위해서는 일반적으로 몇 가지 조건이 필요하다. 우선 대학원에서 요구하는 학점을 모두 이수해야 한다. 논문 프로포 잘 proposal을 통과해야 하고, 일정한 조건 이상의 연구 실적을 내야 한다. 연구실적은 대부분 논문의 편수, 임팩트 팩터 Impact factor와 내가 몇 번째 저자인지 authorship를 기준으로 한다. 그리고 마지막 관문은 바로 "디펜스 defense"라고 불리는 과정이다.

디펜스는 내가 지난 대학원 생활 동안 진행했던 모든 연구를 종합 및 요약해서 그 정수(?)를 주변 동료들과 교수님께 발표하면서 내가 박사학위를 받을 자격이 있음을 마지막으로 검증받는 과정이다. 이 관문이 '디펜스'라고 불리는 이유는 (모르긴 몰라도) 말 그대로 내 연구에 대해서 학위 심사 위원회 교수님들의 온갖 공격과 태클과 딴지를 끝끝내 방어하는 데 성공해야만 박사학위를 받을 수 있기 때문일 것이다.

디펜스가 진행되는 구체적인 형식은 학교마다 조금씩 차이가 있는 것 같다. 나의 모교 포항공대 생명과학 분야의 학과에서는 공개 발표 형식으로 디펜스를 진행했다. 누군가 디펜스 일정이 잡히면, 발표 제목과 요약문(초록), 일정과 장소가 학과 구성원에게 전체 메일로 뿌려진다. 우리 연구실 구성원뿐만 아니라, 내 연구주제에 관심이 있는 사람이면 교수님, 학생, 연구원 등 누구든 내 발표를 들으러 올 수 있는 것이다. 꽤 많은 사람이 들어오기 때문에 우리 연구실은 보통 강당에서 디펜스를 진행했다.

발표는 보통 20분 내외로 이뤄진다. 내가 수년 동안 진행했고 수십 장의 논문들로 발표했던, 혹은 발표할 예정인 여러 연구의 배경과 결과, 의의를 모두 20분에 설명하는 것은 결코 쉽지 않은 일이다. 하지만 그보다 더 어려운 것은 그 결과를 기라성 같은 교수님들을 앞에 놓고 발표해야 한다는 점이다.

나는 꽤나 무대 체질이고, 예전부터 크고 작은 무대에 서본 경험이 많았다. 학부 시절 밴드 보컬도 했고, 학교 축제 행사의 단골 사회자로 수천 명의 관객 앞에서도 여러 번 섰다. 신입생 오리엔테이션 행사에서 레크레이션 게임을 진행하기도 했다. ……하지만 박사 디펜스를 할 때에는 솔직히 정말 많이 떨렸다.

"네가 왜 박사를 받을 자격이 된다고 생각하나?"

준비한 발표를 끝낸 이후에는 학생들을 포함한 청중들로부터 질문을 받는다. 이렇게 공개 질의응답이 끝나고 나면, 박사학위 심사 위원 교수님을 제외한 모든 사람은 강당 밖으로 퇴장한다. 그리고 드디어 진짜 어려운 과정이 시작된다. 교수님들과 내가 5대 1로 공격과 방어를…… 아니, 질문과 답변을 하는 비공개 세션이 진행되는 것이다.

사실 디펜스를 통과하지 못해서 박사학위를 못 받는 경우는 거의 없지만, 그렇다고 해서 이 과정이 호락호락한 것은 절대 아니다. 본래 완벽한 연구라는 것은 없는 법이라 빈틈을 찾거나 딴지를 걸려고 하면 얼마든지 걸 수 있다. 더구나 디펜스는 대학원생에게 학교와 지도 교수의 이름을 걸고 박사학위를 부여하기 위한 마지막 관문이기 때문에 일종의 신고식처럼 호되게 학생을 다루기도 한다.

나는 그때 하도 긴장하고 정신이 없어서 어떤 질문을 받았는지 잘 기억이 나지 않는 것도 있다. 그렇게 진땀 나는 5대 1의 공격과 방어가 거의 끝나간다고 느낄 때쯤, 그때까지 별다른 질문을 하지 않으셨던 한 교수님께서 진지한 목소리로 이렇게 말씀하셨다.

"윤섭, 네가 왜 박사를 받을 자격이 된다고 생각하나?"

……이 질문을 듣자 갑자기 머리가 멍해지고 아득한 느낌이 들었다. 대학원 생활에서 겪었던 많은 일들이 주마등처럼 머리를 스쳐 지나갔다. 내가 정말로 박사학위를 받을 만한 자격이 있는 사람인가? 나는 정말로 내 나머지 인생을 박사라는 호칭으로 불리면서 살아갈 준비가 되었나?

이 질문을 던지셨던 분은 바로 국가과학자 남홍길 교수님이셨다. 세계 식물학계를 이끄시는 석학 중의 한 분이실 뿐만 아니라, 학부생 코흘리개 시절부터 나를 지켜봐주셨던 분이시다. 교수님 연구실에서 학부 연구 참여도 했고, 교수님이 만드신 대학원 새로운 학과에 1기로 입학해서 (디펜스만 무사히 통과한다면) 첫 번째로 박사를 받게 되는 사람도 나였다. 내 짧은 연구 인생의 아버지와 같은 분 중의 한 분이셨다.

그 질문에 대해서 순간적으로 '내가 정말 박사를 받을 자격이 없어서 이런 질문을 하신 것이 아닐 것이다'는 생각과 함께 '이건 박사학위라는 것의 가치에 대한 내 철학을 묻는 질문이다'는 생각이 머릿속을 스쳐 지나갔다.

이 글을 읽는 여러분이라면 이 질문에 어떻게 답하시겠는가?

박사에 대한 흔한 오해들

박사라는 사람들에 대해서 흔히 가지는 잘못된 생각들을 몇 가지 살펴보자. 잘못된 답을 보다 보면 박사학위의 진정한 의미에 대해서 한 발자국 더 가까이 다가갈 수 있을지도 모르니까.

- **해당 분야에 대해서 모든 것을 아는 사람:** 이건 한 마디로 불가능하다. '분야'라는 것의 정의를 아주 좁히고 좁혀서 매우 세부적인 주제로 정의한다고 하더라도, 모든 것을 안다는 것은 다음에 나오는 두 번째 이유에서라도 불가능하다.
- **최고의 전문 지식을 가진 사람:** 특정 순간에 전문 지식을 가진 사람이 박사일지는 모른다. 하지만 오늘날과 같이 무섭게 인류의 지식이 발전하는 시대에는 논문을 한두 달만 읽지 않아도 금방 뒤처지게 마련이다. 내가 박사를 취득한 주제에 대해서도 하루에도 수십, 수백 편의 논문과 연구 결과가 쏟아져 나온다. 전문성을 유지한다는 것은 급류를 거슬러 헤엄치는 것과 비슷하다. 열심히 발버둥을 치면 겨우 제자리에 머물 수는 있을지도 모른다. 하지만 조금 쉬려고 하면 금세 휩쓸려 떠내려가고 만다.
- **최고의 실험 기술을 가진 사람:** 특히 생명과학 분야에서는 실험 테크닉이 좋은 (소위 '손이 좋은') 것이 큰 의미를 가진다. 박사학위를 취득하는 과정에서 대부분 몇 가지 종류의 실험을 마르고 닳도록 하기 때문에 대개 능숙한 실험 스킬을 가지게 된다. 하지만 이는 직업적으로 특정 실험만을 평생 반복해서 수행하는 테

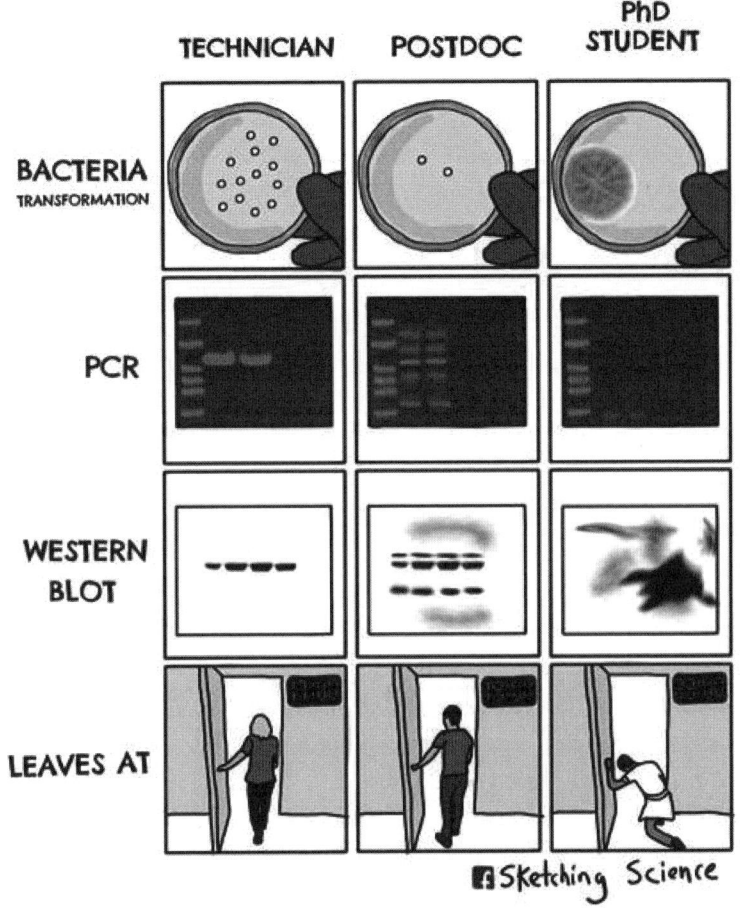

실험 테크닉은 테크니션을 따라가기 힘들다. (출처: 스케칭사이언스)

크니션technician 선생님들을 따라가기 힘들다. 테크니션은 본인의 연구주제를 가지고 실험하기보다는 다른 분들의 실험을 보조하는 역할이지만, 그분들이 수없이 반복해서 얻게 된 '손의 깔끔함'은 장인의 수준에 이른 경우도 많다. 혹시 생명과학에 배경지식이 있다면 앞의 그림을 참고해보자.

- **CNS(『셀』『네이처』『사이언스』)에 논문을 낸 사람:** 생명과학을 비롯한 많은 기초과학 분야에서 세계적으로 인정받는 가장 저명한 학술 저널이 바로 『셀Cell』『네이처Nature』『사이언스Science』이다(이 저널들의 첫 글자를 따서 소위 CNS로 통칭하기도 한다). 그렇다면 여기에 논문을 낸 사람은 진정으로 박사의 자격이 있을까? 이런 저널에 논문을 출판한 지 몇 년 지나지 않았다면 그럴지도 모르겠다. 하지만 안타깝게도 논문은 우유와 같다. 유통기한이 있다는 말이다. 논문의 유통기한은 대개 5년 정도라서, 새로운 직장에 지원하거나 과제 지원서를 쓸 때는 '최근 5년 이내의 연구 업적'을 쓰게 된다. 필자도 『사이언스』에 공동 제1저자로 논문을 낸 적이 있다. 하지만 이미 유통기한이 지나도 한참 지나서 필자의 이력서에 그 논문은 없는 거나 마찬가지다.

이 모든 것이 박사학위의 의미가 아니라면 그럼 뭐란 말인가?

인류가 가진 지식의 경계를 넓혀간다는 것

초중고를 거치며 우리는 어떻게 새로운 지식을 배우고 공부해왔는지 떠올려보자. 보통 교과서를 기본으로 학교에서 선생님의 수업을 듣고, 학원을 다니거나 과외를 받기도 하고, 참고서의 문제를 풀기도 한다. 이미 세상에 존재하고 체계적으로 누군가 과거에 정립해놓은 지식을 차근차근 배우는 것이다. 이는 대학에 와서도 크게 바뀌지 않는다.

그런데 대학원부터는 완전히 달라진다. 내가 연구하려는 주제는 교과서에 나오지 않는다. 교과서에 나와 있는 내용이라면 과거에 이미 연구가 된 내용이고, 그것을 연구하는 것은 이미 연구가 아니다.

우리가 대학원에서 주제를 잡고, 가설을 세우고, 실험하는 내용은 교과서의 마지막 페이지 그 이후의 내용이다. 만약 내가 하는 연구가 아주 성공적으로 마무리되고 학계에서 중요하게 받아들여진다면, 그 내용이 이제 교과서에 한두 줄로 실리게 될지도 모른다. 우리가 그동안 배웠던 교과서라는 것도 그렇게 조금씩 쓰여온 것이었다. 태초부터 존재하던 것이 아니라 말이다.

이제 교과서 대신에 우리는 논문을 읽어야 한다. 하지만 누구도 내가 어떤 논문을 어떤 순서로 어떻게 읽어야 할지 알려주지 않는다. 내 연구주제에 대한 지식의 체계는 이제 나 스스로가 만들어가야 한다. 몇몇 논문은 다른 동료 혹은 교수님과 함께 읽고 토론할 수도 있겠지만, 절대다수의 논문은 나 스스로 읽고 이해하고 내 것으로 만들어야 한다. 이러한 과정은 지금까지 우리가 초-중-고-대학교를 거치며 해왔던 '공부'와는 완전히 다른 것이다(여담이지만, 이러한 이유에서 초-중-고에서 과외를 받으며 남이 떠먹여주는 공부를 해왔던 사람일수록, 대학원에서 받는 문화 충격은 더 커지는 것 같다).

박사과정 말년 차이던 어느 날, 나는 재미있는 사실을 깨닫게 되었다. 내가 연구하는 주제에 대해서 궁금한 것이 생겼는데, 논문을 아무리 찾아봐도 그 의문에 대한 답을 알 수 없었다. 그런데 곰곰이 다시 생각해보니 그 질문에 대한 답은 나뿐만이 아니라 누구도 가지고 있지 않았던 것이다. 여기서 '누구도'라는 말은 우리 연구실이나 학교뿐만이 아니라, 현재 지구상에 살고 있는 전 인류의 누구도……라는 말이다.

이제 이 주제에 대해 내가 궁금한 것에 대한 해답은 교과서에도, 논문에도, 세상 어디에도 없었다. 그 순간 나는 '이제 적어도 지엽적인 나의 연구주제에 관해서는 인류가 가진 지식의 최전방에 도달했구나.' 하는 것을 느꼈다.

마치 탐험가가 지도를 보고 열심히 정글을 헤쳐왔는데, 지도의 가장자리에 해당하는 곳까지 왔음에도 여전히 내 앞에는 끝없는 정글이 펼쳐져 있는 형국이었다. 이제 내가 가는 곳은 이 지도를 그린 사람도, 아니 누구도 가보지 않은 미지의 세계이다. 지금부터는 다름 아닌 내가 한 걸음씩 조심스럽게 내딛으면서 앞에 절벽이 있는지, 강이 있는지를 확인하고 스스로 지도를 그려가야 한다.

연구를 한다는 것은 그렇게 인류가 가진 지식의 경계 너머에 있는 미지의 세계를 조금씩, 아주 조금씩 개척해나가는 것과 같다. 이제 내가 가진 질문에 대한 답은 다름 아닌 내가 만들어야 하는 것이다. 내 질문에 대한 '정답'이라는 것이 존재하는지는 모르겠지만, 그 문제에 대해서 가설과 실험을 거쳐서 논리적으로 결론을 내리고, 이것이 학계에서도 받아들여진다면 그것이 논문이 되고, 결국에는 인류의 새로운 지식이 될 것이다.

그것을 깨닫고 나는 소름이 돋았다. 그 경계를 넓혀간다는 것은 내게 아주 숭고한 일처럼 느껴졌기 때문이다. 나는 인류 지식의 경계를 미증유의 세계로 넓혀가는 탐험가였다. 아마 평생을 다 바쳐도 인류 전체의 입장에서 내가 넓혀갈 수 있는 영역이라는 것은 정말 미미한 것일 테다. 하지만 나에게는 그것이 세상의 전부이자, 내 인생을 바칠 만큼 가치있는 것이었다.

이후에 내가 보았던 이 그림은 내가 그때 느꼈던 그 깨달음을 정확하게 설명해주는 것이었다. 역시 그런 생각은 나만이 하는 것이 아니었다.

인류가 가진 지식 전체를 하나의 원으로 그렸다고 생각해보자.

초등학교를 졸업할 때 당신이 아는 것은 아주 적을 것이다.

고등학교를 졸업하면 당신은 조금 더 알게 될 것이다.

대학교를 졸업하면 당신은 전공을 가지게 된다.

석사학위는 그 전공을 조금 더 깊게 파는 것이다.

논문을 읽는다는 것은 당신을 인류 지식의 경계로 데려간다.

그 지식의 경계에 도달하면 당신은 한 곳에 집중한다.

당신은 수년 동안 그 경계를 조금이라도 더 밀어내려 한다.

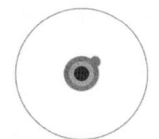

어느 순간 당신은 그 경계를 조금 밖으로 밀어내게 된다.

그 밀어낸 경계를 바로 박사학위라고 부른다.

당연히 당신에게는 이제 세상이 달라진 것처럼 보일 것이다.

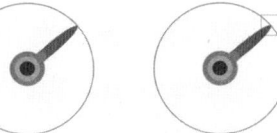

하지만 동시에 이 큰 그림을 결코 잊지 말아야 한다.

그리고, 계속 밀어내라.

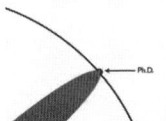

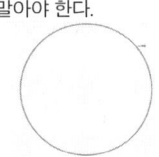

연구를 한다는 것은 인류 지식의 경계를 조금, 아주 조금 더 확장시켰다는 것이다.

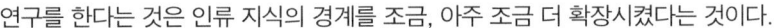

사실 우리가 박사학위를 받고, 평생 연구를 한다는 것은 결국 인류 전체의 지식을 미지의 세계로 조금씩 넓혀가는 일이다. 그 경계를 조금이라도 더 밖으로 밀어내기 위해서 우리는 연구실에서 그토록 많은 밤을 새우고, 수많은 실험을 날려 먹으며, 가설과 다른 결과에 머리를 쥐어뜯고, 수없는 불면의 밤을 보내며, 게재 거절당한 논문을 또 다시 고쳐 쓰는 것이다.

이런 의미를 알게 된다면 아래의 우스갯소리도 약간 다르게 느껴질 것이다.

학사: 나는 이제 모든 것을 안다.
석사: 나는 아는 것이 아무 것도 없구나.
박사: 나만 모르는 게 아니었구나.

맨땅에 헤딩을 잘할 수 있을 것 같습니다

다시 나의 디펜스 장면으로 돌아가보자. 남홍길 교수님의 질문을 듣고서, 아득해진 내 머릿속에서 스쳐 지나갔던 생각들은 바로 이러한 나의 깨달음이었다.

나에게 박사학위는 특정한 주제에 대한 지식을 많이 가졌거나, 최고의 전문가가 되었다는 것이 아니었다. 나에게 박사학위의 의미는 바로 내가 그 인류가 가진 지식의 경계를 앞으로도 평생 스스로 넓혀갈 수 있을 만한 준비가 되었다는 것이다.

나는 이렇게 대답했다.

"저는 이제 독립된 연구자로서 스스로 연구를 할 준비가 된 것 같습니다. 제가 모든 것을 알지는 못하지만, 어떤 문제가 주어지더라도 거기에 맞는 가설을 세우고, 논리적으로 사고해서, 문제를 해결하는 방법을 이제는 알 것 같습니다."

이 말을 더 쉽게 풀어쓰자면 대략 이런 것이었다.

"이제는 지도 교수님이 연구와 실험에 대한 일거수일투족을 일일이 알려주시지 않아도 제가 주도적으로, 독립적으로 연구를 이끌어나갈 수 있을 것 같습니다. 어차피 연구라는 게 맨땅에 헤딩하는 건데, 이제는 어떻게 하면 영리하게 이마가 덜 까지면서, 효과적으로 헤딩을 하는지 좀 알 것 같습니다."

특히 나는 박사학위가 가지는 큰 의미 중의 하나가 논리적인 사고방식과 문제해결 능력을 갖추게 되는 것이라고 생각한다. 내가 (인생 전체에서 보면 아주 짧은 기간에 불과한) 대학원에서 몇 년간 연구했던 바로 그 주제가 아니라, 또 다른 문제가 주어진다고 하더라도 어떻게 접근하고, 어떻게 문제를 해결할지에 대한 방법을 알게 되는 것이다.

사실 박사학위를 받은 주제만으로 평생을 연구하는 사람은 거의 없다. 요즘 같은 시대에는 몇 년이 지나면 내가 전공했던 분야가 없어져버리기도 하고, 완전히 새로운 분야가 하루 아침에 대두되기도 한다. 아니면 포닥(박사후 연구원)을 가서 연구주제를 바꾸는 경우도 있고, 자기 연구실을 차리거나, 기업에 들어가서 현실적인 필요에 따라 전혀 다른 일을 하게 되는 경우도 있다. 필자도 현재 연구하는 주제는 대학원에서 연구했던 것과는 거리가 있다.

하지만 박사학위를 취득하는 과정에서 피땀을 흘려가면서 갈고닦은 그 논리적, 비판적 사고능력, 문제해결 능력, 커뮤니케이션 스킬은 결코 사라지지 않는다. 나는 지금도 이 스킬들을 일을 하는 매순간 사용하고 있다. 대학원 시절에 내가 받은 혹독한 트레이닝이 없었다면 꿈도 꾸지 못했을 능력이다.

디펜스 그리고 그 이후

디펜스에서 받았던 마지막 질문에 대해서 내가 했던 그 말과 이러한 생각들이 교수님께서 바라던 답이었는지 잘 모르겠다. 하지만 이것이 지금도 내가 가지고 있는 박사학위에 대한 가장 최선의 답이다. 그리고 이 답이 완전히 틀린 것은 아니었는지, 나는 이 질문을 마지막으로 결국 디펜스에 성공했다.

나는 아직도 디펜스가 끝나던 그 마지막 순간을 잊지 못한다. 질의응답이 끝난 후 나는 강당 밖으로 나와서 굳게 닫힌 문 앞의 의자에 혼자 앉아 있었다. 강당 안에서는 심사위원 교수님들끼리 한동안 이야기를 나누셨다. 아마도 내가 어떤 학생이었고, 어떤 연구를 했으며, 박사학위를 줘도 되겠는지 최종 결정을 내리시는 것일 테다.

우두커니 혼자 앉아서 가슴 졸이면서 기다리던 그 시간이 왜 그렇게 길던지. "설마 여기까지 와서 박사 안 주지는 않겠지……. 혹시 내가 뭐 바보같이 대답한 것은 없나……." 하는 온갖 생각이 머릿속에서 생겨났다가 사라졌다.

　얼마나 시간이 지났을까. 드디어 강당 문이 덜컥 열리고 심사위원 교수님들이 걸어 나오시며 한 분씩 내게 악수를 청하셨다.

　"최 박사, 축하하네."

　나는 그 말을 듣고서 만감이 교차해서 속으로 좀 울었던 것 같다. 그 '최 박사'라는 호칭을 듣기 위해서 나는 어떠한 과정을 거쳐왔던가. 지금은 그저 너무도 익숙한 호칭이지만, 그때는 그 표현이 그렇게 어색하면서도 감격적일 수가 없었다. 나는 지금도 이 순간을 생각하면 항상 초심으로 돌아가게 된다.

　지금 나를 지칭할 때 붙일 수 있는 호칭에는 교수, 소장, 대표 등 여러 가지가 있다. 하지만 가장 내가 가장 자랑스러워하며, 내가 가장 불리기를 원하는 호칭은 역시 최 박사다. 가장 많은 노력을 들였고, 온갖 어려움을 이겨내고 얻은 귀중한 것이기 때문이리라.

3
지도 교수를
어떻게 선택해야 할까

    필자는 후배들의 진로 상담을 꽤 많이 해주는 편이다. 사실 진로 상담을 해준다는 것은 아주 조심스러운 일이다. 내가 무심코 던진 한 마디가 그 사람의 인생에 큰 영향을 줄 수도 있기 때문이다.

    대학원과 관련된 진로 상담 요청을 받을 때, 단연 가장 많은 질문은 (앞서 다룬 바 있는), "제가 대학원을 가야 할까요?"와 함께 "어느 교수님의 연구실로 진학해야 할까요?" 하는 것이다. 이번에는 후자의 질문에 대해서 조금 다뤄보려고 한다.

    대학원을 가기로 마음먹었다면 역시 그다음 단계는 교수님과 연구실을 선택하는 것이다. 고등학생 때 수능을 보고 대학을 진학할 때에는 학교의 네임 밸류가 영향을 크게 미치지만, 학부를 졸업하고 대학원을 선택할 때는 지도 교수님이 누구인지도 큰 영향을 미친다 (박사후연구원을 어디에서 할지 결정할 때는 학교의 네임 밸류보다 오히려

PI[Principal Investigator = 지도 교수 = 보스]가 누구인지가 더 중요해지기도 한다).

지도 교수를 정한다는 것은 내가 대학원에 입학하기로 결정하는 것 다음으로 큰 결정이다. 일단 내가 어떤 세부 분야를 연구할 것인지가 지도 교수를 누구로 할지에 달려 있다. 지도 교수는 싫든 좋든 평생 나와 떼려야 뗄 수 없는 학문적 아버지이자, 스승님이다. 더 현실적으로, 지도 교수는 내가 대학원 생활을 하게 될, 길게는 10년에 가까운 세월 동안 나의 학위를 비롯한 연구에 대한 모든 결정권을 틀어쥐고 있을 절대 권력자이다.

단연코 장담하건대, 대학원 생활의 성패를 좌우하는 가장 큰 요소 중의 하나가 지도 교수다. 지도 교수를 선택할 때는 정말 신중, 신중, 또 신중해야 한다. 자신과 맞지 않는 지도 교수를 만나면 내가 한 사람의 연구자로서 성장하는 데 큰 지장을 받게 될 뿐만 아니라, 대학원 생활 자체가 그야말로 지옥으로 변할 수 있다. 어느 조직이든 가장 큰 어려움은 결국 인간관계에서 온다. 대학원에서 겪을 수 있는 가장 큰 어려움이 바로 지도 교수를 잘못 만날 때 시작된다.

그럼에도 많은 학생들이 그 교수님이 진짜 어떤 분인지 제대로 파악하지 못하고 연구실에 지원한다. 그래서 정작 진학하고 난 후에, 외부 행사나 언론 등에서 접했던 교수님의 모습과 연구실에서 교수님의 모습이 크게 달라서 실망하는 경우도 비일비재하다. 심지어 학부 때 강의실에서 접하던 교수님의 모습과 연구실에서 대학원생을 지도할 때의 모습의 괴리가 큰 경우도 존재한다.

이상한 지도 교수를 만나서 힘든 대학원 생활을 할 것인가(이러한 경우 대학원을 제대로 끝마치지 못할 가능성이 크게 높아진다), 혹은 내가 독립적인 또 한 명의 연구자로서 성장하는 데 큰 도움을 주시고, 내가 평생 학문적으로나 인간적으로 존경할 수 있는 훌륭한 스승을 만날 것인가. 이는 대학원 지원 전에 내가 얼마나 상세하고 신중하게 알아보는지에 달려 있다. 우리는 부모님을 선택할 수 없다. 하지만 지도 교수를 선택할 수는 있다.

그렇다면 무엇을 기준으로 선택할 것인가?

기준 1: 나의 열정이 어디에 있는가

지도 교수와 연구실을 고르기 위해서 가장 먼저 할 일은 나 스스로를 들여다보는 것이다. 지도 교수와 연구실을 선택하기 위해서 가장 먼저 정해야 할 것은 '연구 분야'라고 생각한다. 어느 분야를 연구할지 먼저 정한 이후에, 그 분야에 어떤 교수님의 어떤 연구실이 있는지 범위를 좁혀가는 방식이 바람직하다.

내가 대학원에 진학하면서 정한 연구주제는 내가 평생 동안 연구자로서의 뿌리를 내리는 분야가 된다. 추후에 포닥을 하거나 취업을 하면서 세부적인 주제는 바뀌기도 하지만, 큰 틀에서 내가 박사를 했던 분야와 완전히 다른 분야에 종사하는 경우는 많지 않다. 결국 내가 평생 동안 써먹을 전문성의 근간이 될 분야를 고르는 것이다.

나는 인생에서 중요한 결정을 내려야 할 때 가장 중요한 기준 중의 하나가 "내가 정말 이것이 미치도록 하고 싶은 일인가?"가 되어야 한다고 생각한다. 대학원에서 우리는 많은 고생을 할 것이다. 앞날이 보이지 않는 생활을 해야 하고. 연구가 제대로 풀리지 않아서 많은 고뇌를 겪을 것이다. 그리고 대학원을 졸업한 이후에도 오랜 기간 이 분야에 종사해야 한다.

그렇다면 당연히 내가 정말로 연구하고 싶고, 배우고 싶은 주제를 골라야 한다. 이것에 비하면 "지도 교수님이 얼마나 『네이처』에 논문을 잘 내는 사람인가?" "이 분야의 박사를 하면 얼마나 돈을 많이 벌 수 있는가?" "이 분야의 전망은 어떠한가?"와 같은 것은 모두 부차적이다. 당신의 열정과 흥미만큼 연구주제를 고르기 위해서 중요한 요소는 없다.

문제는 학부생 수준에서 해당 분야에 대한 배경 지식이나 구체적인 정보가 부족하다는 것이다. 내가 가진 흥미나 열정도 그 주제에 대한 단순한 이미지나 어깨너머로 들은 정보를 바탕으로 한 것이 아닌지를 냉정하게 생각해보자. 내가 A라는 분야에 대해서 가지고 있는 열정과 흥미가 부족한 정보에 바탕을 둔 것이라면 나중에 실제로 그 분야를 연구하게 되었을 때 "이건 내가 기대했던 거랑 완전 딴판인데?" 하고 깨닫는 일이 발생할 수 있다.

하지만 정보가 부족하더라도 큰 틀에서 자신에게 맞는 분야의 범위를 좁혀볼 수 있다. 예를 들어, 자신이 응용 과학에 관심이 많은지, 아니면 순수 과학에 관심이 많은지는 구분 가능하다. 내가 연구를 한 결과물이 산업에 응용이 되고 실용적인 가치를 가질 수 있는 것을 좋아하는지, 혹은 보다 순수하게 나의 지적 호기심을 좇고 학문적인 진리를 추구하는 것에 가치를 두는 것이 맞는지를 구분하는 것이다.

또는 책상에 앉아서 프로그램을 짜거나 문제를 풀면서 머리를 쓰는 것이 더 맞는지, 몸과 시간을 쓰면서 실험을 하는 것이 더 맞는지를 구분해볼 수도 있다. 실제로 이런 구분들은 대학원 생활을 하는 방식에 큰 차이를 만들게 된다.

미리 겪어봐야 한다

해당 분야를 알기 위해서 가장 좋은 방법은 그 연구실에서 미리 일해보는 것이다. 대학원에 진학을 고민하고 있다면, 학부생 때 반드시 대학원 연구실에서 미리 연구에 참여해보는 것이 좋다. 이러한 과정은 지도 교수와 연구주제를 선택하는 것뿐만 아니라, 대학원에 진학할지 여부 자체를 결정하기 위해서도 도움이 된다.

나의 모교 포항공대를 포함한, 연구 중심 대학을 표방하는 대학들은 대부분 학부생들이 졸업 전에 연구에 참여하는 것을 의무화하고 있거나 적극 권장하고 있다. 학교마다 그 과정의 이름은 조금씩 다르지만 흔히 '연구 참여 (포항공대)' '학부생 인턴 (서울의대)' 등의 이름으로 불리고 있다. 일부 학교에서는 방학 때 타대생들에게도 이런 연구 참여의 기회를 주기도 한다.

특히 포항공대에서는 학부를 졸업하기 위해서는 반드시 3학점짜리 '연구 참여 A' '연구 참여 B' 두 과목을 이수해야 한다. 학기 중이나 방학 때 연구실에 들어가서 실제 대학원생처럼 스스로 연구를 하고 논문을 써야만 졸업을 할 수 있는 것이다.

학부생 수준에서 한두 학기 연구실 생활을 한다고 해서 얼마나 대단한 연구 결과가 나오겠냐만, 이는 대학원 진학을 고민하는 학부생의 입장에서는 놓쳐서는 안 될 귀중한 기회가 된다. 내가 정말 대학원에서 잘 버틸 수 있을지, 내가 연구하고 싶어 했던 이 주제가 나의 기대와 일치하는지, 교수님은 어떤 분이고 연구실의 선배들은 어떤 사람들인지, 연구실 문화는 어떠한지 등에 대해서 실제로 파악해볼 수 있는 기회이기 때문이다. 한 학기 정도의 시간을 써서 이 연구실이, 혹은 대학원 자체가 나와는 도저히 맞지 않는다는 결론을 내릴 수 있다면, 그것만으로도 큰 이득이다. 더 큰 시간과 노력의 낭비를 미연에 방지할 수 있기 때문이다.

나는 학부 3학년 여름방학 때부터 거의 매학기 연구 참여를 했다. 연구 참여를 하면서 그 연구실에서 연구하는 분야와 대학원생들의 생활을 면밀하게 볼 수 있었다. 그 결과 그 연구 참여했던 연구실 중의 하나로 진학하게 되었다.

자신의 학교에 이러한 공식적인 프로그램이 없다면, 개인적으로 교수님께 찾아가서 한 학기 정도, 혹은 방학 동안 연구실 생활을 경험해 보고 싶다고 먼저 요청을 하면 된다. 사실 교수님의 입장에서는 이러한 적극적인 학생을 환영하지 않을 이유가 없다. 교수의 입장에서도 자기 연구실 멤버로 우수한 학생, 적응을 잘할 수 있는 학생을 뽑는 것은 큰 숙제이다. 고심 끝에 대학원 신입생을 선발했는데 적응을 제대로 못하거나, 실력이 기대에 미치지 못하면 사실 연구실의 입장에서도 손해가 적지 않다. 그러므로 이렇게 미리 상호 간의 궁합을 맞춰볼 수 있으므로 학생과 교수 모두에게 좋은 기회이기도 하다.

더욱이 자신이 졸업한 학부와 다른 학교의 대학원에 진학하고 싶은 경우라면, 특히 방학 때 운영하는 해당 학교의 연구 참여 프로그램이나 인턴 프로그램을 적극적으로 활용해야 한다. 공식 프로그램이 없어도, 그냥 무대뽀로 교수님께 요청드려보는 방법도 있다. 적극적인 학생들의 경우 이런 기회를 활용하는 경우가 적지 않다. 필자의 타대 출신 친구의 경우에도 공식적인 프로그램이 없음에도 포항공대 교수님에게 "겨울 방학 동안 연구해보고 싶습니다." 하고 무작정 연락하여 성사된 적이 있다.

일반적으로 타대 졸업생은 대학원 지원 시에, 자대 출신 학생들과의 경쟁에서 불리한 경우가 많다. 예를 들어, 포항공대 출신의 학생이 카이스트 대학원 연구실에 지원한다면 카이스트 학부 졸업생들과 경쟁해야 하는데, 동일한 조건이라면 교수는 당연히 카이스트 졸업생을 선호할 것이다.

경쟁에서 밀리는 가장 큰 이유는 그 학생이 어떤 학생인지 성적증명서와 지원서만 봐서는 완전히 검증할 수 없기 때문이다. 교수 입장에서는 자신이 학부에서 가르쳤고 몇 년 동안 익히 지켜봤던 자대생을 놓고 굳이 잘 알지도 못하는 타대생을 선발하는 리스크를 짊어질 이유가 없다. 하지만 미리 방학 때 연구 참여생으로 교수님과 이미 안면을 트고 좋은 인상을 남겨놓았다면 유리한 고지를 점할 수 있게 된다.

기준 2.1: 지도 교수의 학문적 역량

내가 연구하고 싶은 분야를 좁혔다면 이제는 구체적으로 어떤 교수님께 지원할 것인지를 정해야 한다. 나는 지도 교수에 대해서 두 가지 잣대로 판단해야 한다고 생각한다. 바로 실력과 인성이다.

실력은 연구에 대한 열정, 연구 성과, 지도 방식 등을 포함한다. 연구에 대해서 얼마나 열정적이고 진지하게 임하며, 대학원생들을 또 다른 후세대 연구자로서 잘 성장시키고 있는지, 구체적으로 연구 지도 스타일은 어떠한지 하는 것이다(본인의 연구 역량과 후세대 연구자를 양성하는 역량이 반드시 일치하지는 않는다).

일단 좋은 대학에서 교수 직책을 유지하고 있다면 연구에 대한 실력은 어느 정도 검증된 것으로 봐야 한다. 하지만 더 구체적으로 판단하려면 최근 연구 실적을 보는 것이 좋다. 연구실 홈페이지나 구글 스칼라, 펍메드PubMed 등의 검색을 통해서 그 교수가 최근 3년 혹은 5년간 어떠한 논문을 냈는지를 꼭 살펴보도록 하자.

특히, 어느 저널에 논문이 나갔는지, 출판 빈도는 어떠한지, 예전보다 지금 논문이 더 잘 나오는지, 과거에는 『네이처』『사이언스』에 많이 나갔지만 지금은 그렇지 않은지…… 등등을 면밀하게 살펴보아야 한다. 특히, 저자 목록에서 지도 교수가 단순히 공저자[co-author: 저자 목록 중간에 이름만 들어간 것]인 논문은 제외하고, 연구에 전반적으로 책임을 지는 교신저자[corresponding author: 주로 저자 목록의 마지막에 들어간다]인 것들만을 기준으로 살펴보자.

냉정하게 말해서 교수들 간에도, 연구실 간에도 연구 역량에 차이가 존재한다. 나라는 개인이 아무리 날고 기는 실력을 가지고 있다고 하더라도, 혼자의 힘으로는 그 연구실이 가진 한계를 뛰어넘기는 어려운 경우가 대부분이다. 고기도 먹어본 놈이 잘 먹는다고, 『네이처』 논문도 내본 놈이 계속 내는 경우가 많다.

따라서 내가 만약에 그 연구실로 진학한다면, 그 연구실 홈페이지의 연구 성과 목록에 수록된 저널 중의 하나에 내 졸업 논문도 나가게 될 가능성이 높다. 지난 10년간 『네이처』 『사이언스』 논문을 하나도 못 낸 연구실이라면, 내가 졸업할 때가 되어서도 크게 다르지는 않을 것이다. 만약 과거에 비해 최근에 나온 논문이 없거나, 연구 실적이 현저하게 좋지 않다면 그 이유를 조금 더 알아보는 것이 좋다.

교수님의 지도 스타일을 알아보는 것도 중요하다. 예를 들어, 마이크로매니징micro-managing, 즉 일거수일투족을 세세하게 지시하고 지도하는 분이 있는가 하면, 그냥 학생을 믿고 자유방임을 하는 분도 있다. 전자는 피곤하고 짜증 나지만, 내가 받아들이기에 따라 연구나 논문 작성의 디테일한 부분까지도 배울 수 있다는 장점이 있다. 하지만 역시 연구 자율성은 현격하게 떨어지고, 삶의 질도 나빠진다. 후자는 감 놔라 배 놔라 간섭이 적으니 편하고 내가 하고 싶은 스타일의 연구를 할 수 있다. 하지만 누군가 독려하고 세세하게 지시해야만 움직이는 스타일의 학생의 경우라면, 방임하는 교수 아래에서 넋 놓고 있다가 영원히 졸업을 못하게 되는 수도 있다.

훌륭한 리더라고 하더라도 세부적으로 리더십의 스타일은 다르듯이 훌륭한 지도 교수의 경우에도 스타일은 상반되는 경우가 있다. 산

정상에 오르는 길은 여러 갈래가 있는 것처럼, 어떤 스타일이 옳고 그르다고 단정 지을 수는 없다.

하지만 무엇보다 중요한 것은 자신의 스타일과 잘 맞아야 한다는 것이다. 나의 경우에는 지도 교수님이라고 하더라도 지나치게 세세하게 간섭하거나, 학생의 자율성을 인정하지 않는 것은 매우 싫어했다. 따라서 개인적으로는 후자의 스타일을 가진 보스 아래에서 일할 때가 더 편했고 연구 성과도 좋았다.

기준 2.2: 지도 교수의 인성과 태도

지도 교수를 고르기 위한 두 번째 기준은 바로 인성과 태도이다. 나는 개인적으로 교수님의 실력보다도 인성이 더 중요하다고 생각하는 편이다. 좋은 대학에 교수로 자리를 잡고, 연구실을 유지하고 있다는 것만으로도 기본적인 실력은 보장되는 경우가 많다. 하지만…… 안타깝게도 인성은 그렇지 않다.

언론에 잊을 만하면 등장하는 인격적인 장애가 있는 소위 '또라이' 교수, 연구비 횡령 등의 도덕적으로 문제가 있는 교수, 데이터 조작 등 연구 윤리에 어긋나는 짓을 하는 교수 등의 예시를 굳이 들지 않더라도, 인격적으로도 내가 존경할 수 있고, 더욱 중요하게는 나를 한 사람의 인간이자 연구자로서 존중해주는 스승을 만나는 것은 매우 중요하다.

이것이 중요한 이유는 내 정신 건강과 자의식에도 영향을 미칠 뿐만 아니라 "내가 나중에 한 사람의 독립된 연구자로서 어떠한 스타일의 교수·보스·리더가 될 것인지"에 지도 교수의 지도 방식과 태도가 큰 영향을 미치기 때문이다.

갓 대학을 졸업하고 사회생활 경험이 없는 새내기 대학원생으로서는 지도 교수가 실질적인 인생 최초의 보스가 된다. 그 지도 교수는 내가 싫든 좋든 수년 동안 매일매일 내가 보고 들으며 참고할 수밖에 없는 롤모델이 된다.

대학원생으로서 연구실에서 한 해, 두 해를 보낼수록 자신도 모르게 지도 교수와 닮아가는 나 자신을 볼 수 있게 될 것이다. 연구실 선배들 중에서 지도 교수의 지도 방식에 대해서 그렇게 비판하면서도, 본인도 어느새 똑같은 짓을 하고 있는 사람을 흔히 볼 수 있다. 이는 자기도 모르는 사이에 곁에 있는 사람을 닮아가기 때문이다. 배운 것이 도둑질이라고, 연구실에서 보고 배울 것이 지도 교수밖에 없으니, 오히려 그렇게 되지 않기가 힘들 것이다. 그래서 지도 교수를 잘 골라야 한다.

필자가 즐겨보는 JTBC 「썰전」에서 여러 번 나온 말이 있다. "절대 권력은 절대 부패한다." 즉 견제 세력이 없는 권력은 결국에는 어디엔가 문제가 생긴다는 것이다. 현실적으로 연구실의 교수들은 견제 세력이 없는 절대 권력자이다. 연구실은 그들의 왕국이고 지도 교수는 연구실의 학생들과 연구원 위에 군림하는 절대 군주이다. 교수가 혼자서 폭주하더라도 연구실의 학생이나 다른 동료 교수들이 견제할 수 있는 방법은 현실적으로 전무하다.

역사를 돌이켜보더라도, 현명하고 어질게 나라를 다스리는 성군이 있는가 하면, 자신의 권력을 주체하지 못하고 폭정을 휘두르는 폭군도 있다. 나는 슬프게도 주위에서 후자에 해당하는 교수를 적지 않게 보았다.

좋은 대학에서, 학문적으로 높은 성취를 이루고, 존경받는 학자인 분들이 연구실 내에서는 학생들에게 인간다운 대우를 해주지 않는 경우가 드물지 않다. 개인적인 업무를 시키거나, 입에 담지 못할 쌍욕과 폭언을 하거나, 학생들을 인격적으로나 물리적으로 가혹하게 대하거나, 연구비 운용에 문제가 있는 경우다. 연구 실적은 좋은 분들일지 몰라도, 인간적으로는 결코 상종하고 싶지 않은 분들이다.

반드시 교수와 학생들을 미리 만나봐라

문제는 교수의 인성이나 태도는 연구실의 내부인이 되지 않으면 파악하기가 어렵다는 것이다. 외부 활동을 하거나 학부 강의에 들어올 때는 어느 교수나 멋지고 쿨한 척을 하기 때문에 외부적으로 보이는 모습만 보고서 판단해서는 절대 안 된다.

앞서 관심 있는 연구실이 있으면 진학 전에 잠깐이라도 미리 일해보라고 한 이유는 사실 이런 문제를 파악하기 위한 목적이 가장 크다. 앞서 언급한, 타대생이었으나 무대뽀로 교수님께 부탁해서 방학 동안 연구참여를 했던 필자의 친구 사례를 기억하는가? 사실 그 연구실의 교수님은 성격이 괴팍하기로 유명한 분이었다. 방학 동안 연구해보며 이를 충분히 파악한 그 친구는 다른 학교 대학원으로 진학하는 훌륭한 결정을 했다. 만약 그냥 무작정 이 연구실에 진학했더라면, 큰 시행착오를 겪었을 가능성이 크다.

연구실에서 미리 일해보는 것이 여의치 않으면 한 번이라도 그 연구실을 방문해서 교수님을 만나보자. 만약 기회가 된다면 랩 미팅에도 들어가서 참관을 해볼 수 있으면 좋다. 랩 미팅에서 교수가 학생들을 어떻게 대하는지, 연구 결과에 대해서 어떤 식으로 코멘트하는지, 결과가 좋지 않을 때 어떤 식으로 질책을 하는지 주의 깊게 잘 살펴보자. 결과에 관한 이성적이고 과학적이고 프로페셔널한 비판과 토론이라면, 연구자로서 당연히 할 수 있는 (혹은 반드시 해야 하는) 것이다. 하지만 개별 학생에 대한 비난이나 인격 비하, 폭언, 비이성적이거나 감정적인 지적이라면 분명히 문제가 있다(외부인이 참관할 때 또라이 짓을 할 교수는 없을 테니, 행간을 잘 읽어야 할 것이다).

이때 놓치지 말아야 할 것은 대학원생들의 표정이다. 랩 미팅에서 다들 주눅이 들어 있고, 교수의 코멘트에 수동적으로 무조건 수긍하기만 한다면 뭔가 문제가 있는 것이다. 교수의 지적이나 지시에 "예, 예."만 반복한다면, 아마도 그동안 교수가 디스커션에 응하지 않거나, 학생의 반론을 허용하지 않거나, 일방적으로 지시만 하는 스타일일 가능성이 있다(이런 환경이라면 대학원생이 독립적인 연구자로 성장하기가 어렵다). 반대로 교수님과 적극적으로 토론하고 서로 수평적으로 질문과 답이 이어진다면 긍정적으로 평가해도 좋다. 교수와 대학원생이 서로 학문적인 동료로 인정한다는 의미이기 때문이다.

또한 학생들과도 이야기를 나눠보자. 연구실에 앉아 있는 대학원생에게 "이 연구실에 지원을 고민하고 있는데, 혹시 잠깐 몇 가지 여쭤봐도 될까요?" 하면 거절하지 않을 것이다. 나는 그 대학원생에게 "만약에 기회가 있으면, 다시 이 연구실에 진학하겠는가?" 하는 질문을 해보라고 권하고 싶다. 여기서 중요한 것은 예·아니오 답변이 아니라, 그 답변의 이유이다. 그 이유에서 묻어나오는 교수의 실력, 인성, 연구실 분위기 등등이 나에게는 어떻게 해당될지를 철저하게 고민해야 한다.

유학을 고려하는 경우도 이 원칙은 그대로 해당된다. 약간의 돈과 시간이 들겠지만, 가능하면 직접 한 번 가서 교수와 학생을 직접 만나보고 분위기를 파악하는 것이 좋다. 이를 통해 더 큰 돈과 시간을 아낄 수 있을지도 모른다. 여의치 않으면 홈페이지에 나오는 학생들에게 무작정 이메일이라도 보내서 교수의 스타일과 연구실 분위기에 대해서 물어봐야 한다. 만약 한국인 유학생이 있으면, 특히 친절하게 답해줄 것이다. 외부인에게 이메일로 답변하는 것은 상당히 유화되었을 가능성이 크니, 역시 행간을 잘 읽어야 할 것이다.

또 한 가지 반드시 파악해보아야 할 것은 연구실 내의 자대생 비율이다. 연구실에 유난히 자대 출신의 대학원생이 적다면, 지도 교수의 인성이나 주변 평판에 대해서 한 번쯤 심각하게 의심을 해봐야 한다. 자대 졸업생들은 교수들의 평판을 직간접적으로 익히 알고 있다. 인성이 X 같은 교수의 연구실에는 자대생들은 진학을 꺼리게 되므로, 자연스럽게 타대 출신의 대학원생으로 채워지게 된다. 반대로 자대 출신이 많은 연구실이라면 지도 교수의 인성 및 평판에 대해서 평균은 된다고 봐도 무방할 것 같다.

　인격적으로 문제가 있는 교수의 연구실에 들어가면 대학원 생활 내내 몸과 마음이 고달프다. 더 큰 문제는 그 사람들을 내가 닮아갈 수도 있다는 것에 있다. 물론, 개인의 감수성이나 비합리적인 상황을 얼마나 받아들일 수 있는지에 대해서는 개인 차가 있을 것이다. 나는 개인적으로, 노벨상을 받을 정도로 실력이 뛰어난 분이라도 내가 인격적으로 존경할 수 없고, 나를 인간적으로 대우해주지 않는 보스 아래에서는 일하기 싫었다. 사회에 나와서도 (나를 포함해서) 많은 사람들이 이직을 하는 주된 원인이 바로 이것인 경우가 많다.

　특히 최근에는 '김박사넷'이라는 웹사이트(http://phdkim.net)가 생겨서, 그 교수가 어떠한 사람이며 연구실은 어떠한지를 미리 체크해볼 수 있다. 해당학교의 재학생·졸업생이 (메일 주소를 기준으로 판단한다고 한다) 특정 교수의 인품, 논문 지도력, 강의 전달력 및 연구실의 분위기, 인건비 등을 평가하고, 연구실에 대한 익명의 한 줄평을 남겨놓기도 한다. 이 웹사이트에 올라오는 정보를 모두 신뢰할 수는 없겠지만, 학생들이 연구실 지원 전에 참고할 수 있는 매우 귀중한 정보를 얻을 수도 있으리라 생각한다.

　결국 자신의 선택이다. 하지만 그 선택은 반드시 충분한 조사와 고민을 바탕으로 해야 한다는 점을 명심하자. 내가 호랑이 굴로 들어간다고 하더라도, 그 굴 속에 호랑이가 있는지, 몇 마리가 있는지, 얼마나 또라이 호랑이인지는 미리 파악해놓아야 한다. 그냥 '굴이 뭐 거기서 거기겠지…….' 하고 아무 굴에나 들어갔는데 갑자기 미친 호랑이와 마주치는 일이 있어서는 안 된다.

기준 3: 분야의 전망

마지막으로 고려하지 않을 수 없는 것이 분야의 전망이다. 하지만 앞서 언급한 개인적인 열정이나 지도 교수님의 스타일이라는 요소와 비교했을 때에 분야의 전망이라는 요소의 중요도는 상대적으로 떨어진다고 생각한다.

보통 후배들이 질문을 할 때는 'A 분야가 앞으로 유망해질까?' 'B 분야의 박사를 하면 취업이 잘될까?'라는 것이 빠지지 않는다. 하지만 이는 예측하기가 매우 어렵다. 사실상 불가능하다고 할 수도 있다. 그래서 큰 의미를 두기가 어렵다는 것이 내 생각이다.

지금과 같이 기술이 빠르게 발전하고, 연구 성과가 쏟아져 나오는 시대에는 어떤 분야가 유망할지, 혹은 아예 분야 자체가 사라져버릴지에 대해서 한 치 앞도 보이지 않는 경우가 많다. 더구나 대학원에 진학해서, 박사를 하고, 포닥까지 마친 후라면 거의 10년에 가까운 세월이 지나서야 비로소 경기장의 본 게임에 참여하게 된다.

자그마치 10년이라는 아득한 세월 이후에 어느 분야가 뜰지, 어느 분야가 연봉이 높을지 예측하는 것은 큰 의미가 없다. 기억을 더듬어 보더라도 내가 대학원 시절에 전도유망하다고 했던 분야들 중에 지금까지 유망한 분야는 사실 별로 없다.

최근에 각광받고 있는 주제 중의 하나인 인공지능과 같은 분야도 흔히 '인공지능 겨울AI winter'이라고 불리는 오랜 암흑기를 겪었다. 지금 인공지능 전문가로서 이름을 날리는 사람들은 그 인공지능의 암흑기에도 묵묵하게 자신의 열정에 따라서 연구를 지속했던 사람들이다. 지금 인공지능 혹은 딥러닝 분야의 호황만을 보고 진학한 사람이라면, 10년 뒤에 이 분야가 어떻게 될지에 대해서 고민해봐야 할 것이다.

그래서 앞서 강조한 나의 흥미와 열정을 따라가는 것이 더욱 현명하다. 분야의 전망이 좋지 않아도, 그 분야가 아예 통째로 사라져버리지 않는 이상은 실력이 좋은 전문가라면 입에 풀칠할 일은 생기지 않는다. 그 분야가 아무리 주목받고 연구비가 많이 몰린다고 하더라도, 실력이 없는 사람까지 몸값이 높아지라는 법은 없다.

또 한 가지 잊지 말아야 할 것은 내가 특정 분야에 몸담은 이후라면, 그 분야의 흥망성쇠에 대한 책임은 나에게도 일부분 생긴다는 것이다. 내가 세계적인 천재라서 그 분야를 혼자서 이끌어가는 사람들은 많지 않겠지만, 적어도 해당 분야의 발전에 대한 n분의 1의 책임은 나에게 있다. 대학원에서 혹은 졸업한 이후에 내가 좋은 연구를 하고, 의미 있는 성과를 낸다면 나라고 그 분야의 분위기를 바꾸지 못하리라는 법은 없다. 내가 바로 그 선도적인 연구자와 오피니언 리더가 될 수 있다. 뜻을 품은 연구자라면 이 정도의 자각과 자신감은 필요하다.

정리하자면, 내가 즐겁고 흥미 있는 분야를 연구한다면 설사 그 분야가 아주 핫하거나 촉망받지는 않더라도, 최소한 나는 보람과 행복을 느낄 수 있다. 하지만 만약 내가 흥미도 없는 분야를 장래에 유망한 분야라는 이유만으로 전공했다가, 그 예측이 빗나가면 무척 암울한 상황에 처하게 된다. 이러한 이유로 전망은 크게 신경 쓰지 말고, 나 자신의 소리에 더 진지하게 귀를 기울여보는 것이 좋을 것이다.

4
대학원에 들어왔는데……
이제 어떡하지?

축하한다. 당신은 대학원에 가야 할 충분한 이유도 스스로 찾아냈고, 박사학위가 가지는 의미도 이해했으며, 좋은 지도 교수님도 현명하게 선택했다. 그리고 이제 드디어 어엿한 대학원생이 되었다.

시작이 반이다. 그러니 "드디어 대학원생이 된 것을 환영합니다!"라고 하고 싶지만, 솔직하게 말하면, 이제 당신에게 고생문이 훤히 열리게 될 가능성이 높다. 차라리 "웰컴 투 더 헬!"이라고 조금 과장을 섞어서 확실하게 말하는 것이 오히려 당신의 기분을 조금 나아지게 할지도 모르겠다.

특히나 대학원에 입학한 직후가 힘들 것이다. 학부 때 연구 참여나 인턴을 해보지 않았다면, 난생 처음 처해보는 환경과 역할, 교수님과의 관계, 선배들과의 관계, 과중한 업무, 갈피를 잡을 수 없는 연구 등의 상황과 한꺼번에 마주하는 것이 힘들 것이다. 내가 주위에서 보았

> @ 일지 기록: 6화성일째
>
> 아무래도 좆됐다.
> 그것이 내가 심사숙고 끝에 내린 결론이다.
> 나는 좆됐다.

대학원, 아니 소설 『마션』의 첫 문장입니다.

던 바에 따르면, 대학원을 끝까지 마치지 못하고 그만두는 사람들의 상당수가 저년 차 때 그만둔다.

이번 글에서는 대학원이라는 새로운 환경에 처음 적응할 때에 대한 팁을 몇 가지 드리려고 한다. 혹은 이러저러한 이유들로 쉽지 않을 테니 일단 이 악물고 가드 올리고 복부에 힘주고 각오를 단단히 하자는 것일 수도 있겠다. 이런 이야기들이 대학원 신입생 시절을 버텨내기 위해서 충분하다고 볼 수는 없겠지만, 그래도 조금은 도움이 되기를 바란다.

1년 차 때는 연구하기 어려울 것이다

단도직입적으로 말해서 대학원 신입생 때에는 자신의 연구를 하기가 현실적으로 어려울 것이다. 아직 성숙한 연구자로서의 역량을 제대로 갖추고 있지 못하기 때문이기도 하지만, 더 큰 이유는 연구에 할

애할 물리적이고, 시간적인 여유나 정신적인 여력이 별로 없을 것이기 때문이다.

일단 대학원 1~2년 차에는 수업을 들어야 한다. 석사를 먼저 하는 경우도 그렇고, 석박 통합과정을 하는 경우에도 그렇다. 일단 학점을 따서 학위 과정을 수료해야 하니 수업이 있으면 수업에 들어가야 한다. 학교마다 차이는 있겠으나 과제나 팀 프로젝트를 적지 않게 내어주는 경우도 있다. 수업에 들어가는 시간, 숙제하는 시간만 하더라도 일과 시간의 상당 부분을 빼앗기게 된다.

학부 수업의 조교로 들어가야 한다면 상황은 더욱 안 좋아진다. 필자의 경우에는 다행히도 조교를 할 필요는 없었지만 (진학한 학과가 대학원에만 있었기 때문에, 조교를 할 학과가 학부에 없었다) 만약에 학부 조교를 해야 한다면 수업을 준비하고, 숙제나 시험을 채점하는 등의 활동에 피 같은 내 시간을 추가적으로 투입해야 한다.

또한 생명과학과처럼 기본적인 실험 기법을 익혀야만 연구를 진행할 수 있는 전공이라면, 실험 테크닉을 배우고 숙달되는 것에도 적지 않은 시간이 걸린다. 이런 경우 보통은 도제 관계로 특정 연구실 선배를 내가 따라다니며 (이렇게 도제 관계의 선배와 후배를 보통 '사수'-'부사수'라고 부른다) 연구를 보조해주면서 조금씩 어깨너머로 배우는 경우가 많다. 초반에는 사수의 연구를 도와주다가 점차 자신의 주제를 얻어서 독립적인 실험을 하게 되는 방식인데, 이 역시 시간이 걸리는 과정이다.

또한 연구실에서 파생되는 온갖 잡무들도 (연구실마다 차이는 있지만) 저년 차들이 도맡아서 하게 되는 경우가 많다. 청소부터 시작해서, 과제 관리, 각종 서류 작업, (운이 없으면) 교수님의 심부름이나 기타 잡무를 해야 하는 경우도 있다.

주어진 수업, 숙제, 조교, 시험 배우기, 잡무……를 열심히 하다 보면 어느새 하루 중 일과 시간은 지나가고 저녁이 되어 있거나, 어느새 한 주가 지나가고 주말이 되어 있을 것이다. 대학원생들이 밤늦게까지 혹은 주말에 연구실에 남아 있고 싶어서 남아 있는 것이 아니다. 슬프지만 그때가 아니면 내 스스로 연구할 시간을 가지기 어려운 경우가 많다는 것도 이유 중 하나일 것이다.

자신의 시간을 확보해라

이런 상황에서 자신의 시간을 확보하는 것은 매우 중요하다. "수단과 방법을 가리지 말고 자신만의 시간을 확보해라."라고 조언하고 싶지만 말처럼 쉽지 않을 것임은 필자도 잘 알고 있다. 필자도 대학원 신입생 때 논문도 좀 읽고 싶고, 내 연구도 얼른 하고 싶고, 선배들이 다들 하시는 실험도 하고 싶었지만 좀처럼 그렇게 할 시간적인 여유가 없었다.

특히 연구라고 하는 것은 (대부분의 다른 지적인 작업과 마찬가지로) 연속적인 시간의 확보가 아주 중요하다. 필자는 이에 관해 피터 드러커가 『프로페셔널의 조건』에서 했던 이야기를 매우 좋아한다. 지식근로자에게는 30분씩 따로 6번 일하는 것은 소용없고, 3시간의 연속으로 일할 수 있는 시간을 확보하는 것이 필요하다는 식의 이야기였다.

대학원에서, 특히 1년 차 때는 수업, 숙제, 조교, 랩미팅, 저널클럽, 각종 연구실 행사에 시간을 쓰다 보면, 연속적인 시간의 확보가 매우 어려워진다. 논문을 좀 읽으려고 하면 처리할 일이 생기고, 실험을 좀 해보려고 하면 수업에 가야 할 시간이고, 데이터 좀 들여다보려면 랩미팅에 들어가야 하고⋯⋯ 하는 식이다.

그럼에도 불구하고 자신만의 시간을 확보하는 것이 중요하다는 원칙을 다시 한 번 강조하고 싶다. 이것이 결코 쉽지는 않고, 이를 위해서 모든 상황에게 적용될 수 있는 조언은 없겠지만, 어떻게든 발버둥 치고 노력할 수밖에 없다. 너무 무책임한 발언일지는 모르겠으나, 이 부분에 대해서는 사실 필자도 신입생 때 별로 성공적이지 못했다는 점을 고백하고 싶다.

필자는 대학원 1~2년 차 내내, 나는 마음껏 달리고 싶지만, 온갖 잡무를 처리하고 이제 본격적으로 달리려고 준비자세를 취할 때마다 또 다른 잡무가 생기면서 누군가 내 발목을 잡아채는 느낌이 들었다. 솔직히 그때는 얼른 고년 차가 되어서 잡무로부터 벗어나고 싶은 마음밖에 없었던 것 같다. 그만큼 내 마음껏 연구를 하기가 쉽지 않은 시기다.

방학은 연구를 위한 절호의 찬스

신입생 때 "연구를 위한 시간을 확보해라"는 조언에 공통적으로 적용할 수 있는 한 가지는 바로 '방학'이라는 절호의 찬스이다. 신입생 때 연구를 조금이라도 진전시키고 싶다면, 방학은 결코 놓쳐서는 안 될 중요한 기회이다(이는 비단 신입생 때뿐만이 아니라, 연차가 올라가도 마찬가지이다).

학부생 때 방학은 여행을 갈 수도 있고, 알바를 할 수도 있는 등 자신이 마음대로 활용할 수 있는 시간이다. 설마 대학원생이 되어서 방학을 자유롭고 여유롭게 보낼 수 있을 것이라고 기대하는 사람은 없을 것이다. 거기서 한 단계 더 나아가자면, 1년 차 여름 방학은 아마도 대학원 생활 처음으로 연구에 내 시간을 조금이라도 할애할 수 있는 시간이 될 것이다.

사실 방학이라고 해서 대학원생들의 일상은 크게 바뀌지 않는다. 아침이면 출근해야 하고, 랩미팅에도 들어가야 한다. 하지만 크게 바뀌는 것이 있으니, 바로 수업, 숙제, 학부생 조교라는 요소가 없어진다는 것이다. 이 요소들만 없더라도 내가 연속적으로 시간을 확보하여, 연구에 할애할 수 있는 여력은 비약적으로 늘어난다.

그러므로 학기를 보내면서 방학이 되자마자 전속력으로 달리며 내가 가진 시간과 노력을 총동원할 수 있도록 만반의 준비를 갖춰놓자. 연구에 열정이 있다면 방학이 가까워온다고 좀 더 여유롭게 보낼 수 있다고 생각해서는 안 된다. 오히려 더 빡세게 연구에 몰입할 준비를 해야 한다.

학기 중에는 논문을 자세히 읽지 못하더라도 나름의 체계를 갖춰서 정리해놓고, 연구에 관한 가설이나 실험 아이디어들도 학기 중에 정리해놓자. 그러면 방학이 시작되자마자 망설임 없이 바로 내 리소스를 투입하기가 좀 더 용이할 것이다. 필자는 대학원생 때 방학이 가까워오면, 이제야 내가 그동안 계획해오던 연구를 좀 더 많이 할 수 있다는 생각에 신명이 나던 기억이 난다.

연구실의 인간관계

연구실도 하나의 작은 사회이다. 그리고 사실 매우 특수한 사회이고 왜곡되기 쉬운 사회이다. 연구실마다 다르겠지만, 보통 교수님이라는 절대 권력자를 중심으로 연구실은 돌아간다. 하루 종일, 어떨 때는 주말까지 선후배들과 마주쳐야 한다. 선후배 사이에서도 위계질서가 엄격한 곳도 많다.

연구실 구성원들과 좋은 관계를 유지하는 것은 대학원 생활에서의 삶의 질을 위해서도, 안정적인 연구의 진행을 위해서도, 정신건강을 위해서도 매우 중요하다. 모든 사회 생활이 그렇듯이 가장 큰 고민과 갈등은 불편한 인간관계에서 오는 경우가 많기 때문이다. 연구실 구성원과 불편한 관계가 되면 서로 불행해지고, 연구에도 지장이 커진다.

사실 좋은 인간관계를 유지하는 일이 중요하다는 것은 대학원뿐만이 아니라, 이후 사회에 나가서 직장 생활을 하든, 외국에 포닥을 가든 마찬가지다. 다만 대부분의 대학원생이 대학원에 오면서 학생 신분을 벗어나 작은 사회 생활을 처음 한다는 점, 사회 생활을 처음 한다는 것은 사실 선배들도 마찬가지라는 점, 구성원이 많지 않고 서로 열악한 환경에서 지낸다는 점 등의 특수한 상황에서 인간관계가 왜곡

되기 쉽다는 점이 위험 요소이다.

실제로 주변의 연구실들을 보면 많은 경우에 선후배, 혹은 동기들 사이에서 사이가 좋지 않고 불편한 관계를 유지하는 경우가 적지 않다. 내가 직접, 간접 경험했던 국내외 연구실에는 최소한 절반 가까이 구성원들 사이에 사이가 좋지 않거나, 서로 편 가르기를 하는 곳이었다. 슬프게도 그 작은 사회에서도 물을 흐리는 미꾸라지나 또라이가 심심찮게 있다. 이런 분위기 때문에 많은 사람들이 불행해지고, 심지어 연구실을 그만두기도 한다.

연구실별로 분위기가 다르고, 본인의 스타일이 다르겠지만, 최소한 사람과 사람 사이에서, 선후배 사이에서, 학생과 교수 사이에서 지킬 것은 지키는 것이 필요하다(선배가 후배에게, 교수가 학생에게도 마찬가지다). 예의있게 상대방을 대하고, 인간적으로 상대방을 존중하고, 자신의 의무와 책임을 다하려는 자세가 필요하다. 연구에 대한 진지하고도 프로페셔널한 자세와 순수한 열정도 필요하다. 사실 이것만으로 해결되지 않는 일도 많지만, 그래도 일단 신입생으로서 할 수 있는 최소한의 일들은 이러한 정도일 것이다.

그리고 같은 값이면 회식이나 야유회, 엠티, 대청소 같은 연구실의 행사에도 되도록이면 잘 참여하라고 권하고 싶다. 필자도 술을 잘 마시지 못하고, 즐겨 하지 않는 편이어서 (지금도 그렇지만) 회식은 질색이었다. 그래도 가능한 열심히 참여하려고 노력했다.

신입생 때는 연구실이라는 사회에 내가 첫발을 내딛는 시기이고, 연구자 인생의 처음으로 학문적인 동료들을 가지게 되고, 그 동료들에게 나의 첫인상을 남기게 되는 때이다. 그 동료들은 어쩌면 앞으로 평생 동안 관계를 유지하고 서로 밀어주고 끌어주며, 학문적인 동반자가 될지도 모른다. 쉽지 않을 수도 있겠지만, 그들과 처음부터 좋은 관계를 유지하도록 노력해보자. 이런 이야기가 꼰대처럼 들릴 것도 안다. 하지만 솔직히 말해, 안타깝지만 신입생의 입장에서 이것 이외에 할 수 있는 것이 별로 없을 것이다.

허드렛일도 중요하다

연구실마다 차이는 있겠으나, 신입생들이 연구실에서 실험을 위한 허드렛일을 도맡아 해야 하는 경우들이 있다. 청소는 기본이고 실험에 일상적으로 필요한 기본적인 준비들을 하는 것이다.

생명과 연구실을 예로 들자면, 세포를 배양할 수 있는 배지를 만들거나, 많이 사용되는 시약이 부족하지 않게 만들어서 보충해놓거나, 실험 폐기물이 모이면 정해진 곳에 버리거나, 실험 기기를 관리하는 것 등이다. 컴퓨터공학과 연구실이라면 서버 유지 관리 같은 것들이 그러한 활동일 것이다. 어떤 연구실은 이를 위해서 테크니션이나 알바를 따로 쓰기도 하지만, 대부분의 연구실은 (재정적으로 여유롭지 않으므로) 내부 인력을 통해서 해결한다.

이는 사실 귀찮은 일이다. 연구를 위해서 시간을 빼앗기는 일이고 하다. 하지만 좋게 보자면 이 또한 실험의 기초가 되는 일이므로 장기적으로는 피가 되고 살이 될 수도 있다. 만약에 내가 박사를 하고 포닥을 한 다음에 드디어 내 연구실을 차리게 되었다고 생각해보자. 이 때 완전히 새로운 연구실을 세팅하기 위해서는 아주 기초적인 것들도 알아야만 할 것이고, 새로 들어온 학생들을 지도할 수도 있을 것이다. 기본적인 것, 하찮은 허드렛일 등을 등한시하고 익히지 않았다가 나중에 정말 필요할 때 낭패를 볼 수도 있다.

(이렇게 쓰고 보니 왠지 변명처럼 들리기는 하지만) 허드렛일을 피할 수 없다면, 이렇게라도 좋게 생각하면서 즐거운 마음으로 할 수 있도록 하자.

이번 글을 쓰다 보니, 왠지 핵심은 건드리지 못하고 빙빙 돌아서 이야기를 한 것만 같은 느낌이 든다. 정말 하고 싶은 말은 앞서 언급했듯, 각오를 단단히 하라는 말일지도 모르겠다. 대학원에 처음 적응하기란 꽤나 험난한 과정이 될 것이다.

대학원 신입생이 해야 하는 일 중에 이번 장에서 다루지 못한 중요한 주제가 있다. 바로 첫 번째 연구주제를 어떻게 정할 것인지에 대한 것이다. 이는 대학원 신입생 때 해야 할 일 중에 가장 중요한 일이라고도 할 수 있기 때문에, 다음 장에서 별도로 자세히 다뤄보도록 하겠다.

5
첫 연구주제를 어떻게 정하고 접근할 것인가

그렇다면 내 인생 첫 번째 연구주제는 어떻게 정해야 할까? 대부분의 대학원 신입생들은 연구다운 연구를 해본 경험이 없을 것이기 때문에 주제를 잡는 것부터가 막막할 것이다. (대학원 신입생에게 그럴 리는 없겠지만) 만약 원하는 주제를 무엇이든 고를 수 있는 자유가 주어지더라도 아직은 분야 자체에 대한 지식과 경험이 부족하므로, 어디서 어떻게 시작해야 할지 전혀 감이 잡히지 않을 것이다.

이번에는 그러한 과정의 시행착오를 줄이기 위해 첫 번째 연구주제를 어떻게 잡아야 하고, 어떻게 연구를 시작해볼 것인지에 대해서 이야기해보도록 하겠다.

큰 테두리는 이미 정해져 있다

당연한 이야기지만, 특정 학과의 특정 연구실에 들어왔다면 이미 연구할 수 있는 주제의 큰 범위는 이미 정해져 있다. 지도 교수님의 주 연구 분야가 그것이다. 연구실 이름에도 그 주제가 직접적으로 명시되어 있는 경우도 많다. 예를 들어, 필자는 신호전달 실험실Signal Transduction Lab, 구조생물정보학 실험실Structural Bioinformatics Lab에서 대학원 생활을 했다. 이름만 봐도 세포나 분자들 사이의 신호전달을 연구하거나 구조생물학을 생물정보학적으로 연구한다는 것을 알 수 있다(사실 외국의 경우에는 교수님의 성함을 붙여서 페렐랩Ferrell Lab, 첸랩Chen Lab과 같이 부르기도 하지만, 한국은 대부분 연구실 주제로 이름을 붙인다).

일단 내가 특정 연구실로 진학한 이상, 이 연구실의 연구 범위를 크게 벗어나는 연구는 할 수 없다. 본인이 스스로 아이디어를 짜내어서 그 범위를 약간은 벗어나는 연구를 할 수는 있겠지만, 지도 교수가 그 연구주제를 허락하지 않거나(혹은 눈 밖에 나거나), 대학원생의 입장에서 필요한 적절한 수준의 지도를 받지 못할 수도 있다. 교수라고 해서 모든 분야를 다 아는 것도 아니며, 자신이 전공하지 않은 주제까지 잘 알기는 어렵기 때문이다.

그러나 최대한 찾아야 한다

사실 대학원 신입생의 입장에서는 아무리 역량이 뛰어나더라도 본인 스스로 첫 번째 연구주제를 정하기는 어렵다. 또한 기존에 연구실에서 진행 중이던 프로젝트가 있게 마련이므로, 여기에서 크게 벗어나는 주제를 맡는 것은 지도를 받는 사람이나 지도를 하는 사람 모두 부담이 된다.

현실적으로 첫 번째 연구주제는 지도 교수님이 지정해주는 경우가 대부분이다. 혹은 도제 관계가 중시되는 분야의 경우에는 선배의 연구주제를 자연스럽게 이어받기도 한다. 선배로부터 실험 기법 등을 배워야 하는 생명과학 등의 분야에서는 선배의 연구를 옆에서 보조하는 것에서 시작해서, 그 연구주제에서 파생되는 주제를 받는 것이다. 처음에는 선배를 졸졸 따라다니면서 어깨너머로 보고 들으면서 배우다가, 남는 시간에 자기 실험을 조금씩 해보면서 서서히 독립을 하는 것이다.

어떤 경우든 대학원 신입생이 자기가 하고 싶은 연구를 처음부터 마음껏 고를 수 있는 여건이 되기란 쉽지 않다. 하지만 그럼에도 불구하고 그 속에서도 자기가 연구하고 싶은 주제, 꼭 풀어보고 싶은 질문, 자신이 호기심과 열정을 가지고 있는 소재를 선택하려고 최대한 노력해야 한다. 어떤 주제가 구체적으로 주어지더라도, 적어도 세부적인 연구 기법이나, 추후 연구를 이끌어나가는 방향에서는 자신이 선택할 수 있는 여지가 있을 것이다.

이것이 막연하게 느껴진다면, 대학원에 진학할지 말지에 대한 답을 얻기 위해서 스스로에게 했던 질문을 다시 던져보자. "내가 대학원에 왜 들어가야 하는가? 나에게 박사가 왜 필요한가?" 하는 질문에 답했던 것이 기억날 것이다. 그 궁극적인 목표를 달성하기 위해서 조금이라도 더 도움이 될 수 있는 연구주제를 정해보자.

예를 들어서, 내가 기초 연구에 관심이 있는지, 혹은 응용 연구에 관심이 있는지로 구분해볼 수도 있다. 만약 연구 사업화 쪽으로 관심이 있다면, 가능하면 기초 연구보다는 기업에서 관심을 가질 만한 주제를 잡는 것이 좋을 것이다. 만약 제약 산업에 관심이 있다면 너무 기초적인 메커니즘의 규명보다는 신약 후보 물질 발굴로 잡아볼 수 있을 것이다. 혹은 내가 궁극적으로 연구해보고 싶은 주제는 다른 것이라고 하더라도, 그 주제를 연구하기 위해 사용될 실험 기법이나 장비 사용법을 이번 연구에서 익히도록 연구 계획을 세워볼 수도 있다. 아무것도 아닌 것처럼 보일 수도 있겠지만, 이렇게라도 내 연구의 주도권을 내가 조금이라도 쥘 수 있는 바탕을 마련해야 한다.

리뷰 논문 읽기

대략 연구의 방향을 잡았다면, 주제를 좀 더 세부적으로 잡기 위해서 리뷰 논문을 읽을 것을 권한다. 논문에는 여러 종류가 있다. 보통 우리가 특정한 세부적인 주제에 대해서 실험하고, 연구해서 새로운 과학적 발견을 하게 되면 연구 논문research article을 쓰게 된다. 반면 리뷰 논문은 새로운 연구를 해서 쓰는 논문이 아니라, 특정 주제와 관련된 기존의 여러 연구들을 리뷰하고 정리한 논문이다. 즉 리뷰 논문은 최근 연구들에 대한 일종의 요점 정리집이라고 할 수 있다(논문의 형식에는 이외에도 좀 더 간결한 형식의 연구 논문이나 주장을 정리한 레터 Letter도 있고, 의학 분야에서는 한 명의 환자에 대한 특수한 사례를 다룬 증례보고case report 등도 있다).

연구주제를 잡을 때에는 전후 맥락의 파악이 중요하다. 어떤 주제이든 기존의 연구 결과를 기반으로 하게 마련이며, 그 연구를 기반으로 또 다른 후속 연구가 나오기 때문이다. 즉 내가 하려는 연구주제는 과거에 전세계 연구자들이 고민하고, 연구하고, 논문을 쓰면서 지속적으로 발전해온 연장선상에 있다. 이러한 맥락과 흐름을 파악해야 한다. 이 바닥이 어떤 연구자들에 의해서 어떻게 돌아가고 있으며, 이 주제에 대해서 어디까지 밝혀졌고, 어디부터는 아직 미지의 세계인지를 파악해야 한다는 것이다.

이 맥락을 파악하지 못하고 무작정 연구를 시작해서는 내 주제가 가진 진정한 의미를 파악하기가 어렵다. 특히 최근의 연구 흐름과 너무 동떨어진 주제를 잡거나, 기존에 이미 동일한 주제로 진행된 연구가 있는데도 그것을 미처 파악하지 못하고 진행했다가 낭패를 보는 일은 없어야 한다.

꼬리에 꼬리를 물기

이렇게 지난 몇 년간의 주요 연구들을 정리해놓은 리뷰 논문을 읽으면, 이 바닥의 주요 이슈는 무엇이며, 어떠한 세부 주제들로 나뉘어지고, 각 세부 주제마다 주요 연구자들과 그 연구자들의 논문은 무엇이 있는지를 파악할 수 있다.

리뷰 논문에는 관련 논문들이 많이 인용되어 있다. 지면이 한정되어 있는 리뷰 논문 자체에는 인용된 각 논문들에 대해 몇 문장으로 간략하게만 소개되어 있으므로, 해당 연구의 세부적인 내용까지 파악하기는 어렵다. 리뷰 논문을 통해서 전반적인 연구의 흐름을 파악한 다음, 인용된 논문들 중에서 내가 관심이 생기거나, 더 세부적으로 파고들어야 할 논문들을 꼬리에 꼬리를 물고 읽기 시작해야 한다.

일부 리뷰 논문에는 감사하게도 레퍼런스에 중요도에 따라서 별표까지 매겨져 있고, 이 논문이 중요한 이유까지도 간략하게 소개되어 있는 경우들이 있다. 이런 친절한 별점과 해설을 참고해서, 다음 순서로 읽을 논문을 결정할 수 있다. 이렇게 꼬리에 꼬리를 물고 논문을

레퍼런스 목록에 별점과 해당 연구의 의의에 대한 추가 해설까지 붙어 있는 리뷰 논문도 있다.

읽어나가면 서서히 이 주제에 대해서 내 나름대로의 체계를 만들어갈 수 있을 것이다.

이렇게 관련된 논문을 읽고 전후좌우의 맥락을 파악하는 목적은 (고등학생이나 대학생이 그러하듯) 단순히 배경지식을 수동적으로 학습하는 것보다는, 기존 연구들의 연장선상에서 새로운 연구를 수행할 한 사람의 연구자로서 나름의 체계적인 지식체계를 갖추고 '자신의 질문'과 '자신의 가설'을 가지기 위한 것이다.

선배들에게 '이 주제를 왜 시작하게 되었어요? 이전에는 어떤 연구들이 있었고, 이 주제는 그 연구들과는 어떤 관련이 있어요? 이 주제는 기존 연구가 풀지 못한 어떤 문제를 해결하려고 하는 것인가요?' 하고 물어보라. 그 질문에 제대로 답할 수 없으면 그 연구의 의미를 제대로 파악하고 있다고 할 수 없다. 우리가 논문을 읽는 것은 그 질문에 대한 답을 스스로 찾기 위함이다.

따라서 꼬리에 꼬리를 물고 논문을 읽으면서 항상 화두처럼 머릿속에 가지고 있어야 하는 것은 '이러한 기존 연구의 흐름 속에서 내가 풀어야 할 질문은 무엇일까?' '그 질문에 대해 나는 어떠한 가설을 가지고 있는가?' 하는 것이다. 이렇게 기존 연구들의 관계와 맥락을 파악하며, 이를 바탕으로 스스로 체계적인 지식체계를 갖게 되면 이제 스스로 연구를 진행할 준비가 되었다고 볼 수 있다.

필자가 처음 연구를 시작할 때도 선배들로부터 "리뷰 논문을 우선 몇 개 읽어보라"는 조언을 들었다. 학부 3학년 여름방학 때였는데, 어찌 보면 당연하게도 나는 그때 리뷰 논문이라는 게 무엇인지도, 그것을 어떻게 찾는지도 솔직히 잘 알지 못했다.

리뷰 논문을 찾기는 어렵지 않다. 논문을 키워드로 검색할 때, 검색어에 'review'라는 단어를 함께 포함시키면 리뷰 논문 위주로 검색되게 된다. 생명과학 분야의 경우 펍메드Pubmed에 검색어와 함께 'review'라는 단어를 넣어서 검색을 해보면 아래와 같이 나온다. 검색

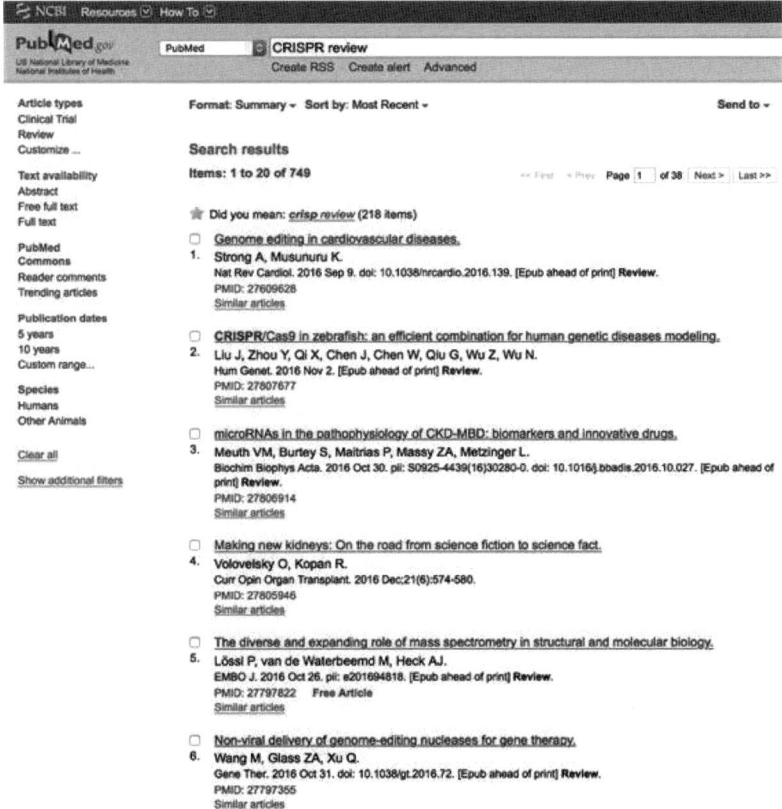

검색어에 'review'를 추가하면 리뷰 논문을 검색할 수 있다. 검색 결과에도 리뷰 논문이라는 것이 별도로 표시된다.

된 논문들 뒤에 'Review'라는 것이 붙어 있어서 리뷰 논문임을 알려준다.

리뷰 논문은 일반적인 연구 논문집(저널)에 포함되어서 출판될 때도 있지만, 저널 자체가 리뷰 논문만으로 구성된 것도 있다. 생명과학 분야를 예를 들면, 『네이처 리뷰 드러그 디스커버리 Nature Review Drug Discovery』『네이처 리뷰 제네틱스 Nature Review Genetics』 등 『네이처』의 여러 자매지나, 『커런트 오피니언 인 스트럭추얼 바이올로지 Current Opinion in Structural Biology』『커런트 오피니언 인 마이크로바이올로지 Current Opinion in Microbiology』 등의 저널이 있다. 자신의 분야에서 어떤 저널에 좋은 리뷰 논문이 많이 실리는지 선배들께 물어보는 것도 좋겠다.

인용 관계를 통해서 후속 연구 알아보기

논문을 꼬리에 꼬리를 물고 읽어나가면서 자신만의 배경 지식체계를 갖추기 위해서 빠뜨리지 말아야 할 것은 또 한 가지 있다. 이 특정 '논문이' 인용한 기존 논문뿐만 아니라, 내가 읽고 있는 이 '논문을' 인용한 후속 연구도 놓치지 말아야 한다는 것이다. 만약 이번 달에 나온 따끈따끈한 논문이 아니라, 몇 개월 혹은 몇 년이 지난 논문이라면 그 이후에도 후속 연구가 진행되었을 가능성이 높다.

예를 들어서, 내가 2018년 1월에 출판된 논문을 읽었다고 치자. 이 논문의 레퍼런스 섹션에 들어 있는 논문들의 리스트는 당연히 2018년

이전의 연구들이다. 그렇다면 이 논문이 출판된 시점 이후의 후속 연구들은 어떻게 파악해야 할까? 이 논문을 기반으로 출판된 가장 최근의 연구 결과까지도 파악하고 있어야 전반적인 맥락을 제대로 이해했다고 할 수 있을 것이다.

다행히도 '이 논문을 인용한 후속연구'의 목록을 손쉽게 찾을 수 있다. 구글 스칼라 등의 논문 검색을 사용하면 된다. 검색된 논문마다 'Cited by ○○○' 하는 문구가 있다. 바로 이 논문을 인용한 후속 연

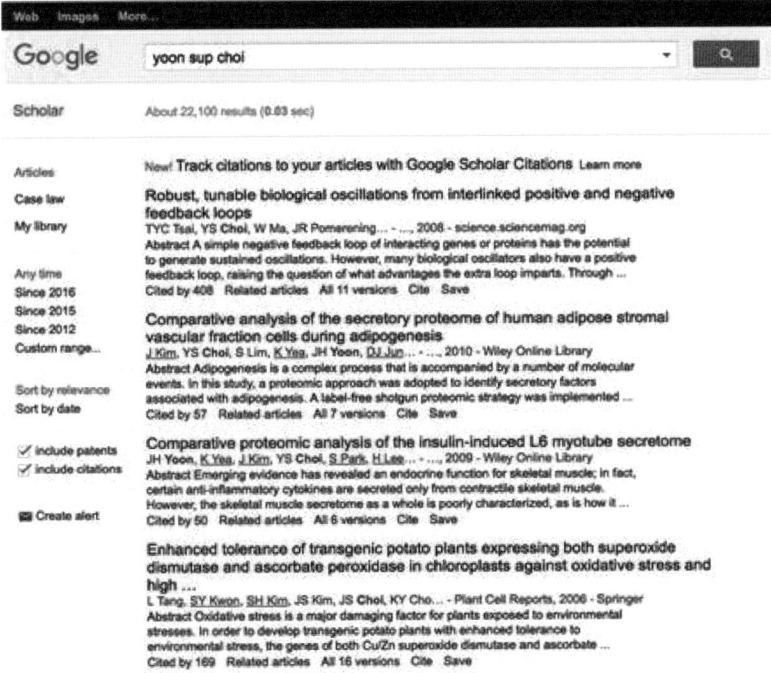

구글 스칼라에서 'Cited by 000' 부분을 보면 이 논문을 인용한 횟수와 후속 연구를 파악할 수 있다.

구가 몇 편이 있는지를 알려주고, 이를 클릭하면 그 후속 논문들의 목록을 띄워준다. 이렇게 해당 논문이 인용한 논문을 참고하여 '이전의 맥락'뿐만 아니라, 이 논문을 인용한 후속 연구를 통해 논문 '이후의 맥락'까지도 파악해야 한다.

특히, 이렇게 해당 연구가 후속 연구들에서 몇 번이나 인용되었는지는 그 연구의 중요도를 나타내는 중요한 척도이다. 연구가 흥미롭고 중요할수록 더 많은 후속 연구가 진행되고, 더 많은 논문이 인용할 것이기 때문이다(연구자의 연구 업적이나, 대학교의 연구 역량을 따질 때에도 이 인용 빈도가 매우 중요한 기준 중의 하나이다). 내가 읽고 싶은 수많은 논문들 중에 무엇을 먼저 읽을 것인지를 정할 때에도 인용 빈도가 높은 논문의 우선순위를 높이는 것도 좋은 방법이다. 반면, 논문 제목은 그럴듯해 보여도 몇 년 동안 인용 빈도가 너무 낮으면 논문의 중요성에 대해서 한 번쯤은 다시 생각해봐도 좋다.

이번에는 내 인생 첫 번째로 연구주제를 선택하고, 그 주제에 대해서 배경 지식을 쌓기 위해서 어떻게 접근해야 하는지에 대해서 살펴보았다. 첫 연구주제를 결정하는 것의 중요성에 대해서 너무 과장할 필요는 없겠지만, 같은 값이면 자신이 조금이라도 더 연구해보고 싶은 주제를 정하고, 시행착오를 줄이면서 접근할 수 있으면 좋을 것이다.

6
첫 번째 논문을
최대한 빨리 써라

지난 챕터에서는 대학원에 진학하여 첫 번째 연구주제를 어떻게 선정하고, 그 주제에 대해서 어떻게 접근할 것인지에 대해서 다뤄보았다. 이번에는 그 연구가 진행되어 첫 번째 논문을 쓰는 것의 중요성과 그 방법에 대한 부분을 강조해보려고 한다.

우리가 연구라는 것을 하는 목적은 무엇일까? 새로운 과학적인 발견을 하고, 기술을 개발하며, 이전에 인류가 닿지 않았던 미지의 지적 영역을 탐험하고 알지 못했던 보다 근본적인 원리를 파악해내고, 새로운 지식을 만들어서, 궁극적으로 보다 나은 세상을 만들기 위함이 아닐까.

하지만 대부분의 경우, 현실적으로 우리가 하는 연구의 결과물은 논문이라는 형태로 귀결된다. 열심히 연구한 결과를 논리적으로 조리 있게 설명한 문서의 형태로 학계에 발표하는 것이다. 보통 논문으로 연구 결과를 출판했다고 하는 것은 연구 결과의 타당성, 중요성과 신규성에 대해서 학계에서 최소한의 인정을 받았다는 이야기다.

나중에 설명하겠지만 제대로 된 논문을 출판하기 위해서는 꽤나 엄격한 심사 과정을 거친다. 이런 과정에서 편집자(에디터)와 심사위원(리뷰어)들이 논리적으로 타당하지 않은 연구, 중요하지 않은 연구, 그리고 기존의 연구 대비 새로울 것이 없는 연구 결과들을 걸러내게 된다.

사실 우리가 연구하는 목적을 논문으로 한정 짓기에는 지나친 감이 있다. 논문은 연구의 결과물로 얻어지는 것이지만 그 자체로 궁극적인 목표라고 할 수는 없다. 우리가 연구하는 이유는 보다 숭고하고 위대한 것이다. 또한 논문의 형태로 발표되지 않는 연구성과도 있을 수 있다. 하지만 논문은 우리가 하고 있는 연구의 중요성과 가치, 그리고 나의 연구 역량을 증명하는 가장 현실적이고 중요한 수단이라는 점을 부인하기 어렵다. 특히 대학원생의 입장에서는 무엇보다도 논문을 내지 못하면 졸업을 할 수 없다.

첫 논문을 무조건, 최대한 빨리 써라

나는 대학원에 갓 입학한 후배들에게 최대한 첫 번째 논문을 빨리 써보라고 조언한다. 되든 안 되든 그렇게 노력을 해봐야 한다. 가장 큰 이유는 논문을 출판하는 전체 과정을 일찍 경험해보는 것이 좋기 때문이다. 실험을 하는 능력과 논문을 출판하는 능력은 비슷할 것 같

경험이 적은 사람이 상상하는 연구 과정

실제 연구 및 논문 출판 과정

으면서도 실상은 매우 다른 영역이다.

어떤 대학원생들은 대학원 생활 내내 실험하고 연구에만 몰두하다가, 박사 말년 차가 되어서야 졸업을 해야 하니 그제서야 논문이라는 것을 써보려고 처음 시도하게 된다. 하지만 실험에 숙달되는 것도 시간과 노력이 필요하듯이, 논문을 출판하는 것에도 능숙해지기 위해서 시간과 노력이 필요하다. 박사 말년 차가 되어서야 논문을 처음 써보려고 하면, 집필과 출판 과정에 대한 경험이 전무한 입장에서는 이게 한 번에 잘될 리가 없다. 그래서 졸업은 더욱 기약이 없어진다.

실험을 마무리하는 것과 논문을 마무리하는 것은 매우 다르다. 이는 매우 중요한 부분이다. 초보 연구자가 으레 생각하는 것과는 달리 계획했던 실험이 끝나고 원했던 데이터를 모두 얻었다고 해서 연구가 마무리된 것은 결코 아니다. 이제부터는 논문의 작성과 출판이라는 완전히 새로운 영역을 시작해야 하기 때문이다.

논문 쓰기: 글을 써야 한다

자, 우리가 열심히 연구해서 원하는 모든 데이터를 얻었다고 해보자. 그러면 이제 논문을 써야 한다. 같은 실험 결과와 데이터를 놓고도 우리가 이를 어떻게 풀어내고 의미부여를 하며, 학계의 동료들을 어떻게 설득할 것인지는 그 데이터를 얻는 것과는 또 다른 문제이다. 그것을 어떻게 풀어내느냐에 따라서 그 데이터 자체의 의미와 중요성이 달라지기도 한다.

내가 고등학생 때는 논술고사가 있었다. 주어진 주제에 대해서 나의 주장을 논리적이고 설득력 있게 글을 써야 하는 것이다. 어찌 보면 논문을 쓰는 것도 실험 데이터를 바탕으로 나의 주장을 효과적으로 전달하므로 논술과 비슷하다. 한국의 교육과정을 거친 많은 학생들은 글을 쓰는 것을 어려워한다. 글을 쓴다는 것은 자신의 생각이나 주장을 조리 있게 표현한다는 것인데, 우리 교육과정에서 이러한 부분을 습득한다는 것은 쉬운 일이 아니기 때문이다. 우리 교과 과정에서는 객관식 보기 중에 답을 골라내는 훈련을 받지만, 주관식에 서술형으로 답할 기회는 별로 없다. 고등학교 때 논술 고사를 어려워하는 것도 바로 이 때문이다.

이에 비춰보면 논문이라는, 논술 고사와 비교할 수 없을 정도로 고도의 논리적 완결성, 설득력, 타당성을 지닌 글을 쓰는 것이 얼마나 어려울지는 짐작할 수 있을 것이다. 원했던 데이터를 모두 얻은 다음 '자, 이제 논문이라는 것을 한 번 써볼까?' 하고 MS 워드를 켜놓고 모니터 앞에 앉았을 때의 그 막막함을 느껴보지 않은 사람은 모를 것이다.

아마도 더 큰 문제는 한글로 써도 어려운 이 글을 영어로 써야 한다는 것이다. 많은 학교에서는 졸업 요건으로 SCI급 국제 저널에 출판하는 것을 요구한다. SCI급 국제 저널이라면 대부분 영어로 작성해야 한다. 논문에 들어가는 영어는 일반 영어회화에 쓰이는 표현들과는 상당히 다르다. 사실 이 논문에 필요한 영어 표현은 그리 다양하지 않고, 다소 정해진 표현들이 있어서 경험이 쌓이면 좀 익숙해진다. 하지만 역시 처음부터 잘할 수 있는 것은 아니다.

필자와 같은 대부분의 독자들은 영어를 모국어가 아니라 학교에서 후천적으로 배운 외국어로 사용할 것이다. 그런 경우 아무리 영어를 잘해도 어색한 표현이 없을 수 없으므로, 논문 작성 마지막에는 원어민에게 문법과 표현을 첨삭받는 과정을 또 거쳐야 한다.

논문 쓰기: 그림도 그려야 한다

글을 쓰는 것이 다가 아니다. 논문에 들어갈 그림이나 그래프, 표도 스스로 만들어야 한다. 논문은 단순히 글로만 내 연구 결과를 설명하지 않는다. 내 결과와 주장을 효과적으로 증명하기 위해서는 그림과 그래프의 역할이 매우 크다. 백문이 불여일견이며, 아무리 글로 설명하는 것보다, 논문 전체의 콘셉트를 보여줄 수 있는 그림 하나가 더 큰 임팩트가 있다.

같은 데이터를 놓고도 어떤 글을 쓸지에 대해서도 무수히 많은 방식이 존재하듯이, 같은 결과를 설명하기 위해서 그림이나 그래프를 그리는 방식에도 무한히 많은 경우의 수가 존재한다. 어떻게 하면 내가 얻은 결과와 내가 하고 싶은 주장을 좀 더 효과적으로 그릴 것인지에 대해서는 많은 고민이 필요하다. 이는 또한 디자인에 대한 예술적인 감각도 필요한 일이다. 논문에 글을 쓰기 위해서 작가가 되어야 한다면, 그와 동시에 우리는 디자이너도 되어야 한다.

논문 그림figure을 그리기 위해서는 MS 파워포인트, 엑셀 등의 간단한 프로그램을 사용할 수도 있지만, 많은 연구자들은 보다 전문적인 콘셉트나 멋진 그래프를 그리기 위해서 일러스트레이터 등 더 고난도의 프로그램을 활용하기도 한다. 기존 논문에 나오는 그림과 그래프들도 대부분 연구자 본인이 직접 그린 것이다. 우리는 과학자이지 디자이너가 아니므로 일러스트레이터 등을 사용할 필요가 없을 것이라고 생각한다면 큰 오산이다. 선배들의 연구실 책장에 일러스트레이터 책들이 한 권씩은 다 꽂혀 있는 이유를 이제 알게 되었을 것이다.

서브밋과 리비전하기

열심히 글을 쓰고 그림과 그래프를 그려서 논문을 다 작성했다고 하자. 이제는 또 다른 관문이 기다리고 있다. 바로 논문을 저널에 투고submit하고 심사위원reviewer들에게 심사를 받아서, 논문의 부족한 점들을 수정revision 해나가는 과정이다. (투고, 심사위원, 수정 보완, 개제 거절이라는 표현보다는 서브밋, 리뷰어, 리비전, 리젝이라는 표현이 더 일상적으로 쓰이므로 이 표현을 쓰도록 하겠다.)

논문을 서브밋하려면 무엇보다 어느 저널에 도전해볼 것인지를 선택해야 한다. 좁은 분야에 국한되지 않고 여러 주제를 폭넓게 다루는 『네이처』『사이언스』같은 정상급 유명 저널을 노려볼 수도 있고, 보다 더 세부적인 분야를 다루는 저널에 도전할 수도 있다.

저널의 중요도는 흔히 임팩트 팩터라고 불리는 인용지수에 의해서 결정된다. 쉽게 말하면 합격자의 수능 점수에 따라서 국내 대학의 서열이 대략 정해지듯이, 저널들 사이에서도 임팩트 팩터에 따라서 대략적인 순위가 정해지는 것이 사실이다. 과거에 인용이 많이 되었던 저널일수록 임팩트 팩터가 높아지는데, 시간이 지나면서 이 점수에, 즉 저널들 사이의 등수에도 약간씩의 변동이 생긴다.

논문을 서브밋할 때 보통은 내 연구의 실질적인 중요도보다 약간 높은 저널에서 시작하는 경우가 많다. 일단 안 되더라도 한 번 문을 두드려보자는 마음도 있고, 혹시나 될 수도 있지 않을까 하는 마음도 있을 것이다. 만약 논문의 퀄리티가 해당 저널의 수준에 턱없이 모자라면 저널의 편집자(에디터)가 며칠 내로 리젝reject 답장을 준다. 에디터가 이 논문 정도라면 우리 저널에서 한 번 심사해볼 필요는 있겠다고 판단하면, 학계의 전문가들을 심사관으로 하여 세부적인 검토 과정에 들어가게 된다.

만약 에디터가 리젝하든, 심사위원이 리젝하든, 리젝(게재 거절)을 당하면, 이번보다 약간 낮은 저널에 다시 서브밋하는 과정을 거치게 된다. 혹은 리젝을 당하지 않고, 리뷰어들이 논문에 부족한 점들을 알려주면서 리비전(수정 보완) 후 다시 서브밋하라는 연락이 올 수도 있다. 수정을 요구하는 부분은 완전히 새로운 실험을 추가하라는 것부터 단순한 철자 오류에 이르기까지 폭넓고도 다양하다.

생명과학 분야에서 리비전에 주어지는 기간은 보통 두 달 정도인데, 이 기간 동안 다시 보충 실험을 하고, 결과를 얻어서, 다시 논문을 서브밋하면 재심사를 받게 된다. 리뷰어들이 지적한 사항을 충분히 설득력 있게 대응했다면 이제 논문은 게재 수락된다. 반대로 수정한 결과가 충분하지 못하다면 추가적인 리비전을 요구받거나 심한 경우에는 (그렇게 공들여서 리비전을 했음에도 불구하고) 결국 리젝을 당할 수도 있다.

간단히 순서도로 그려보면 아래와 같다. 이론적으로는 서브밋→리젝→서브밋의 무한루프에 갇힐 수도 있다는 것을 알게 될 것이다…… 무한루프까지는 아니더라도 일반적으로 한 큐에 서브밋을 하고 리비전이나 리젝 없이 게재 수락이 되는 경우는 거의 없다고 봐야

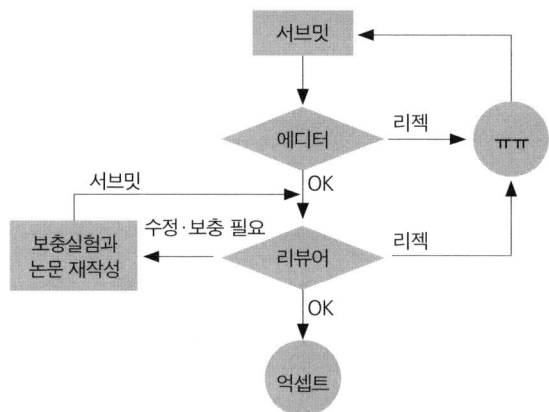

논문 심사와 리비전 과정의 순서

할 것이다(만약 리비전도 없이 한 큐에 수락되면, '에이 한 단계 더 높은 저널에 서브밋해볼걸…….' 하는 생각이 들 것이다).

특히 리비전을 하는 이 기간이 정말 피를 말린다. 내 논문의 논리적인 허점이나 부족한 데이터를 리뷰어들이 속속들이 지적하고 (특히 내가 숨기고 싶은 약점들을 리뷰어들은 귀신같이 찾아낸다), 이를 보완하기 위한 데이터를 제한된 시간 내에 빠르게 만들어야 하기 때문이다. 리뷰어의 날카로운 지적에 어떠한 논리와 실험으로 어떻게 대응할지에 대한 전략도 중요하다. 이런 부분은 상당히 전략적이고 테크니컬한 측면이 있다.

전체 과정을 경험해보기

이렇게 실험을 끝마친 이후에도 논문을 쓰고 제출하고 리비전을 하는 완전히 새로운 과정을 거쳐야 한다. 그리고 이러한 과정에는 실험을 할 때와는 또 다른 역량과 노하우가 필요하다. 이는 직접 겪어봐야만 비로소 체득할 수 있는 부분이다. 내가 첫 논문을 빨리 써보라고 한 조언에는 이런 전체 과정을 최대한 빨리 겪어보라는 의미가 담겨있다.

나는 운 좋게도 이러한 과정을 남들보다 빨리했다. 학부 때 이미 했기 때문이다. 학부 연구 참여를 하면서 나는 『바이오인포매틱스Bioinformatics』라는 당시 임팩트 팩터 6점 정도짜리 저널에 학부 졸업 논문을 출판하겠다는 무모한 계획을 세웠다. 나름대로 학부 마지막 학년을 열심히 연구해서 논문을 쓰고, 『바이오인포매틱스』 저널에 내 논문을 서브밋하고, 리뷰어 세 명의 심사까지 받았다.

그 결과는 어찌 보면 당연하게도 리젝이었다. 나는 그 리젝 메일을 받을 때의 그 큰 실망감을 아직 기억한다. 너무도 자세하고 신랄하게 내 논문이 가지는 약점을 지적해놓았는데 당시에는 정말 쥐구멍에 숨고 싶을 정도로 내상이 컸다. 지금 생각해보면 내가 스스로 보기에도 턱없이 낮은 수준의 논문이었는데도 말이다.

아무튼 학부 때 이렇게 연구하고, 그것을 정리하여 논문으로 쓰고, 리뷰까지 받아보는 경험을 한 것은 나중에 내게 큰 도움이 되었다. 앞서 이야기했지만 별다른 생각 없이 대학원에 있다 보면 이런 경험을 박사 말년 차에나 하게 된다. 그때 가서 이 경험을 하는 것은 너무 늦다.

방귀도 자꾸 뀌어야 똥이 나온다

이런 경험을 빨리해보라는 또 다른 이유는 연구를 일단락하는 경험을 쌓기 위해서이다. 진행하는 연구는 어딘가에서 끊고 마무리를 한 다음에 넘어가야 한다. 한동안 연구했던 주제에 대해서 논문을 출판하면서 내 연구의 한 부분을 일단락하고, 후속 연구로 계속 진행하는 것이다. 연구를 적절한 시점에 잘 일단락하는 것도 실력이며 이 역시 경험이 필요하다.

연구 결과가 조금씩 쌓일 때마다 그 결과를 (임팩트 팩터가 아주 높은 저널이 아니라도) 논문으로 자주 출판하는 사람이 있고, 작은 논문 몇 개로 나갈 결과들을 차곡차곡 모아놓았다가 소위 빅 저널에 큰 것 한 방을 터뜨리려는 사람도 있다.

그런데 연구를 처음 하는 입장에서 첫 논문으로 『네이처』나 『사이언스』를 쓰기는 극히 어렵다. 작은 논문을 계속 차근차근 출판하면서 경험이 쌓이면 나중에 큰 것 한 방을 노려보는 전략이 더 현명하다고 생각한다. 고기도 먹어본 놈이 잘 먹고, 방귀도 자꾸 뀌어야 똥이 나온다. 방귀도 안 뀌고 바로 큰 똥을 싸기는 실로 매우 어렵다.

리비전을 하는 것도 마찬가지다. 동일한 지적을 받더라도, 그 지적에 어떤 방식으로 우리 논리를 방어하고, 부족한 점을 보완할 것인지에 대해서는 다분히 테크닉적인 부분이 있다. 즉 요구하는 대로 다 고스란히 다시 데이터를 만들 수도 있고, 아니면 가래로 막을 일이라도 더 작은 호미로 영리하게 막는 방법을 떠올릴 수도 있다. 리비전도 자꾸 하다 보면 능숙해진다.

첫 논문을 내고 나면

장담하건대 논문이 나오는 시기는 당신의 계획보다 훨씬, 훨씬 늦을 것이다. 아무리 많은 변수를 고려하고 보수적으로 계획을 잡았다고 하더라도 말이다. 특히 첫 논문의 경우에는 더욱 그렇다.

나도 그랬다. 나도 내가 실험 계획부터, 리비전까지 전체 과정을 주도했던 논문이 결국 출판되기까지는 계획보다 2년이 넘는 시간이 더 걸렸다. 여러 저널에서 차례로 리젝을 세 번 당했고, 출판한 저널에서도 세 번에 걸친 리비전으로 추가 실험과 논문 수정에만 장장 6개월의 시간이 걸렸다. 이는 내가 생각했던 계획과는 완전히 딴판이었다. 처음 시작할 때 그렇게 긴 세월이 걸릴 줄은 꿈에도 몰랐다.

그런데 일단 논문을 한 번 내보고 나면 연구를 보는 눈이 달라진다. '아…… 이게 이런 거구나.' '이 바닥이 이렇게 돌아가는구나.' 하는 감을 잡을 수 있기 때문이다. 논문을 자꾸 써보면 전체 과정에 대해서 갈수록 익숙해지기 때문에 그 과정이 보다 수월하게 느껴진다.

더 좋은 것은, 이렇게 논문을 몇 번 내고 나면 이제 실험 계획을 세우고, 연구의 전체 구조를 만들 때에도 논문으로 마무리할 것까지 고려하면서 하게 된다는 점이다. 어떤 스토리가 논문으로 쓰기에 좋을 것인지도 알게 된다. 또한 실험을 하고 데이터를 만들면서도, 혹은 논문에 문장 표현을 쓰면서도 내가 만약 리뷰어라면 이 부분에 대해서 어떻게 생각할지를 가늠하게 된다. 연구를 시작하면서 이미 논문을 마무리할 것까지도 능숙하게 생각할 수 있게 되는 것이다. 이런 과정에 익숙해지게 되면 내가 원래 세웠던 논문 출판 계획보다 늦어지는 시간이 점점 줄어들게 될 것이다.

연구자라면 누구나 그렇겠지만, 나도 내가 첫 번째 논문에 대한 게재 수락accept 메일을 받던 순간을 잊지 못한다. 길고 길었던 리비전 기간으로 지칠 대로 지친 상황에서 이번에도 안 되면 어떡하나 고민하던 나날이었다. 연구실에서 늦게 기숙사로 돌아와서 침대에 누워 메일만 한 번 더 확인하고 자야지 하고 무심코 메일함을 열었는데 교수님께서 포워딩해주신 수락 메일이 띵 하고 떴던 것이다.

그 순간 나는 나도 모르게 두 손을 번쩍 들면서 만세를 불렀다. 내 첫 번째 논문이 세상에 나오던 순간이었다. 임팩트 팩터도 별로 높은 논문도 아니었지만, 나에게는 중요한 한 걸음이었다. 논문 작성과 리비전 과정이 길고 지난했던 만큼, 그 이후에는 나도 연구를 보는 눈이 많이 달라졌다.

아무튼 논문을 쓰는 것에는 실험할 때와는 완전히 다른 역량과 기술이 필요하다. 그 역량과 기술은 논문을 직접 출판해볼 때만 체득할 수 있으며, 이후 논문을 내면 낼수록 더 능숙해진다. 이런 경험을 대학원에 들어간 이후 최대한 빨리 해보도록 하자.

7
대학원생의 시간관리

 이번에는 대학원생의 시간관리에 대해서 조금 이야기를 해볼까 한다. 더 나아가서, 좀 더 효율적으로 일하기 위한 노하우 몇 가지에 대해서도 알아보려고 한다.
 시간은 우리 인생에서 모든 재화를 통틀어서 가장 귀중한 것이다. 필자는 대학원 생활을 할 때도 그랬지만, 지금도 여전히 시간을 아끼기 위해서 거의 강박적으로 노력하고 있다. 벤자민 프랭클린의 말대로 "인생을 사랑한다면 시간을 아껴라. 인생은 시간 그 자체이기 때문이다."
 한 번 흘러간 시간은 되돌릴 수 없다. 그리고 억만금을 줘도 시간을 살 수는 없다. 사실 돈을 좀 주면 남의 시간과 노력을 살 수는 있다. 예를 들어, 월급을 주고 실험을 대신해줄 테크니션을 구할 수는 있다.

하지만 대학원생에게 테크니션을 구할 돈은 없을 것이고, 무엇보다 연구하고 실험을 배우면서 한 사람의 독립된 연구자로 거듭나는 과정을 다른 사람이 대신해줄 수는 없는 일이다.

대학원 생활을 조금이라도 해본 사람들은 시간에 대한 다음 두 가지 명제에 대해서 동의하리라고 생각한다.

- **대학원생에게 시간은 항상 부족하다.**
- **연차가 올라갈수록 시간은 더 빠르게 흐른다.**

아무리 발버둥을 쳐도 대학원생에게 시간은 항상 희소하고 부족할 것이다. 내 경험으로는 뭔가 이상하게 좀 여유가 있는 때가 생긴다면, 다음 두 경우에 해당되는 경우가 많았다. 내가 모르는 무엇인가 잘못 돌아가고 있거나(해야 할 중요한 일을 까먹었다든지), 혹은 앞으로 폭풍우가 닥쳐올 것의 전조이거나. 마치 쓰나미가 본격적으로 몰려오기 전에 해변가에 물이 사라져서 파도가 멈추는 것과 비슷하다고 할까.

그리고 시간은 연차가 올라갈수록 더 빠르게 흐른다. 필자는 앞선 글에서, 연구실 선배들 중에 졸업 못하고 10년 가깝게 자리를 지키고 있는 사람들이 있을 것이라고 언급한 적이 있다. 그 사람들이 실력이 없거나, 게을러서 그렇게 졸업을 오래 못했을 수도 있다. 하지만 그 사람들이라고 그렇게 오래 연구실에 남아 있고 싶었겠는가. 자기도 모르게 시간이 점점 더 빨리 흘러서, 그 급류에 휩쓸려가다 보니 어느새 세월이 그렇게 흘러버린 것뿐일 수도 있다.

연구실에 생각 없이 몇 년 있어보면 시간이라는 급류에 휩쓸려서 하염없이 떠내려가는 나를 발견할 수 있을 것이다. 어디론가 흘러가는 것은 같기는 한데 어디로 가는지는 전혀 모른 채 말이다. 물론 이렇게 되어서는 안 된다. 정신을 바짝 차리고, 시간을 철저하게 활용함으로써 시간을 내 편으로 만들어야 한다.

참고로 이번에 이야기할 시간관리에 대한 원칙은 대학원생들에게만 해당되는 것이 아니라, 직장인들에게도 적용 가능한 것이라고 생각한다. 필자는 지금도 이런 원칙을 지키려고 부단히 노력하고 있다. 솔직히 나도 잘하고 있다고 이야기하기는 어렵겠지만, 그래도 지키려고 열심히 노력하고 있다.

중요한 일을 먼저 하라

시간은 항상 부족하기 때문에 나에게 주어진 모든 일을 다 한다는 것이 불가능할 때도 있다. 시간은 끊임없이 흐르고, 내게 주어진 일은 계속 다이내믹하게 바뀐다. 열심히 일해서 해야 할 일 목록 중에 몇 가지를 끝내면, 그동안 새로운 일이 추가적으로 생기거나, 혹은 해야 했던 일이 사라지기도 한다.

이때 중요한 것은 역시 내가 해야 할 일의 우선 순위를 정하는 것이다. 사실 우선 순위를 어떻게 몇 단계로 매길 것인가는 자기계발서마다 약간씩 다르다. 예를 들어, 필자가 대학생 시절 많이 참고했던 하이럼 스미스의 『성공하는 시간관리와 인생관리를 위한 10가지 자연법

칙』이라는 책에는 우선순위를 3단계, A-B-C 로 나누라고 이야기한다. A 레벨은 오늘 반드시 해야 하는 중요한 것, B 레벨은 오늘 하면 좋은 것, C 레벨은 꼭 하지 않아도 되는 것이다. 이 책에서는 이걸 프랭클린 플래너에 그 목록을 쓰고…… 등등의 과정을 거치는 데 몇 년 하다가 필자도 더 이상 이렇게까지 철저하게 하지는 않는다.

하지만 한 가지 정도의 기본적인 원칙은 필요한 것 같다. '오늘 내가 해야 할 일 중에 가장 중요한 것은 무엇인가?' 하는 질문을 항상 마음속에 품고 있는 것이다. 프랭클린 플래너에 쓰는 A 레벨의 일을 미리 생각해놓는 것이다. 나는 지금도 아침에 일어나서 책상에 앉으면서 이 질문을 스스로 나에게 던지곤 한다. 오늘 내가 해야 할 일 중에 가장 중요한 것을 먼저 시작하기 위함이다.

예전에는 모든 집의 책장에 스티븐 코비의 『성공하는 사람들의 7가지 습관』이라는 책이 한 권쯤은 꽂혀 있었다. 필자도 이 책을 몇 번 읽었는데, 기억나는 몇 안 되는 원칙 중의 하나가 바로 "중요한 일을 먼저 하라"는 것이다. 시간관리나 자기관리에 관한 여러 책을 보아도 이와 비슷한 원칙은 항상 등장한다.

'중요한 일'이라는 것은 사람마다, 혹은 날마다 다를 수 있다. 실험하는 것, 논문을 읽는 것, 아니면 교수님이 시킨 일을 하는 것, 혹은 가족과 시간을 보내거나 연인에게 헌신하는 것이 될 수도 있다. 하지만 내가 오늘 해야 할 일 목록To-do-list에 포함되어 있는 과업 중에서 아무런 우선 순위 없이 머릿속에 생각나는 대로 하는 것과, 중요성에 따라서 처리하는 것에는 큰 차이가 있다. 그 차이에 따른 결과와 생산성의 격차는 장기적으로 더 커지게 마련이다.

중요하지만 급하지 않은 일

중요한 일을 먼저 하는 것은 중요하다. 하지만 그것만으로는 충분하지 않다. '중요한' 일 중에서도 시급성이 다른 일이 있기 때문이다. 예를 들어서, 5분 내로 바로 처리해야 하는 일이 있고(교수님이 시킨 일), 오늘 내로 처리해야 하는 일이 있으며(내일 있을 랩미팅 발표 준비), 아예 데드라인이 없는 일도 있다(논문 읽기, 영어 공부, 부모님께 효도하

	급하다	급하지 않다
중요하다	제1사분면 (관리하라)	제2사분면 (관리하라)
중요하지 않다	제3사분면 (피하라)	제4사분면 (피하라)

기 등등).

이렇게 '중요하다 또는 중요하지 않다.' '급하다 또는 급하지 않다.'의 두 가지 기준을 기반으로 아래와 같이 4사분면으로 정리할 수 있다.

- 제1사분면: 중요하면서, 급한 일
- 제2사분면: 중요하지만, 급하지는 않은 일
- 제3사분면: 중요하지 않지만, 급한 일
- 제4사분면: 중요하지 않고, 급하지도 않은 일

조금 복잡해 보일 수도 있지만 실상은 매우 간단하다. 이 중에서 우리가 가장 먼저 처리해야 할 일은 두말할 나위 없이 제1사분면에 있는 '중요하면서 급한 일'이다.

그런데 그다음으로 무엇을 해야 할지가 중요하다. 별다른 생각 없이 움직이면, 일단 급한 불부터 끄고 보게 마련이다. 즉 제3사분면의 '중요하지 않지만, 급한 일'을 먼저 처리하게 되는 것이다.

하지만 우리가 급한 일에만 집중하다 보면, 매우 중요함에도 불구하고 계속해서 실행의 우선순위가 낮아지는 일들이 생긴다. 즉 제2사분면의 '중요하지만, 급하지는 않은 일'이 계속 뒤로 미뤄지는 것이다. 당장 급한 미팅 준비하고, 교수님이 시킨 일 하고, 이메일 답장 보내고, 수업 시간에 숙제하고, 학부 수업 조교TA하면서 숙제 검사하고, 시험지 채점하고…… 등등을 하다 보면 '중요하지만, 급하지 않은 일'은 하염없이 뒤로 밀리게 된다.

그런데 아이러니하게도 대학원생에게는 과학자로서 근본적인 역량을 올리고, 연구를 한 걸음씩 진전시키며, 무엇보다 '졸업'에 가까워지게 해주는 일은 대부분 '중요하지만 급하지는 않은 일'들에 포함된다. 이런 일들의 공통된 특징은 데드라인이 없고, 하루아침에 이뤄지는 것도 아니며, 하거나 하지 않는다고 해서 그 효과가 당장 눈에 띄게 드러나지도 않는다는 것이다. 그러니 계속 미루기가 쉽다.

예를 들어, 논문 읽기가 그렇다. 내 연구주제와 관련된 최신 논문을 읽지 않아도 당장은 크게 지장이 없다. 하지만 이는 장기적으로 내 근본적인 실력을 올리고 독립적인 연구자로서 거듭나기 위해서 중요한 일이다. 연구에 꼭 필요해서 '언젠가는 통계 프로그램 사용법을 배워야지.' '프로그래밍을 배워야지.' 하는 것들도 당장 필요로 하지 않으면 뒤로 밀린다.

어떤 사람에게는 영어 공부가 이에 해당될 수도 있다. 포닥을 나가서 외국에서 연구를 하거나, 자리를 잡고 싶은 사람들이라면 연구에 관해서 의사소통하기 위한 일정 수준 이상의 영어 실력을 갖춰야 한다. 하지만 이것도 중요하지만 일단 급하지 않으니 계속해서 뒤로 밀리기 쉽다.

이러한 '중요하지만, 급하지 않은 일'은 의식적으로 시간을 따로 할애하려고 노력하지 않으면, 눈앞에 닥친 일들을 처리하기에 급급할 수밖에 없다. 그렇다고 급한 일을 처리하지 않을 수는 없을 것이다. 하지만 이 때문에 중요한 일의 우선순위가 계속 낮아진다면, 이는 장기적으로 결코 바람직한 일이라고 할 수 없다. 필자는 지금도 매일 조금씩 시간을 내어서 급하지는 않지만, 꾸준히 하면 장기적으로 큰 효과를 볼 수 있는 일들을 하려고 노력하고 있다.

사실 내가 오늘 해야 할 일의 전체 목록 중에서 무엇이 중요한지, 무엇이 급한지는 사람들마다 약간씩 차이가 있을 수 있다. 추구하는 가치와 미래의 모습이 다르기 때문이다. 또한 날마다 주변 환경의 변화에 따라서 그 목록이 다이내믹하게 바뀌기도 한다. 하지만 중요한 일을 먼저 해야 한다는 것, 특히 '중요하지만 급하지 않은 일'을 의식적으로, 장기적으로 꾸준히 수행하는 것이 중요하다는 것을 명심하자.

동시에 몇 개의 프로젝트를 할 것인가

이번에는 연구를 좀 더 효율적으로 수행하는 방법, 특히 멀티 태스킹을 잘하는 방법에 대해서 이야기해보겠다. 대학원에 있으면 보통 하나의 주제만 연구하지 않는다. 실험 아이디어나 관심 있는 주제가 여러 개 있을 수 있고, 내가 메인으로 참여하는 연구와 다른 동료의 연구주제를 내가 보조적으로 도와주는 경우도 있다.

두 가지 이상의 프로젝트를 진행하는 것에는 여러 이유가 있다. 하나만 진행하기에는 일단 나의 리소스가 남는다. 예를 들어, 생명과학 실험에서는 어떤 실험 장비를 돌리면, 그 기기가 다 돌아갈 때까지의 시간이 걸린다. 즉 기기를 돌리기 시작하고 끝날 때까지는 다른 일을 할 수 있는 시간이 남게 된다. 이렇게 실험 중간에 남는 시간을 활용하는 것이 더 효율적이다.

또한 하나의 주제에만 내 모든 시간과 노력을 몰빵하기에는 리스크가 너무 크다. 프로젝트를 하나만 진행하다가 그 실험이 잘되지 않거나, 불운하게도 경쟁 관계에 있는 다른 연구실에서 내가 연구하는 주제에 대해서 논문을 앞질러서 내버렸거나 하는 경우에는 매우 난처해지기 때문이다. 내가 연구하는 주제에 대해 다른 사람이 먼저 논문을 내버리는 경우를 흔히 "스쿱scoop 당했다(특종을 빼앗겼다)"고 하는데, 실제로 왕왕 일어나는 일이다. 따라서 여러 프로젝트를 진행할 필요가 있다. 주식 투자를 할 때에도 여러 종목에 분산투자를 해야 하는 이유와 비슷하다.

그러면 최대 몇 개의 프로젝트를 진행하는 것이 이상적일까? 개인의 연구 역량에 따라서 다소 차이가 있겠지만, 개인적인 생각으로는 최대 세 개 정도인 것 같다. 내 경험에 비춰보면 세 개 이상의 일을 동시에 진행하면 노력과 관심이 너무 분산되게 되어서 오히려 비효율적이었다.

멀티 태스킹 노하우

이렇게 여러 개의 프로젝트를 진행한다면, 프로젝트별로 적절한 관리가 필요하다. 특히 제한적인 리소스를 가지고서 적절히 멀티 태스킹을 통해 여러 프로젝트를 동시에 진행하는 노하우가 필요하다. 일종의 저글링을 한다고나 할까.

특히 최대한 일을 병렬적으로 진행할 수 있도록 실험의 순서를 잘 만들면 좋다. 일을 병렬적으로 진행하기 위해서는 일의 속성과 수행하는 주체를 고려해야 한다.

일의 속성이라는 것은 초기에 투입되어야 하는 시간과 그 이후에 결과가 나올 때까지의 시간을 이야기한다. 예를 들어서, 내가 어떤 시뮬레이션을 위해서 프로그래밍을 하는 경우를 가정해보자. '초기에 투입하는 시간'이란 내가 코드를 쓰고 프로그래밍을 하는 시간을 의미한다. 그리고 '이후 결과가 나올 때까지 걸리는 시간'은 프로그램을 완성한 이후 시뮬레이션을 시작한 이후 결과 값이 나올 때까지 걸리는 시간이다.

일을 수행하는 주체는 결국 나 혼자 처리해야 하는 일인가, 혹은 다른 연구자의 힘을 빌려야 하는 일인지를 판단하는 일이다. 설명이 조금 어렵게 느껴질 수도 있지만, 아래의 연습 문제를 풀어보면 금방 이해할 수 있을 것이다.

연습 문제 (1)

철수는 (A) 실험 데이터 분석과, (B) 단백질 분석 프로그램 코딩 및 실행을 모두 해야 한다.
(A)는 하루 정도 시간을 투입하면 즉시 결과가 나오는 일
(B)는 5시간 프로그래밍을 하고, 컴퓨터를 2일 정도 돌려야 결과가 나온다.

일 순서를 어떻게 하는 것이 효율적일까?

만약에 A-B의 순서로 하게 되면, 하루+5시간+2일이 된다. 하지만 B-A의 순서로 하게 되면 5시간+2일이 된다. 왜냐하면 컴퓨터를 2일 돌리고 있는 동안에 하루를 투입해서 실험 데이터 분석을 하면 되기 때문이다. 다소 간단한 예시이긴 하지만, 단순히 일의 순서를 바꾸었을 뿐인데 시간을 절약할 수 있다는 것을 알 수 있을 것이다.

조금 더 복잡한 문제를 보자. 이제는 다른 동료의 힘을 빌리는 것까지도 고려해야 한다.

연습 문제 (2)

윤섭이는 학회 발표 준비도 해야 하고, 논문에 들어갈 그림도 그려야 한다.

(A) 발표 준비는 직접 해야 하는데, 이틀이 걸린다.
(B) 그림을 그리는 데는 영은이의 도움을 받아야 한다.
　- 일단 그림에 대한 내 생각을 정리하는 데 반나절
　- 영은이가 그림을 그리는 데는 (모르긴 몰라도) 적어도 일주일 정도 걸릴 것 같다.

일을 효율적으로 하는 순서는?

A-B의 순서로 하게 되면 2일+반나절+7일이 걸린다. 반면에 B-A로 하게 되면 내가 먼저 생각을 정리하고 영은이에게 위임한 이후, 영은이는 열심히 그림을 그리는 동시에 나는 발표 준비를 진행할 수 있으니 반나절+7일로 시간을 단축시킬 수 있다.

이렇게 연습 문제 두 개를 풀었지만 현실에서는 각종 변수들이 많아지므로 더욱 복잡해진다. 예를 들어서, 당장 데드라인이 있는 일이 있으면 이를 고려하지 않을 수가 없고, 일을 시작할 때 예상했던 시간보다 더 오랜 시간이 걸리는 경우도 있다. 이렇게 되면 처음에 세웠던 계획과는 또 많은 부분이 틀어지게 된다. 하지만 기본적으로는 앞서 이야기했듯이 일의 속성과 주체를 고려해서 최대한 병렬적으로 일을 진행할 수 있도록 계획을 세워보도록 하자.

내일의 나에게 메시지 보내기

마지막으로 필자가 즐겨 했던 팁 한 가지를 더 이야기하고자 한다. 이는 다른 선배님께 들었던 조언인데, 나도 많은 효과를 보았다.

연구가 한창 잘 진행될 때에는 머릿속에서 계속 아이디어가 생겨나고, 연구를 앞으로 어떻게 진행시킬 것이며, 지금 하는 단계 다음에는 어떤 실험을 하고, 어떤 논문을 참고할 예정이며, 이 데이터를 어떤 그림을 어떻게 그려야 하고…… 등등의 생각이 끊임없이 생겼다가 사라진다.

하루 일과를 열심히 연구하고서 보내고 나면, 내 머릿속에 생각의 흐름은 끊어지지 않고 계속 이어지고 있는데 시간은 이미 늦어서 퇴근을 해야만 하는 경우가 있다(연구가 계획대로 잘 풀리는 경우에 이런 날들이 많아진다). 이런 경우에 "내 머릿속에 아이디어와 계획이 다 들어 있으니, 내일 출근해서 다시 이어서 A, B, C를 하면 되겠지." 하고 그냥 퇴근해버리면 좋지 않다. 간밤에 아이디어를 잊어먹는 경우도 있고, 다음날 아침 출근해서 책상에 앉으면 "음…… 어디 보자…… 어제 내가 어디까지 생각을 했더라…….." 하고 가물가물해지는 경우가 있기 때문이다. 특히 금요일 저녁까지 한창 연구하다가 퇴근한 후, 월요일 아침에 출근한 경우 이런 현상이 더 심해진다.

한창 좋은 아이디어가 생각나고, 연구 진행에 탄력을 받는 시기인데 내 기억력을 과신했다가 흐름이 끊기면 매우 아깝다. 사라져버린 아이디어는 돌아오지 않고, 끊겨버린 연구의 흐름을 다시 이어가려면 불필요한 시간과 노력이 들어간다.

이런 경우를 방지하기 위해서 할 수 있는 일은 간단하다. 퇴근하기 전에 포스트잇으로 내 연구 노트 앞면에 '오늘은 여기까지 생각했고, 내일은 A, B 실험을 하고, C 분석을 하면 된다.' 정도만 간단하게 정리해서 붙여놓으면 된다. 그러면 다음 날 출근해서도 내 생각을 어디서부터 이어가야 할지 어렵지 않게 떠올릴 수 있다.

오늘의 내가 내일의 나에게 보내는 메시지 정도라고나 할까. 간단하지만 매우 효과적이다. 그 메시지를 포스트잇에 쓰는 데 1분도 안 걸린다. 속는 셈 치고 한 번 해보시라. 꽤 효과가 있을 것이다.

8
생각해라, 생각해라, 생각해라

이번에 다루고자 하는 주제는 아주 중요하다. 대학원 생활에서 '연구'라는 측면 하나만 놓고 본다면 필자의 이번 시리즈를 통틀어서 가장 중요한 메시지가 될 것이다. 더 나아가서는 대학원생뿐만이 아니라, 다른 분야의 지식 근로자knowledge worker라면 누구나 중요하게 여겨야 할 부분이라고 생각한다.

그것은 바로 '생각해야 한다'는 것이다.

아마 대학원에 갓 입학한 분들이라면 이것이 별로 와 닿지 않을 수 있다. 하지만 '생각해야 한다'는 것은 연차가 올라가서 연구 경력이 쌓이고, 사회에 나와서 독립적인 연구자로 성장하면서 더욱 중요성을 깨닫게 될 것이다. 사실 필자는 지금도 이 원칙들을 지키기 위해서 많은 노력을 하고 있지만, 여전히 잘 안 되는 부분이기도 하다. 이번 글은 조금 길지만 찬찬히 읽어보기 바란다.

생각해라, 우리는 생각해야 한다

먼저 독자들에게 한 번 질문을 해보겠다. 어제 어떤 하루를 보냈는지 떠올려보자. 지난 한 주를 통틀어도 상관없다. 그 기간 중에 내가 그 누구의 방해도, 그 무엇의 방해도 받지 않고 온전히 생각에만 집중할 수 있었던 시간이 과연 얼마나 되는가?

다른 사람과 이야기를 하거나, 실험을 하거나, 발표 슬라이드를 만들거나, 논문을 읽거나, 논문을 쓰거나, 운전을 하거나, 회의에 참석하거나 하는 일을 하지 않으면서, 세상의 모든 것들과 단절된 채 온전히 나 자신의 내부로 들어가서 생각에만 집중할 수 있었던 시간 말이다. 아마 거의 없었을 것이다.

연구라는 것은 결국 문제를 해결하는 것이다. 문제를 해결하려면, 무엇보다도 무슨 문제를 풀 것인지를 정의해야 하며, 어떤 방향으로 접근할 것인지, 그러한 방향으로 접근하기 위해서는 어떠한 가설, 논리와 근거가 필요할 것인지를 생각해야 한다. 그리고 그러한 문제를 풀어가는 과정에서도 제대로 된 방향으로 가고 있는지를 항상 살펴보는 것이 필요하다. 결국은 모두 '생각'이 필요한 것이다.

하지만 우리는 충분히 생각하지 못하고 있다. "그럼 우리가 아무런 생각도 안 하고 산다는 말인가요?" 하고 반문할 수도 있다. 머릿속이 백지장인 채로 살아가는 사람은 없다. 하지만 필자가 말하고 싶은 것은 이것저것 되는 대로 떠오르는 잡생각을 하는 것이 아니라, 완전히 연구에 집중해서 '몰두'하는 생각이다. 내가 지금 진행하고 있는 연구의 과거, 현재, 미래를 보고 나무와 숲을 모두 보는 생각을 말한다. 실험을 하거나, 논문을 쓰거나, 논문을 읽거나 하지 않으면서 오로지 생각만을 하는 시간이다.

흔히 하는 착각은 아래의 세 가지 시간이 모두 동일하다고 간주하는 것이다.

- 연구실에 앉아 있는 시간
- 연구를 하는 시간
- 생각을 하는 시간

연구실에 앉아 있다고 연구를 하는 것은 아니다. 연구는 또한 연구실에서만 하는 것도 아니다. 연구실에 앉아 있다고, 연구를 진행한다고 해서 꼭 반드시 생각을 하는 것도 아니다. 세 가지는 동일할 수도 있지만, 현실적으로는 많은 경우 서로 일치하지 않는다. 그렇기 때문에 강조하고 싶은 것은 반드시 의식적으로 '생각하는 시간'을 마련해야 한다는 것이다.

생각한다는 것은 무엇인가

우리는 대학원에 있으면서 너무도 많은 것에 쫓긴다. 연구 내적으로나, 연구 외적으로나. 어찌 보면 느긋하게 앉아서 생각이나 하고 있을 시간 따위는 없다고 느낄지도 모르겠다. 그도 그럴 것이, 우리는 랩 미팅, 팀 미팅, 저널 클럽 등 수많은 미팅에 참석해야 하고, 다음 주면 교수님께 당장 보여드려야 할 데이터와 발표 슬라이드를 만들고, 과제 보고서를 써야 한다. 교수님께 내가 연구실에 그냥 앉아서 시간만 보내면서 놀고 있지 않다는 것을 보여드려야 하니까. 일단 뭐라도 보여드려야 하니까.

이렇게 하다 보면 한 달이 금방 가고, 1년이 정말로 금방 간다. 그렇게 나도 모르는 사이에 시간의 흐름에 휩쓸려 떠내려 간다. 어디로 가는지도 모른 채 말이다. 그러다 정신을 차려보면 내가 원하지 않았던 방향으로 너무도 멀리 떠내려왔다는 것을 깨닫게 될지도 모른다. 그때가 되면 이미 늦다.

스스로를 한 번 되돌아보자.

지금 이렇게 되는 대로 떠밀려 다니면서 대학원 생활을 하고 있지 않은가?

그렇기 때문에 연구를 진행하면서 내가 그 흐름 속에서 한 발짝 물러서서 여유를 가지고, 더 높은 곳에서 내려다보면서 생각하는 것이 매우 중요하다. 지금 당장 하나의 데이터를 더 뽑아내고, 발표 슬라이드 한 장을 더 만드는 것도 중요하지만, 내가 정작 중요한 연구의 흐름과 의의, 큰 그림을 놓치고 있어서는 지금 당장 하는 일은 아무런 의미가 없을 수 있다. 연구의 흐름과 의의, 큰 그림이라고 한다면, 예를 들어서 아래와 같은 것들을 의미한다.

- 현재 진행되는 프로젝트의 흐름, 상태, 방향에 대한 고민
- 해결하려고 하는 문제가 왜 중요한가

- 어떻게 해결할 것이며, 그 논리는 타당한가
- 데이터를 분석하기 위한 가설과 분석 방법
- 데이터와 분석 결과가 어떠한 의의를 가지는가
- 그 결과를 어떤 방식(그래프, 표)으로 보여줄 것인가

연구를 진행한다는 것은 대개 공통적으로 다음과 같은 과정을 거친다. 내가 풀고자 하는 문제를 선정하고, 가설을 세운다. 이 가설을 검증하기 위한 논리를 만들고, 논리를 위한 데이터와 근거를 만들어낸다. 이 데이터를 분석하여 가설을 검증하고, 이를 토대로 새로운 결론이나 발견을 하고, 혹은 새로운 가설을 세운다. 이 전체 과정에서 새로운 인사이트를 이끌어낸다.

이 모든 것이 우리의 깊은 사고와 통찰이 필요한 과정이다. 예를 들어서, 내 가설을 검증하기 위해서 어떠한 논리와 방향으로 이 데이터를 분석해야 가장 효과적일까. 내가 얻은 이 데이터가 의미하는 것이 무엇인가? 표면적으로 쉽게 드러나는 것 이외에 내가 무엇인가 놓치고 있는 매우 중요한 그 어떤 것이 있지 않은가? 이 데이터에서 얻은 결론을 바탕으로 그다음에 내가 해야 할 것은 무엇인가.

더 세부적으로는 매우 재미있는 데이터를 얻었는데, 이를 어떻게 하면 더 효과적으로 전달할 수 있을까? 그림을 그린다면, 혹은 표를 그린다면 어떠한 방식으로 표현해야 할까. 실제로 동일한 데이터와 결론을 얻었다고 할지라도 이를 어떻게 의미를 부여하고, 어떻게 표현할지에는 매우 큰 자유도가 존재한다. 좀 과장하자면 이 부분을 잘하는지

못하는지에 따라 논문이 어느 저널에 실릴지가 바뀌기도 한다.

사람은 동일한 데이터를 보고서도 다른 생각을 할 수 있다. '대가'가 따로 있는 것이 아니다. 동일한 데이터와 현상을 보면서도 그 이면에 숨겨진 의미를 파악하고 의미를 부여할 수 있으면 좋은 과학을 할 수 있다. 좋은 데이터를 얻고서도 충분한 의미부여와 (좋은 의미로) 포장을 제대로 하지 못해서 그 연구 결과가 주목받지 못한다면 인류 전체의 입장에서도 애석한 일이 아닐 수 없다.

이처럼 생각하는 것은 매우 중요하다. 하지만 이렇게 생각에 온전히 집중했을 때가 언제이던가?

생각을 넘어, 몰입하라

생각한다는 것을 넘어서 몰입을 할 수 있으면 좋다. 몰입이라는 것은 말로 표현하기가 매우 어려운 상태이다. 하지만 이를 경험해본 사람들은 몰입이 어떤 것인지 경험적으로 알고 있을 것이다. 말 그대로 어떤 주제에 완전히 빨려 들어가서 주위의 환경, 시간의 흐름, 어떤 경우에는 나 자신도 완전히 잊어버린 채 몰두하는 것을 의미한다.

이 상태가 되면 묘한 희열과 흥분, 그리고 엄청난 효율과 집중력을 발휘하게 된다. 완전히 몰두해서 정신없이 일하다가 어느 순간 시계를 보면 마치 내가 타임머신을 타고 타임슬립을 한 것처럼 오랜 시간이 나도 모르는 사이에 지나버린 경험은 누구나 있을 것이다.

우리는 단순히 생각하는 것에 그치지 않고, 더 나아가 몰입을 해야 한다. 하지만 의식적으로 내가 몰입 상태에 들어간다는 것은 쉽지 않다. 사실 일과 연구가 잘될 때에는 자신도 신나서 몰입이 저절로 되기도 한다. 아침에 일어나면 어서 빨리 연구실에 가고 싶고, 잠을 자면서도 연구 생각을 한다. 꿈도 연구하는 꿈을 꾼다. 오히려 연구에 대한 생각을 멈추기 위해서 노력을 해야 할 정도다.

일이 잘되기 때문에 몰입이 되는 것인지, 혹은 몰입이 되기 때문에 일이 잘되는 것인지는 잘 모르겠다. 다만 내가 아는 것은 그 둘 사이에 상관 관계가 있고, 상승 효과가 있다는 것이다.

몰입에 관련해서는 서울대 황농문 교수님의 『몰입: Think Hard』 등의 저서를 읽어보라. 이 책에서 나오는 모든 방법론에 동의하거나 따라할지의 여부는 독자들 개개인의 몫이다. 하지만 몰입에 대해서 황농문 교수님 개인의 경험에 비추어 상당히 진지하게 접근하고 있으며, 참고할 부분도 많다. 또한 몰입flow이라는 개념을 본격적으로 처음 제시한, 미하이 칙센트미하이 교수의 저서들도 읽어보면 좋다.

몰입할 수 있는 환경을 찾아라

하지만 현실적으로 몰입을 한다는 것은 쉽지 않다. 몰입은커녕 내가 다른 사람의 방해를 받지 않고 조용하게 혼자 있을 시간도 없는 것이 우리의 삶이다. 그렇다면 해결책은 결국 단 한 가지. 생각에 몰입할 수 있는 환경과 조건을 내가 의식적으로 만들어내는 수밖에 없다.

몰입이 잘되는 환경은 사람마다 다를 것이다. 이는 스스로 찾아내야 한다. 누구든 과거에 스스로도 놀랄 만한 아이디어가 떠올랐거나, 연구에 대해서 중요한 통찰력을 얻었거나, 깊은 생각에 잠겼을 때가 있을 것이다. 그 시간, 그 장소, 그 상황이 무엇인지를 잘 생각해보자. 잘 떠오르지 않는다면 지금부터라도 자신이 어떤 상황에서 그러한 상태로 들어가는지를 스스로 파악해보자.

필자 개인적으로는 아래와 같은 상황에서 생각에 잠기고 몰입이 되고, 많은 아이디어가 떠올랐다. 이유는 모른다. 뭔가 뇌와 관련된 심오한 과학적인 원리가 있을지도 모르겠지만, 우리에게 중요한 것은 원리보다 '생각에 잠기게 된다'는 결과이다.

- **아침에 샤워할 때:** 샤워를 하는 도중에 많은 생각을 하게 되고, 좋은 아이디어도 떠오른다. 개인적으로는 불을 끄고 샤워하는 경우에 더욱 효과가 좋았다. 아마도 오감 중에 시각이라는 한 가지를 차단해버리기 때문이 아닐까 싶다. 대학원 시절 기숙사에 살면서 공용 사워실을 쓸 때에는 불을 끄기 어려운 경우가 많았다. 필자가 따로 집을 얻었을 때 좋았던 부분이 이 점이었다. 오늘 아침에도 필자는 불을 끄고 샤워했다.
- **걷거나 산책할 때:** 아침에 연구실로 출근하면서 걸어가는 조용한 길이 생각하기에도 좋았다. 뭔가 생각이 계속 떠오르면, 그 생각을 이어가기 위해서 일부러 먼 길로 돌아갈 때도 있었다. 요즘에도 생각이 막히면, 필자는 무작정 걸을 때가 있다. 나의 경우에 생각을 위해서 걸을 때의 속도는 매우 느리고, 겉으로 보기에도

좀 이상할 수 있다. 내가 기업 연구소에 근무하던 시절, 생각하기 위해서 연구소 뒤쪽 길을 천천히 걷고 있는데 이를 본 다른 직원이, "팀장님, 몸이 어디 안 좋으세요?"라고 물었던 적도 있다.

- **화장실에 있을 때:** 아무도 방해하지 않는다(하지만 오래 앉아 있으면 치x의 원인이 된다).
- **버스나 지하철 안에서:** 필자는 대학원 시절 여자 친구를 만나기 위해 매주 포항에서 부산까지 버스를 탔다. 2시간 정도 걸리는 그 시간이 연구라는 측면에서도 매우 매우 중요했다. 스마트폰, 랩탑도 없던 시기여서 그 버스에 있는 동안은 완전히 제한된 공간 속에서 내 생각에만 집중할 수 있었기 때문이다. 옆자리에서 크게 노래를 듣는 사람이나, 버스에서 텔레비전을 틀어주는 상황에 대비하기 위해, 항상 3M 귀마개를 구비하고 다녔다. 귀마개는 지금도 내 가방 속에 항상 준비되어 있다.
- **지하철 역에 서 있을 때:** 생각하기에 특히 좋은 시간이다. 이때 좋은 논문 그림에 대한 아이디어를 많이 얻었다. 아래는 내가 부산의 지하철 역 플랫폼에 서 있다가 떠올린 논문 그림으로, 실제로 출판한 논문에 포함되었다.

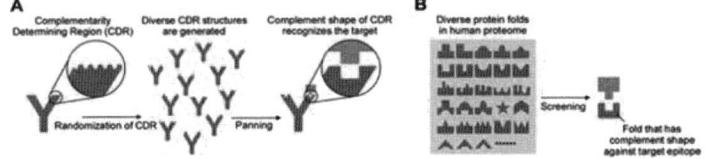

- **다른 사람의 세미나가 재미없을 때:** 이유는 모르겠지만, 다른 사람의 세미나를 들을 때가, 내 연구에 대한 생각을 하기에 매우 효과적이다. 세미나를 들을 때는 연자에게 집중해야겠지만, 내용이 너무 재미가 없거나, 나의 의사와는 달리 대학원생으로서 어쩔 수 없이 관객 알바로 동원되는 경우도 있다. 그럴 때에는 그 시간을 낭비하지 말고 내 연구에 대한 생각에 집중해보자. 무엇인가 연구에 대한 내용을 들으면서 한 귀로 흘리더라도, 내 연구 생각을 하면 어떤 식으로든 좋은 아이디어가 떠오르게 되는 경우가 많았다.
- **누워서 잠들기 직전:** 꿈을 꾸면서 무의식을 활용해서라도 생각을 유도해볼 수 있다(이 부분은 곧바로 다음 소챕터 '무의식을 활용해라'에서 더 자세히 설명한다).

그리고 또 한 가지. 몰입을 할 수 있는 환경이 있다면, 반대로 몰입에 방해가 되는 환경도 있다. 몰입은커녕 생각을 하기 어려운 환경은 내가 대학원 생활을 할 때나, 지금이나 별로 변함이 없는 것 같다. 아래의 두 가지가 대표적이다.

- 컴퓨터 앞에 앉아 있을 때
- 스마트폰을 보고 있을 때

특히 나는 생각이 잘 진행되지 않을 때면, 컴퓨터 앞에 앉아 있는 것을 의도적으로 벗어나려고 했다. 심리적인 탓인지는 모르겠지만 모니터를 꺼놓아도 이상하게 컴퓨터 앞에 있으면 생각이 자유롭지 않았다. 그럴 때는 잠깐 산책을 다녀오거나, 연구소 앞 벤치에서 자판기 커피라도 한 잔 마시면서 생각을 하고자 했다. 스마트폰이야 더 말할 것도 없다. 몰입하고 있을 때 울리는 전화벨이나 카톡 알림은 산통을 깬다. 그래서 나는 지금도 일할 때면 스마트폰을 꺼두는 때가 많다.

무의식을 활용해라

한 가지 추가로 강조하고 싶은 것은 꿈속에서 나의 무의식까지도 활용해볼 수 있지 않을까 하는 것이다. 독자들은 "하다 하다 이제는 무의식이냐?" 하고 질려 하거나 비웃을지도 모르겠다. 하지만 나는 대학원 시절에 그만큼 절박하고 진지했다. 내가 가진 의식, 무의식을 모두 활용하고 내가 가진 잠재력의 120%를 사용하고 싶었다.

나는 일과를 마치고 기숙사로 돌아와 누워서 잠들기 전에 데이터에 대한 분석법, 논리 전개, 논문 그림 디자인 등에 대해서 골똘히 생각하곤 했다. 그렇게 하다 보면 실제로 꿈에 문제가 나와서 무엇인가 명확해지기도 한다.

사실 과학의 역사를 돌아보면, 과학자들이 꿈에서 자신이 고민하던 문제의 답을 발견했던 사례는 꽤나 많다. 케큘레가 벤젠 C_6H_6의 구조식을 발견한 것이 대표적인 사례다. 케큘레는 탄소 6개와 수소 6개로 이루어진 벤젠의 구조식을 아무리 해도 만들 수가 없었다. 그러다가

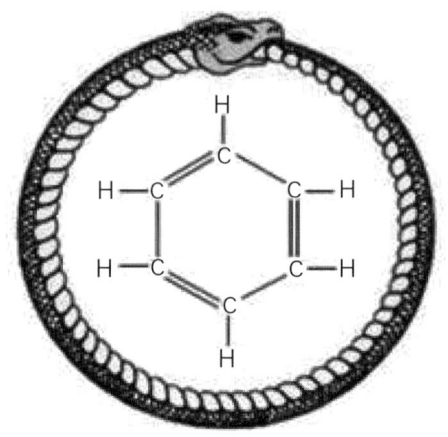

결국 꿈에 자신의 꼬리를 문 뱀이 빙글빙글 도는 것을 보고서 육각형 링ring으로 이루어진 벤젠의 구조식을 발견한 것이다.

신기하게도 내가 대학생 시절에 수업을 듣다가도 교수님들께 비슷한 이야기를 들은 적이 더러 있다. 학부 1학년 시절 프로그래밍 입문 수업을 들을 때 포항공대 컴퓨터공학과 김종 교수님은 "코딩하다가 디버깅(프로그램 오류 해결)이 잘 안 되면 밤새서 하지 말고, 그냥 잠을 자라. 자고 일어나서 코드를 다시 보면 해결될 것이다"고 언급하셨다. 코딩을 해본 사람이라면 아마 경험적으로 이해가 되는 말일 것이다.

디지털 개론 수업을 하셨던 서영주 교수님의 이야기는 더욱 극적이다. 교수님 본인이 대학원 말년 차에 박사 디펜스를 불과 며칠 앞두고 있던 때였다. 중요한 프로젝트를 마무리해야만 디펜스를 진행할 수 있는데, 이 프로그램이 아무리 해도 디버깅이 잘되지 않았다. 며칠 안으로 끝내지 못하면 다음 학기로 디펜스를 미뤄야 할 판이었다. 며칠 밤을 새워도 버그가 잡히지 않아서, '에라 모르겠다. 그냥 다음 학기에 졸업하자.'고 포기하고 잠을 청하셨다고 한다.

그렇게 잠을 잤더니 꿈속에서 자기도 모르게 디버깅을 계속하게 되었다. 그러다 어떤 부분을 고쳤더니 프로그램이 오류 없이 잘 돌아갔다. 그 순간 벌떡 잠에서 깨어나 실제로 그 부분을 고쳤더니, 마침내 프로그램이 잘 돌아가더라는 것이다.

필자도 연구를 하면서 꿈의 도움을 받은 경우가 몇 번 있었다. 꿈을 꾸는 도중에 아이디어가 떠오른 경우도 있다. 혹은 잠을 자다가 뒤척이며 잠깐씩 깨는 그 몇 초의 순간에 내가 요즘 고민하는 문제의 답이나 논리의 오류, 예전에 떠올랐다가 잊어버리고 있던 좋은 아이디어가 다시 떠오르기도 했다. 필자가 출판한 논문 중에 그림 몇 개는 그렇게 자다가 한밤중에 잠에서 잠깐 깨어난 순간 떠오른 아이디어로 만들게 되었다. 그 원리는 잘 모르겠다. 어쩌면 그 짧은 순간에도 내가 가진 화두가 떠오를 만큼 간절해야 하는 것일지도 모르겠다.

자신의 사고 패턴을 파악해라

다음으로 강조하고 싶은 것은 나 자신의 사고 패턴을 파악해보라는 것이다. 많은 과정에는 일정하게 반복되는 패턴이 있듯이, 내가 새로운 아이디어를 얻고 좋은 인사이트를 얻게 되는 과정에도 패턴이 있을 수 있다. 계속해서 아이디어를 짜내고, 몰입에 몰입을 거듭하다 보면 내가 어떤 사고 과정의 결과로 그러한 생각이 나오는지를 파악할 수 있을 것이다.

　이때 중요한 것은 좋은 아이디어를 떠올리게 되는 나와 그러한 과정을 바라보는 나 자신을 분리해볼 필요가 있다는 것이다. 내 아이디어는 어떠한 사고의 과정 끝에 나오게 되는가? 내 자유로운 사고와 아이디어의 생성을 막는 것은 무엇인가? 나는 어떻게 그것을 해결하였는가? 이러한 질문을 스스로에게 던져보자. 특히 좋은 아이디어가 떠올랐을 때 말이다.

　예를 들어, 필자의 경우에는 이러한 경우가 있다. 대학원에 가면 보통 저널 클럽이라는 것을 하게 된다. 일주일에 한 번 정도, 서로 돌아가면서 중요한 논문을 선정하고 이 논문의 내용과 결론, 연구에 사용된 방법, 좋은 점과 부족한 점 등을 토론하는 것이다.

　이런 미팅에서는 그 주에 선정한 논문에 대해서 '아…… 이런 데이터라면 이런 결론을 내면 대박인데, 왜 저자는 이걸 놓쳤을까?' 혹은 '이런 가설이라면 오히려 이런 데이터가 필요했을 텐데, 아쉽게도 이 논문에는 그게 없네.' 하는 식으로 비판적 사고를 가지고 토론하게 된다.

　그런데 이런 사고를 거듭하다 보면, 나도 모르게 (남의 논문이 아니라) 내가 진행하고 있는 연구에 대해서도 무의식 중에, '아…… 이런 데이터가 있으면 진짜 대박인데, 아쉽게도 그게 없네.' 하는 생각이 저절로 스쳐 지나간다. 내 연구인데도 마치 다른 사람의 연구를 대하는 것처럼 제3의 입장에서 바라보게 되는 것이다.

　이 생각이 스쳐 지나가는 그 찰나를 놓치지 않는 것이 중요하다. 왜

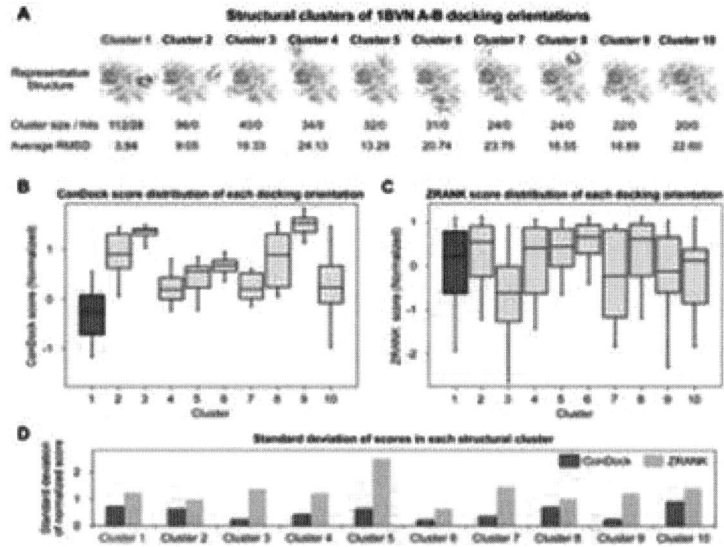

냐하면 나도 모르게 무의식 중에 드는 생각이기 때문에 내가 그런 생각을 했다는 것 자체를 놓칠 수도 있기 때문이다. 이 순간의 생각을 잘 포착해서, 바로 그 데이터를 만들면 된다. 앞의 그림은 그런 과정을 통해서 아이디어를 얻고, 그림까지 만들어뒀던 것이다(우여곡절 끝에 필자가 산업계로 넘어오게 되면서 결국 이 주제를 마무리하지는 못했다).

어떻게 시작할까

지금까지 연구에 있어서 생각하고, 몰입하고, 때로는 무의식까지 활용하는 방법에 대해서 강조했다. 다소 추상적이고, '정말 그렇게까지 해야 하나?' 싶은 부분도 있을 것이다. 구체적인 방법론에 대해서는 스스로 고민해본다고 할지라도, 어떤 문제를 풀고 연구를 진행하기 위해서, 오로지 생각에 집중할 수 있는 시간과 환경을 가지는 것이 매우 중요하다는 것 정도는 알아두자.

이 모든 것을 오늘부터 한 번에 시작하기는 어려울 것이다. 조금씩 실천해보자. 가장 좋은 출발점은 하루의 일과를 생각으로 시작하는 것이다. 최소한 아침에 일어난 순간부터 샤워하고, 출근을 준비하고, 출근하는 동안만 계속 생각에 집중해보자.

여기서 중요한 것은 아침에 출근해서 자리에 앉는 순간, 내가 진행하는 연구의 전체 흐름에서 내가 어디에 있는지, 어느 방향으로 가고 있는지, 그래서 그 맥락 속에 오늘 내가 할 일은 무엇인지가 이미 결정되어 있어야 한다는 것이다. 절대로 아무 생각 없이 관성으로 출근해서, 연구실 책상에 앉은 후에 '자, 이제부터 뭐 할지를 생각해볼까?' 해서는 안 된다.

그러다 보면 페이스북 좀 하고, 인터넷 기사 좀 찾아보고, 커피 한 잔 마시고, 하다 보면 점심시간 금방 오고, 하루가 또 금방 간다. 큰 변화라는 것은 멀리 있지 않다. 오늘 내가 생각을 할 수 있는 여건과 환경을 가능한 만들어보고, 그런 과정 속에서 내가 어떻게 변화하는지를 살펴보도록 하자. 분명히 적지 않은 효과가 있을 것이다.

9
절대로 혼자 일하지 마라

 이번에는 대학원생이 연구를 진행하면서 가져야 할 자세와 몇 가지 팁에 대해서 이야기해보고자 한다. 특히 다른 사람들과 어떻게 함께 일할 것인가, 즉 협업collaboration과 공동연구에 관한 내용이다.

 사람은 결코 혼자서 일할 수 없다. 이는 일반 직장에서도 마찬가지이지만, 연구의 경우에도 그러하다. 가깝게는 연구실 내에서 선후배 및 동료 연구자와 팀을 이루거나, 지도 교수-지도 학생 혹은 사수-부사수 관계를 맺고 일을 하게 된다. 더 나아가서 연구실 간에 협업을 하거나, 다른 학교 사이, 혹은 학교와 기업 간 공동연구를 하기도 한다.

 특히 요즘 같이 연구 분야별 경계와 장벽이 허물어지는 시대에는 말할 것도 없다. 좋은 저널에 나오는 논문을 몇 개만 유심히 보면 알겠지만, 논문의 저자가 한 명, 혹은 (교신저자까지 포함하여) 두 명인 경우는 근래에 거의 찾아보기 힘들다. 저자의 수가 10명을 넘어가는 경우도 많고, 저자들의 소속을 찾아보면 전혀 다른 분야의 연구자들이 공동으로 하나의 논문을 쓰는 경우도 많다.

즉 좋은 연구는 많은 경우 여러 연구자들의 협업을 통해서 완성된다. 한 명의 연구자가 모든 것에 전문성을 가지기 어렵고, 학제 간 연구가 향후 더욱 활발해질 것을 감안한다면, 우리가 좋은 연구자가 되기 위해서는 반드시 좋은 공동연구자가 될 수 있어야 한다.

하지만 이는 결코 쉬운 일이 아니다. 좋은 공동연구자가 되기 위해서는 우선 자신 스스로가 전문가가 되어야 할 뿐만 아니라, 여러모로 사려 깊은 프로페셔널이 되어야 하기 때문이다. 이러한 부분들에 대해서 차근차근 살펴보도록 하겠다.

자신만의 특기를 개발하라

우선 좋은 공동연구자가 되기 위해서 가장 먼저 필요한 것은 바로 나 스스로가 전문가가 되는 것이다. 왜냐하면 공동연구라는 것은 서로가 상대방이 가지지 않은 전문성이 있어야만 성립하는 것이기 때문이다. 나 혼자 하는 것보다 상대방과 함께하는 것에서 무엇인가 나은 부분이 있어야 한다. 즉 내가 전문성이나 특기를 가지고 연구팀에 기여할 수 있어야만 공동연구라는 것 자체가 성립한다.

대학원생 입장에서 전문성이나 특기는 어느 정도가 되어야 할까? 우리가 목표로 하는 것은 최소한 "이 주제, 이 기술만큼은 내가 국내에서는 최고다." 정도는 되어야 한다. 국내 정상급 실력자가 되는 것은 물론 쉬운 일은 아니다. 하지만 (아주 인기 있는 분야를 제외한다면) 구체적인 세부적인 주제에 대해서 연구한다면, 좁은 국내 바닥을 통틀어도 연구팀이나 연구자의 총 수는 한 손에 꼽을 정도인 경우가 많다. 그중에서는 당연히 수위에 있어야 한다.

또한 굳이 '세계 최고'를 기준으로 하지 않은 점은 너무 어렵거나 또 막연한 목표이기 때문이다. 반면 국내에서 내가 어느 수준인지는 1년에도 여러 번 열리는 학회나 포스터 발표 정도만 보더라도 감이 오는 경우가 많다. 비교 대상을 보고서 직접적으로 비교할 수 있는 기회도 많다.

그렇다면 무엇을 특기로 해야 할 것인가? 연구실과 연구주제를 정할 때에도 필자가 강조했던 것이지만, 무조건 자신이 재미있고, 하고 싶고, 열정이 있고, 평생 공부해도 질리지 않을 것 같은 주제를 골라야 한다. 그것이 특정 기술이든, 특정 주제이든 장기적으로 본인만의 키워드를 잡고 공부해나가야 한다.

대학원생이 해당 주제에 대해서 처음부터 본인의 논문을 평평 써낼 수는 없겠지만, 적어도 그 분야가 어떻게 돌아가는지, 최신 논문이 어떻게 나왔으며, 세계적으로 유명한 연구 팀은 누가 있고, (논문으로 아직 출판되지는 않았지만) 앞으로 이 분야의 연구가 발전되어갈 방향이 어디인지는 맥을 잡고 있어야 한다. 이러한 맥락에서 본인의 실력도 발전시켜나가야 하고, 그 연장선상에서 비로소 자신의 논문도 쓸 수 있다.

얼마나 재미있어야 하는가

자신이 '재미있는' 연구주제를 골라야 한다고 했는데, 그렇다면 '얼마나' 재미있어야 할까? 가장 이상적인 것은 아침에 눈을 떴을 때, 연구실에 빨리 출근하고 싶어서 견딜 수 없는 정도여야 한다. 어제 못 다 읽은 논문이 너무 재미있고, 후속 연구에서 어떤 식으로 해당 주제가 발전되어 갈지 너무도 궁금한 것이다. 내가 어제까지 실험하던 결과가 오늘 어떻게 나올지, 내가 세운 가설을 빨리 검증해보고 싶고, 내가 이 분야에 의미 있게 기여하는 것이 전 세계 연구자 커뮤니티에 속한 일원으로 자랑스러울 수 있는 주제를 골라야 한다는 것이다.

'연구실에 빨리 출근하고 싶어서 견딜 수 없는 정도'라니, 무슨 변태 같은 소리냐고 할 수도 있겠다. 하지만 나는 연구자 생활을 하면서 신기하게도 주변의 존경을 받고, 좋은 연구 업적을 남긴 사람들에게서 이와 관련된 공통적인 이야기를 들었다. 모교인 포항공대 교수님이나, 잠깐 연구했던 스탠퍼드 대학교의 교수님들, 그리고 노벨상 수상자에게서도.

나는 2003년 노벨화학상 수상자인 로드릭 맥키넌 교수님께서 명예박사학위를 받으러 포항공대를 방문하셨을 때 함께 맥주를 마시면서 이야기를 나눈 적이 있다. 명예박사학위 수여식이 끝나고 친구들 몇 명과 "박사님, 포항공대 내에 통나무집이라는 맥주펍이 있는데, 저녁에 시간 되시면 저희 학생 몇 명과 함께 맥주 한 잔 하시지 않으시겠어요?" 하고 당돌하게 말씀드렸더니 의외로(?) 흔쾌히 허락하셨다.

통나무집에서 맥주를 마시면서 나는 맥키넌 박사님께 연구에 대한 여러 가지를 여쭤보았다. 특히 그중에 지금도 기억에 남는 것은 "위대한 과학great science을 하려면 어떻게 해야 하나요?"라는 질문이었다. 박사님은 나의 우문에 현답을 주셨다. "위대한 문제great problem를 찾아야 한다"는 것이었다. 본인은 자신의 흥미를 찾아서 그 위대한 문제를 찾으셨다고. 내가 "박사님은 지금도 연구가 즐거우세요?"라고 물었더니 반짝거리는 눈빛으로 이렇게 말씀하셨다. "지금도 매일 아침 연구실에 가고 싶어서 견딜 수가 없다."

우리도 그런 문제를 찾아보자. 우리라고 못할 것은 없지 않은가.

남들과 차별화하라

한 가지 덧붙이자면, 가능하면 다른 사람들에 비해서 유니크한 특기를 가지면 좋다. 앞서 '국내에서는 최고'라는 기준을 제시했고, 세부적인 주제에 대해서라면 국내에서 연구 팀이 사실 몇 개 없는 경우가 많다고 언급했다. 그런데 만약에 해당 주제를 연구하는 사람이 국내에서 본인밖에 없다면, 당연히 내가 국내에서는 최고가 될 수 있다.

사실 이는 연구뿐만이 아니라, 일반적인 직장인이나 기업 수준에서도 통하는 조언이다. 경영에서는 가장 중요한 부분 중의 하나가, 어떻게 하면 자신을 경쟁자와 차별화differentiation할 수 있을지가 핵심이다. 오직 나만이 할 수 있는 일, 나만이 할 수 있는 기술이나 역할은 무엇이 있을까? 내가 현재 보유하고 있는 역량, 혹은 계발하고 배우고 있는 역량 중에 그런 것이 있는가? 우리는 이런 질문을 항상 던져야 한다.

유니크한 특기를 가진 사람은 조직에서 대체 불가능irreplaceable하다. 그 특기가 조직에서 유용하고 필수적인 요소라는 전제하에서 말이다. 유용하고 필수적인 역량을 가진 사람이라고 할지라도, 그것이 유니크하지 않으면 다른 사람에 의해서 대체 가능하다. 만약 그렇다면 그 사람은 그저 부속품에 지나지 않는다. 슬프게도 많은 경우에 전문가들조차도 대체 가능한 것이 현실이다. 이는 다른 전문가들과 차별화되지 못했기 때문이다.

차별화된 전문성은 공동연구에 있어서도 매우 중요하다. 연구실 내에서, 혹은 연구실 간에 차별화된 특기를 저마다 가지고 있는 구성원들로 이루어져 있다면, 자연스럽게 공동연구를 진행할 수 있기 때문이다. 내가 진행하는 연구에서 상대방의 특기인 부분이 있다면 그에게 맡기고, 그가 진행하는 연구에서 내가 더 잘할 수 있는 요소가 있다면 그 부분은 내가 해결해준다. 그리고 그 과실은 서로가 공유한다. 자신만의 특기가 있다면 이러한 관계가 성립하기가 쉽다(만약 나와 상대방이 모두 할 수 있는 부분이라면? 같은 값이라면 후배에게 기여할 수 있는 기회를 주자. 이것은 다음 장 글의 주제이다).

내 지도 교수님 중에 한 분은 항상 "두 사람이 따로 논문을 한 편씩 쓰지 말고, 두 명이서 함께 논문을 세 편 써라"고 강조하셨다. 이것이 바로 시너지 효과이며, 우리가 팀을 이뤄서 연구하는 이유라고도 할 수 있다. 하지만 이러한 시너지 효과는 각자가 서로 차별화된 특기를 가지고 있을 때에 일어날 수 있다.

프로페셔널의 제1원칙: 기브 앤 테이크

자신만의 특기를 바탕으로 공동연구를 시작하게 되었다고 해보자. 그렇다면 공동연구를 이제 어떻게 진행해야 할까. 필자는 공동연구에 있어서 한 가지 원칙을 강조하고 싶다. 바로 "상대에게 어떻게 내가 도움이 될 수 있을지를 먼저 고민해라"는 것이다. 그러면 결국 그것이 나에게도 도움이 될 것이다. 이러한 이타적인 자세가, 결국 나 자신에게도 더 큰 혜택으로 되돌아올 것이다.

필자가 생각하는 프로페셔널의 제1원칙은 바로 '기브 앤 테이크'이다. 말 뜻을 그대로 풀이하면 주고give, 받는다take는 것이다. 그러나 이 원칙에 대해서 "내가 도움을 줬으니, 이제는 당연히 나도 네 도움을 받아야 해." "지난번에 네가 나한테 빚졌으니, 이번에는 당당히 네 도움을 요구할 권리가 있어." 정도로 이해해서는 곤란하다. 프로페셔널들 사이에서 기여는 돈을 빌리고 갚는 것과 같은 관계가 아니기 때문이다.

내가 이해하고 있는 '기브 앤 테이크'란 상대방에게 먼저, "혹시 뭐 필요한 것 없니? 내가 기여할 수 있는 부분이 있으면 기꺼이 도와줄게." 하고 '먼저' 다가가는 것을 말한다. 즉 향후에 테이크할 것을 바라지 않고, 우선적으로 먼저 기브하는 것이 프로페셔널의 '기브 앤 테이크'이다. 당장은 나에게 과실로 돌아온다는 보장은 없어도, 장기간에 그 기여의 고리가 돌고 돌아서 결국에는 과실이 나에게도, 그리고 우리 모두에게 돌아온다는 믿음을 가지고서 말이다.

생각해보라. 모두가 이렇게 "뭐, 필요한 것 없니? 내가 도와줄게."라는 자세를 가진 사람들로 이루어진 연구실, 연구팀, 조직을 생각해보라. 그런 이상적인 조직이 과연 있을까 하는 의문이 드는 사람도 있겠지만, 필자는 그런 연구실에서 연구를 했던 행복한 경험이 있다.

사실 아직 철들지 않은, 연구자로서는 미숙한 대학원생들이 이러한 자세를 가지게 하기 위해서는 본인의 노력 못지않게, 지도 교수나 연구 책임자의 역할이 중요하다. 사실 아기가 부모의 모습을 그대로 따라하듯, 대학원생은 교수의 사소한 모습까지도 보고 배운다. 이 글을 읽는 교수라면 이러한 이타적이고, 기브 앤 테이크가 잘 작동하며, 결과적으로 장기적인 시너지가 창출되는 조직을 목표로 해보는 것은 어떨까. 좋은 연구 성과는 자연스럽게 따라올 것이다.

기브 앤 테이크의 관계는 경영학적으로 연구도 많이 되어 있다. 이 부분에 대해서 더 잘 알고 싶은 사람은 애덤 그랜트의 『기브 앤 테이크』라는 책의 일독을 권한다. 다른 사람에게 더 많이 주고 싶어 하는 기버giver가 '주는 만큼 받는' 매처matcher나, '주는 것보다 더 많이 받으려고 하는' 테이커taker보다 왜 더 성공적인지에 대해서 분석한 책이다. 이 책은 『오리지널스』로 일약 세계적 베스트셀러 작가에 오른 애덤 그랜트의 전작이다. 필자는 개인적으로 『오리지널스』보다 이 책이 더 좋았다.

연구자보다, 먼저 인간이 되어라

어른들은 흔히 "일만 잘하면 뭐 하나, 사람이 되어야지."라는 말하시곤 한다. 필자는 이 말씀이 공동연구에 있어서는 핵심을 꿰뚫는다고 생각한다. 조금 더 수정하자면, "좋은 사람이 되어야, 공동연구도 잘할 수 있다." 정도로 이야기하고 싶다.

연구는 결국 사람이 하는 것이다. 공동연구는 사람과 사람이 하는 것이다. 인생을 살다 보면 가장 큰 기쁨도, 가장 큰 아픔도 사람과 사람 사이에서 온다. 개인적으로도 그렇고, 업무적으로도 그렇다. 공동연구를 진행함에 있어서도 실력이나 역량도 중요하지만, 그 사람이 어떤 태도를 가진, 인간적으로 얼마나 성숙한 사람인지가 매우 중요하다. 어쩌면 인성이 실력보다도 더 중요할 수도 있다.

생각해보라. 다른 사람들이 같이 일해보고 싶은 사람은 자연스럽게 좋은 공동연구자가 생길 수밖에 없다. 실력적인 측면뿐만이 아니라, 같이 일하기에 즐겁고, 유쾌하며, 서로 학문적으로 토론하기에 좋은 상대이며, 프로페셔널하게 일을 처리하는 사람이라면 누군들 함께 일하고 싶지 않겠는가.

반대를 생각해보자. 주위에는 왠지 좀 재수 없고, 이기적으로 자신의 이익을 최우선시하고, 다른 사람의 뒷담화를 즐겨 하는 인간은 실력이 아무리 좋더라도 함께 일하기가 꺼려지게 된다. 나는 특히 뒷담화를 즐겨하는 사람을 좋아하지 않는다. 나는 뒷담화를 하는 것도, 듣는 것도, 그 대상이 되는 것도 싫다. 연구하는 바닥은 매우 좁기 때문에 동료들에 대한 험담은 결국에 그 사람의 귀로 들어가게 마련이다. 그렇지 않더라도 나에게 다른 사람의 뒷담화를 즐겨 하는 사람이라면, 다른 자리에 가서 내 험담을 하지 않으리라는 법도 없다.

안타깝지만 이런 사람과 공동연구를 하고 싶은 사람은 별로 없을 것이다. 다른 사람의 뒷담화를 하는 사람은 스스로 자기 얼굴에 먹칠을 함과 동시에 연구자로서의 커리어도 갉아먹고 있는 것이다. 다른 사람의 품평을 하기 전에 스스로를 먼저 돌아보도록 하자.

결국 평판reputation 관리가 핵심이다. 평판은 연구자로서뿐만이 아니라, 사회 생활을 하면서도 매우, 매우, 매우 중요하다. 사회 생활에서는 이런 평판에 대한 레퍼런스 체크가 매우 빈번하게 일어난다. 만약 나에게 누가 A라는 사람을 소개해줬거나, 나에게 무엇인가 요청하는 콜드콜을 보냈을 때, 나는 이 A라는 사람에 대해서 알 만한 사람에게 레퍼런스 체크를 먼저 한다. 이 사람이 어떤 사람인지, 이상한 사람은 아닌지, 좋은 사람인지를 내가 신뢰하는 분께 여쭤보는 것이다.

만약에 제3자가 나를 아는 사람에게 "이 사람 어떤 사람이야?" 하고 물어보았을 때 나에 대해서 어떤 평이 나올지를 한번 떠올려보라. 이 때 "그 사람 한번 만나볼 가치가 있는 사람이에요." "그 사람 함께 일하기에 좋은 분이에요." 하는 평판이 나오는 것이 매우 중요하다. 좋은 평판은 억지로 만들거나 관리해서 되는 것이 아니라, 자연스럽게 그 사람의 모습에서 배어나오는 것이라고 생각한다. 좋은 평판은 오랜 시간에 걸쳐서 조금씩 쌓여가는 것이며, 이는 매우 쉽지 않은 과정이다. 하지만 반대로 좋은 평판을 잃어버리거나, 나쁜 평판을 만드는 일은 매우 쉽다. 그리고 한 번 쌓인 나쁜 평판을 없애기란 정말 어렵다.

의도와 범위 그리고 보상을 명확히 하라

　연구 초심자로서 공동연구를 시작할 때 조언해주고 싶은 것 중의 하나는 공동연구를 진행하는 의도와 범위 그리고 보상에 대해서 명확히 밝히고 시작하는 것이다. 흔히 한국의 연구실에서는 상하관계가 있고, 교수나 선배들이 소위 '까라면 까야 하는' 문화가 있기도 하다. 하지만 공동연구에 있어서는 누가 누구에게 명령하고, 부려먹는다기보다는 서로 평등한 연구자로서 접근하는 것이 필요하다.

　본인이 그럴 마음이 있다면, 공동연구자에게 자신이 공동연구가 필요한 이유와 이 일을 당신에게 요청하는 이유, 요청하는 일의 범위, 그리고 이를 통한 어떤 보상이 있을 것인지에 대해서도 명확히 하고 진행하는 것이 좋다. 일을 진행할 때 공동연구자가 이에 대해서 명확히 알지 못하고 연구를 시작하게 되면 그냥 '상대가 나를 부려먹는다'는 느낌을 받을 수 있기 때문이다.

　특히 연구실 간의 공동연구에서는 공동연구를 진행하기로 결정하는 사람과 실제 연구를 진행하는 사람이 다르게 된다. 이런 경우에 연구의 초기 제안자와 실제 연구를 진행하는 연구자와 많은 이야기를 나누면서 연구의 중요성에 대한 공감대를 얻는 것이 중요하다. 또한 (당연한 이야기지만) 결과가 잘 나올 경우에, 논문의 저작권authorship 등을 공유할 것임을 명확히 하는 것도 중요하다.

　필자의 경험에 따르면 공동연구가 수월하게 진행되는 경우, 그리고 그렇지 못한 경우의 차이는 바로 공동연구자가 이 연구에 얼마나 주인의식을 가지느냐에 달려 있다. 즉 내가 제안한 주제라면 나는 당연히 이 연구가 중요하고, '내 연구'라고 여기게 되지만, 공동연구를 제안받은 입장에서는 그렇게 느끼지 못하는 경우가 많기 때문이다. 공동연구자가 이 연구가 (비록 다른 사람에게서 처음 나온 아이디어지만) '내 연구'라고 느낄 수 있게끔 하는 것이 매우 중요하다. 물론 매우 어려운 일이기도 하지만 말이다.

절대 어크날리지먼트를 잊지 마라

이 부분은 사소한 팁이지만, 매우 중요하다. 학회 등 외부 발표에서뿐만이 아니라, 랩미팅 등 연구실 내부 발표 등 결과 공유를 하는 자리에서 공동연구자 등 내가 조금이라도 도움을 받은 분들을 명시적으로 밝히고, 이러한 도움과 기여에 대한 감사를 표해야 한다는 것이다. 이러한 부분을 흔히 어크날리지먼트acknowledgement라고 한다. 사전적인 뜻은 '인식' '인정' 정도인데, 여기에서는 '공동연구자에게 받은 도움을 내가 인식하고 있으며, 그 도움에 대한 감사를 표현한다.' 정도로 풀이할 수 있다.

보통 어크날리지먼트는 발표자료의 가장 마지막 장에 모두 몰아넣는 경우가 많지만, 이것과 더불어서 필자는 해당 슬라이드에 (슬라이드의 오른쪽 하단에) 명시적으로 누구의 도움을 받았다는 것을 기록하는 것을 권하고 싶다.

예를 들어, 어떤 부분의 실험 결과를 도출할 때나, 이 데이터에 대한 아이디어를 누구에게 받은 것이 있다면, 해당 부분의 발표자료에

(주로 슬라이드의 오른쪽 하단에) 명시적으로 누구의 도움을 받았음을 기록하고, 발표 중에 "이 아이디어는 A가 가장 먼저 제시해주셨습니다." "이 실험은 B 연구실의 C 박사님의 도움을 받았습니다." 하고 명시적으로 이야기하는 것이다.

당연한 이야기지만 공동연구는 결코 나 혼자 진행한 것이 아니다. 그렇기 때문에 그 결과를 발표하고 공유하는 자리에서도 나 혼자만 스포트라이트를 받는 것은 옳지 않은 일이다. 이 부분의 중요성과 필요성에 대해서 대부분의 사람들이 잘 알고 있지만, 또한 흔하게 잊어버리는 일이기도 하다. 의도적이든, 혹은 실수이든 공동연구자의 기여에 대해서 언급하지 않는다면, 윤리적으로나 현실적으로 피해를 본인이 입게 되는 경우가 많다.

이에 대해서 유의하지 않으면, 의도치 않게 본인이 나쁜 평판을 가지게 되는 경우도 많다. 예를 들어, 연구실 내부적으로 랩미팅하는 것이고, 모든 구성원들이 내가 A라는 사람과 공동연구를 하는 것을 알고 있으니, '내가 말 안 해도 다들 잘 알고 있겠지…….' 하고 그냥 넘어가다가는 오해를 사기 십상이다. A의 입장에서는 자신이 한 실험의 결과를 다른 사람의 발표에서 보면서, 자신의 노력에 대해서 일언반구 언급이 없다면, 마치 성과를 도둑맞은 것처럼 느낄 수 있다.

'내가 기껏 시간을 내어서 도와줬더니, 자기가 실험 다한 것처럼 이야기하네? 내가 다시는 저 인간을 도와주나 봐라.' 하면서 속으로 화를 낼 수도 있다. 더 나아가 "저 사람은 남의 노력을 가로챈다"는 나쁜 평판이 의도치 않게 생길 수도 있다. 이런 일이 일어나지 않도록 주의, 또 주의하자.

절대 어크날리지먼트를 잊지 마라: 나의 경험

이 부분의 중요성을 다시 한 번 강조하기 위해서 필자 본인의 부끄러운 기억을 되살려보고자 한다. 이 어크날리지먼트의 중요성에 대한 내용은 필자가 슬라이드쉐어에 올린 「내가 대학원에 들어왔을 때 알았더라면 좋았을 연구 노하우」 초판본 때부터 들어 있던 내용이다. 필자 본인도 그 중요성에 대해서 익히 알고 있었다는 말이다.

하지만 그 후 시간이 흘러서 필자가 대기업에서 팀장으로 일할 때 큰 실수를 저지르고 만다. 우리 팀의 사업기획에 대해서 몇 달간 작업을 하였고, 그 계획에 대해서 처음으로 필자가 팀을 대표하여 임원 보고를 하는 날이었다. 특히 그 사업 계획을 세우는 것과 발표 슬라이드 제작은 기획 전문가인 팀원 한 분께서 담당하셨다.

내가 대표로 상무님께 슬라이드를 보여드리며 발표를 하였고, 팀원들도 함께 그 발표를 들었다. 몇 달간 준비한 발표이고, 나도 많이 긴장했지만 다행히 나름대로 발표가 성공적으로 끝냈다고 생각했다. 그런데 발표 후 그 기획 전문가께서 "팀장님, 잠깐 이야기 좀 따로 나누실 수 있을까요?" 하는 것이었다. 그분은 나에게 무거운 표정으로 "팀장님, 어떻게 그 발표를 팀장님 혼자 준비하신 것처럼 말씀하실 수가 있으신가요? 그 슬라이드의 내용은 대부분 제가 만든 것이 아니나요?" 하는 것이었다.

그러고 내가 기억을 되살려보니, 내가 한 발표에서 팀원들이 이러저러한 기여를 했고, 특히 기획안 작성 전체에서 그 기획 전문가 팀원 분의 기여가 컸다는 것을 언급하는 것을 잊어버렸던 것이다. 내가 너무 긴장을 했기 때문이든, 연습이 부족했든, 그냥 까먹었든지 간에 그 발표에서 그 팀원 분은 자신의 노력에 대해서 인정을 받지 못한 것으로 느꼈던 것이다.

그 지적은 매우 타당했다. 큰 실수를 저지른 것을 깨달은 나는 그 팀원께 머리를 숙여 사과했다. 결코 공을 내가 독차지하거나, 그분께서 기여한 바를 내가 사소하게 생각해서가 아니었다는 것에 대해서. 결국 내가 진심으로 거듭 사과하자 그 팀원께서도 오해를 풀고 화를 거두시기는 하셨지만, 이 실수에 대한 교훈은 지금까지도 내게 마음의 짐으로 남아 있다.

내가 나의 부끄러운 경험까지 공개하는 이유는 결국 두 가지다. 공동연구자의 기여를 어크날리지하는 것이 매우 중요하다는 것과, 그렇게 중요하다는 것을 알고 있으면서도 자칫 잘못하면 그 노력에 대해 명시적으로 언급하고 감사를 표하는 것을 잊어버리기가 쉽다는 것이다. 독자들은 부디 나와 같은 실수를 되풀이하지 않으시길 바란다.

프로페셔널하게 커뮤니케이션하는 법

마지막으로 커뮤니케이션에 대한 팁을 몇 가지 이야기하려고 한다. 우리는 프로페셔널을 지향하고 있다. 그렇다면 공동연구에서 우리가 기본적으로 가져야 할 중요한 자세 중의 하나는 상대방을 존중하는 것이다. 더 구체적으로는 나의 프로젝트 진행과 시간이 중요한 만큼, 상대방의 프로젝트 진행과 시간도 중요하다는 것을 인식하는 것이다. 내가 상대방의 프로젝트를 도와주고 시간을 아껴주지는 못하더라도 적어도, 내가 방해가 되지는 않아야 할 것이다.

특히 이메일을 보낼 때에 대해서 강조하고 싶다. 상대가 나에게 이메일을 보낼 때에는 단순히 안부 인사가 아니라, 어떤 문제나 이슈에 대해서 나의 의견이나 답을 듣기 위해서 보낸다. 이러한 메일에 대해서 가능한 빨리 답장을 해주자. 내가 답장을 보내줘야만 상대방이 그 답에 근거하여 의사결정을 내릴 수 있다. 만약에 내가 답장을 해주지 않고 질질 끌게 되면 그 시간 동안 상대방은 답장을 기다리며 시간을 낭비할 수밖에 없고, 이는 프로젝트 진행에 대한 차질로 이어진다.

만약에 내가 메일로 받은 내용이 바로 답변을 해주기 어려운 내용이라면, 최소한 언제까지 답변을 줄 수 있는지에 대해서 먼저 알려주기만 해도, 상대방에게는 크게 도움이 된다. 예를 들어, "이 요청에 대한 실험은 제가 다음주 목요일까지 끝내고 답변을 드릴 수 있을 것 같습니다."라고만 보내주면, 상대방이 프로젝트 진행 계획을 세우는 데 크게 도움이 된다. 만약 이런 말도 없이 그냥 나 혼자 '다음주 목요일까지 기다렸다가 메일을 줘야지.' 하게 되면 상대방은 그저 하염없이 기다리거나, 메일을 못 받은 것은 아닌지 재차 확인을 할 수밖에 없다.

공동연구에서 가장 중요한 것은 서로 소통하고, 정보를 흐르게 하는 것이다. 필자의 경험에 따르면 가장 힘든 공동연구자는 '묵묵부답'

인 연구자였다. 이런 유형의 사람들은 아무리 연락을 해도 답장을 주지 않는다. 그저 본인의 스케줄대로 (그리고 이 스케줄에 대해서는 본인만 알고 있다) 연구를 진행한다. 때가 되면 답장과 데이터를 보내주지만, 그 답이 언제 올지에 대해서 나는 알 수 없다. 이런 경우는 공동연구를 진행할 자세가 되어 있지 않다고 봐야 한다.

이메일: 사소한 부분까지 신경 쓰자

사실 공동연구에서 이메일만큼 커뮤니케이션에 중요한 것도 없다. 조금 더 자질구레하고 사소한 부분이지만, 이메일에 대한 팁도 몇 가지 이야기해보려 한다. 경쟁력은 작은 부분에서 판가름 나고, 악마는 디테일에 있다. 보통 상대방이 보내온 메일만 딱 보더라도, 이 사람이 일을 잘하는 사람인지에 대해서 많은 부분 파악할 수 있다. 그러니 이메일 한 통을 보낼 때에도 여러 가지를 고려해야 한다. 이 부분은 연구자뿐만이 아니라, 일반 직장인의 경우에도 해당된다.

- **이메일의 제목을 명확하게:** 이메일의 제목만 보고서도 메일을 보내는 명확한 의도, 결론, 정보를 알 수 있도록 쓰자. 연구를 활발히 하는 사람일수록 하루에도 수많은 메일을 받는다. 그 쏟아지는 메일 중에서 중요한 정보를 쉽게 가려낼 수 있고, 또 시간이 흐른 뒤에 상대가 검색으로 해당 이메일을 손쉽게 찾을 수 있도록 하려면 제목을 잘 쓰는 것이 중요하다.

아래의 예시를 참고하자. 좋은 예시라고 해서 완벽한 것은 아니겠지만, 제목만 보고서 판단할 수 있는 정보, 의도, 목적 등에 크게 차이가 있음을 알 수 있다.

- 나쁜 예: "데이터입니다"(무슨 데이터인지 알 수 없다), "안녕하세요? OOO입니다"(목적을 알 수 없다)
- 좋은 예 "7월 17일 최윤섭 랩미팅 슬라이드 보내드립니다" "A 연구실 정기 미팅 공지 7/17 @대회의실"

• 첨부파일 제목도 명확하게: 또한 첨부파일 제목과 양식에도 신경을 쓰자. 실험 결과나 데이터를 보낼 때에는 첨부파일로 보내는 경우가 많다. 상대가 이 첨부파일을 받았을 때 어떤 상황이 될지를 상상해보면 쉽게 짐작이 될 것이다. 예를 들어, 이 데이터가 무슨 실험에서 나온 데이터인지, 누구의 데이터인지, 언제 나온 데이터인지가 파일에 들어 있어야 한다. 메일에는 해당 내용이 있어도, 첨부된 파일의 제목에 그 내용이 없으면, 수신자가 다운로드 후에 또 그 파일을 찾아서 직접 제목을 고치는 수고를 해야 한다.

- 나쁜 예: "data.xlsx" "제목없음.txt" (무슨 데이터이며, 누가 언제 만든 것인 알 수 없다)
- 좋은 예: "digital_health_global_trends_2018_2Q_최윤섭_180717.pdf"

• 전체 답장을 활용해라: 마지막으로 메일에 답장을 보낼 때에는

수신자가 누구인지를 체크해라. 특히 참조 수신인cc이 있는 메일인지를 확인해라. '참조'라는 것은 해당 메일의 직접적인 수신자는 아니지만, 메일의 내용이 어떤 식으로 커뮤니케이션되는지를 알 필요가 있는 관계자들을 포함시킨 것이다. 이런 경우에는 반드시 '전체 답장'으로 답장을 보내야 한다.

예를 들어, 공동연구하는 연구실의 학생 A가 나를 수신인으로 메일을 보냈는데, 그 연구실의 교수님 B와 우리 연구실의 교수님 C를 참조로 하여 메일을 보냈다고 해보자. A는 이 메일의 내용과 그 답장에 대해서 교수님 B, C도 알아야 한다고 판단을 한 것이다. 그렇다면 나는 이 메일에 대해서 '전체 답장'을 해서 A뿐만 아니라, 교수님 B, C에게도 역시 참조로 답장의 내용을 공유해야 한다. 그렇지 않고, 그냥 '답장'을 보내면 A에게만 메일이 가기 때문에, 교수님 B, C 는 해당 내용에 대해서 팔로업을 하지 못하게 된다.

이러한 팁들이 사소하다고 생각할 수도 있겠지만, 작은 것이 결국 큰 차이를 만들어낸다. 특히 공동연구에서 커뮤니케이션의 중요성은 아무리 강조해도 지나치지 않다. 하지만 필자의 경험으로는 박사급 연구원이나, 교수들 사이에서도 이러한 원칙을 잘 지키지 않는 경우를 꽤 많이 보았다. 기억하자. 악마는 디테일에 있다. 사소한 것이 큰 차이를 만들어낸다.

10
후배의 성장을 도와줘라

　이번에는 조금 다른 이야기를 해볼까 한다. 지금까지 필자가 했던 이야기들은 대부분 대학원 진학을 준비하고 있거나, 갓 대학원에 들어온 학생들을 대상으로 한 것이었다. 하지만 이번 글은 고년 차 대학원생, 혹은 박사후연구원에게 해주고 싶은 이야기다. 바로 후배들이 성장할 수 있도록 도와주라는 것이다.

　대학원에 진학한 이후 한 해, 두 해가 지나고 열심히 연구하다 보면, 어느새 고년 차 대학원생의 반열에 오르게 된다. 처음 연구실에 들어왔을 때는 선배들이 마냥 하늘 같아 보였지만, 이제는 내가 그런 선배의 대열에 합류하게 되는 것이다. 그러면 이제 내가 어떤 선배가 되어야 하는지에 대해서도 고민해봐야 할 때다. 그것이 후배 혹은 연구실의 연구 성과에 영향을 줄 뿐만 아니라, 연구자로서의 나의 커리어에도 적지 않은 영향을 미치기 때문이다.

선배의 유무

필자는 학제 간 연구 과정으로 두 개의 연구실에서 대학원 생활을 동시에 했다. 한 연구실은 우리 학교 개교 직후에 만들어져서 내가 입학 당시 이미 20여 년의 역사와 전통이 있는 곳이었다. 이 연구실의 선배 중에 이미 국내외 대학에 교수로 부임하신 분도 많았다. 반면 다른 연구실은 미국에서 갓 박사후연구원을 마치고 귀국하신 교수님이 시작하신 신생 연구실이었다. 필자를 비롯한 첫 지도 학생들은 연구실을 세팅하면서 들여온 책상과 의자의 포장을 함께 벗겨내기도 했다. 당연히 연구실의 선배는 아무도 없었다.

이 두 연구실에서 동시에 연구를 진행하면서 자연스럽게 연구실의 분위기와 문화 등의 차이를 느낄 수 있었다. 좋고 나쁨을 떠나서 신생 연구실과 오래된 연구실은 다른 점이 많았다. 내가 느꼈던 가장 큰 차이점 중의 하나는 내가 조언을 구할 수 있는 선배의 유무였다.

분야마다 차이가 있겠지만, 생명과학 분야에서는 보통 사수-부사수의 관계로 실험을 배우게 된다. 연구의 큰 줄기는 교수님께 지도를 받지만, 실제로 매일 함께 생활하면서 실험을 배우는 것은 선배인 경우가 많다. 사실 실험을 하고 연구를 진행하는 세부적인 스타일은 사람마다 크고 작은 차이가 있기 때문에, 대학원 신입생의 입장에서는 어떤 선배, 어떤 사수를 만나느냐가 자신의 연구 인생에 상당히 많은 영향을 주기도 한다.

그 신생 연구실에 필자가 합류한 것은 사실 학부생 5학년 (필자는 복수전공을 하느라 학부를 5년 다녔다) 봄이었다. 교수님을 제외하고 필자는 세 번째 멤버였는데, 그나마 두 명의 대학원생도 그 해 들어온 신입생들이었다. 이 연구실에서 학부생 연구참여로 연구를 시작하면서 아쉬웠던 것은 내가 모르는 것이 있어도 물어볼 선배가 딱히 없었다는 것이다. 교수님이 계시기는 하지만, 자질구레한 부분들까지 일일이 교수님께 물어볼 수는 없었기 때문이다. 그래서 결국에 많은 부분을 스스로 공부하는 수밖에 없었다.

그때 필자가 결심했던 것 한 가지는 내가 선배가 되면 후배들을 잘 이끌어주겠다는 것이었다. 그것이 내가 제일 아쉬웠던 부분이기 때문이었다. 한때의 후배는 결국 시간이 지나면 선배가 된다. 지금의 선배들도 한때 미숙한 후배 중의 한 명이었다. 선배들의 도움으로 후배들이 성장하고, 그 이후에는 또 다른 후배들을 이끌어주는 것이 자연스러운 과정이다. 나는 이렇게 선배가 후배를 이끌어주는 것이 일종의 역사적 사명(?)이라고 생각한다. 연구실도 하나의 작은 사회이며, 그 사회가 발전하기 위해서는 좋은 선후배 관계가 없으면 불가능하다. 그리고 선배는 그런 관계를 만들 수 있는 힘과 책임이 있는 존재다.

좋은 선배가 되는 방법

좋은 선배가 되는 방법은 아주 간단하다. 자신이 후배였을 때 선배로부터 받고 싶었던 것을 떠올려보자. 자신이 후배였을 때 받고 싶었던 것을, 내가 선배가 되어서 후배들에게 해주면 자연스럽게 좋은 선배가 될 수 있다. 그리고 자신이 받기 싫었던 것은 후배들에게 해주지 않는 것도 좋은 방법이다. 그게 단순히 실험 테크닉적인 면이든, 논문을 쓰거나 발표를 하는 방법이든, 아니면 연구실 생활에 관한 것이든 이 황금률에 따르면 크게 실패하지는 않을 것이다.

좋은 선배가 되면 얻을 수 있는 이점은 사실 매우 많다. 작게는 내가 진행하던 프로젝트에 관한 것이다. 나도 언젠가는 대학원을 졸업하고 연구실을 떠나야 한다. 그런데 그 이후가 문제다. 박사 후에는 보통 취업을 하거나 박사후연구원으로 해외 등의 다른 연구실로 자리를 옮기게 된다. 자, 그러면 내가 여태껏 진행해오던 연구는 어떻게 되는 것일까.

연구를 조금이라도 해본 사람들은 알겠지만, 연구라는 것이 칼로 무 자르듯 뚝 잘리는 것이 아니어서, 논문 몇 편 내고, 박사를 취득했다고 해서 내가 그동안 지속해오던 연구가 거기서 절대 끝나지 않는다. 만약 내가 제대로 연구를 했다면, 새로운 과학적 발견을 하고 원리를 밝혀내면 낼수록, 새로운 질문이 더 생길 것이다. 이건 왜 그렇지? 저건 왜 그렇지? 이걸 이렇게 더 발전시키면 어떨까? 저걸 저렇게 더 연구해보면 어떤 결론이 나올까? 이렇게 고구마 줄기처럼 새로운 가설과 질문들이 더 나오게 될 것이다. 그런데 내가 취업을 해서, 외국으로 박사후과정을 나가서 이 프로젝트의 맥이 끊겨버리면 너무 아쉽고 안타깝지 않은가.

만약 내가 진행해오던 연구를 자연스럽게 이어받을 후배가 있다면 서로에게 좋은 일일 것이다. 나는 내가 애착을 가져오던 일이 끊어지지 않고 후배에게 계승 발전될 수 있어서 좋고, 후배는 백지 상태에서 맨땅에 헤딩하면서 연구할 수 있지 않아서 좋다. 후배가 내 연구주제를 이어받은 후에는 내가 원래 머릿속에 그렸던 방향대로 흘러가지 않을 수도 있겠지만 (아마 그렇게 될 가능성이 클 것이다) 그건 또 그것대로 좋지 않은가.

또 한 가지의 이점은 내가 연구의 리더로서 지도학생이나 팀원을 이끄는 경험을 그것만으로 갑자기 연구 책임자로서 연구팀을 이끌 수 있는 능력이 생기는 것은 아니다. 단순히 직책을 맡는 것 이상으로, 진짜 연구 책임자로서의 역할을 할 수 있으려면 다른 연구자들을 리딩해본 경험이 필요하다. 이런 경험은 부족하나마 대학원 선배로서 후배들을 지도하면서 쌓을 수 있다. 연구실에 있다 보면 선배가 되어서도 부사수(후배)를 잘 맡지 않고, 혼자서 자기 연구만 계속하는 사람들을 볼 수 있다. 단기적으로는 혼자 연구를 하는 것이 논문을 한 편 더 낼 수 있을지는 몰라도, 자신의 연구실을 차리고 자기 연구팀을 성공적으로 운영해보고 싶은 사람이라면 이런 태도는 장기적으로 그리 바람직한 태도라고 보기는 어렵다.

우리 교수님 대가 만들기

후배가 성장하도록 도와주면 얻을 수 있는 또 다른 더 장기적인 이점은 연구실에 대물림되는 일종의 유산legacy이 생긴다는 것이다. 나는 이것을 '우리 지도 교수님 대가 만들기'라고 이야기하기도 한다.

어느 연구 분야든 그 바닥에서 일가를 이룬 소위 대가들이 있다.

『네이처』『사이언스』에 밥 먹듯이 논문을 내고, 국제 학회에 기조 연자로 초청을 받고, 이 분이 무심코 날린 코멘트 한 마디가 새로운 연구주제가 되기도 한다. 이런 분들은 어마어마한 연구비를 가지고 있으며, 박사 졸업생들은 이 대가들의 연구실에 너도나도 박사후연구원으로 들어가고 싶어한다. 왜냐하면, 이런 연구실에서는 연구비 걱정을 하지 않고 연구할 수 있을 뿐만 아니라, 그 대가의 연구실에서 박사후연구원을 했다는 것 자체가 하나의 경력으로 인정받기 때문이다.

이런 대가의 연구실에서 대학원 생활을 하면 좋을 것이다. 하지만 누구나 그런 기회가 있는 것은 아니다. 하지만 반대로 생각해보면 어떨까. 이 대가들은 처음부터 대가로 태어났을까? 아마도 그렇지는 않을 것이다. 지금은 대가로 인정받는 그들도 처음에는 박사후연구원 한 명 없이 신생 연구실을 차린 신참 교수였을 것이다. 그도 처음에 대학에 자리를 잡고 새로 산 책상의 포장지를 벗기면서 첫 번째 대학원생을 데리고 시작한 때가 있었을 것이다.

처음부터 대가인 사람은 없다. 대가는 우수한 연구 성과가 쌓여가면서 만들어진다. 그런데 그 연구를 직접 진행하는 것은 다름 아닌 대학원생과 박사후연구원이다. 지도 교수가 직접 실험하고 논문을 작성하지 않는다. 그 교수의 지도를 받아 대학원생과 박사후연구원이 연구하고 좋은 논문을 출판하면 그것이 곧 교신저자로 참여한 교수와 연구실의 업적이 되는 것이다.

이러한 대가의 연구실이 되기 위해서는 필요한 것이 하나가 있다. 바로 대를 걸쳐서 대물림되는 핵심적인 연구주제다. 이런 곳에는 대학원생이 졸업해도, 일하던 박사후연구원이 좋은 성과를 내고 자기 랩을 차려서 독립해버린 이후에도 대를 걸쳐서 내려오는 연구주제가 있다. 그 주제의 연구는 대학원생이 바뀌어도 대를 걸쳐서 내려오면서 계승 발전되게 된다. 대학원생이 새로 들어올 때마다 완전히 새로운 연구주제로 연구를 해서는 결코 지도 교수가 대가가 될 만한 연구성과가 축적될 수가 없다. 이는 교수 본인의 역량이기도 하지만, 일정 부분 그 연구실에서 후배를 키워내는 선배의 몫이기도 하다.

사실 박사를 하고 필드에 나와보면 알겠지만, 해당 분야에서는 어느 교수님의 연구실에서 박사를 하고 박사후연구원을 했는지가 현실적으로 여러모로 크게 작용한다. 특히, 세부 연구 분야로 가면 그 바닥이 그리 넓지 않은 경우가 많다. 한국 내에서라면 말할 것도 없다. 그렇다면 연구실이 계속 발전하고 연구 성과가 좋아야, 졸업생들도 빛나게 된다. 나만 잘하고 나와버리면, 연구실에 장기적으로 발전이 없고, 이는 결과적으로 나 자신에게도 결코 별로 도움이 되지 않는다.

후배가 공헌할 기회를 줘라

그러면 구체적으로 어떻게 후배를 키우면 될까? 여러 방법이 있겠지만, 필자가 추천하고 싶은 것은 후배에게 내 연구에 공헌할 기회를 주는 것이다. 앞서 자신만의 특기를 가지고 이를 바탕으로 협업을 활발하게 하라고 조언한 바 있다. 협업할수록 연구 성과에 대한 전체 파이가 커질 수 있기 때문이다.

그런데 내가 이미 잘 하고 있고, 지속해서 반복해온 일이라면 슬슬 후배에게 기회를 줘보는 것도 괜찮다. 아니면 내가 현실적으로 시간의 제약 등등으로 다 진행하지 못하고 있는 아이디어나 가설을 후배에게 던져주는 것도 좋을 것이다.

이 부분에서 주의할 점은 후배를 단순히 이용하거나 부려먹어서는 안 된다는 점이다. 어찌 보면 내 연구에 기여할 기회를 주는 것과 그냥 후배를 부려먹는 것은 종이 한 장의 차이일 수도 있다. 내 연구를 위해서 단순 반복적인 허드렛일을 시키는 것은 후배를 부려먹는 것이지만, 후배가 독립적인 연구자로서 사고할 수 있게 하고, 자신의 특기를 계발할 수 있게 한다면 이는 후배를 성장시키는 일이다. 후배가 내 연구에 기여한다는 것은 자신만의 자율성을 가지고 스스로 생각할 수 있게 여유를 주는 것이다.

특히 중요한 것은 후배가 기여한 만큼 연구의 결과물에 대해서도 공유하는 것이다. 작게는 (이전 장에서 강조했듯이) 내가 랩미팅 발표할 때 후배의 공헌이 있었다는 어크날리지먼트를 잊지 않는 것도 그러하고, 더 중요하게는 논문의 저작권, 즉 오써십authorship이다. 내가 준 연구주제라고 하더라도 결과적으로 논문에 대한 후배의 공헌이 나보다 더 클 수도 있다. 그럴 경우에는 당연히 저작권도 후배가 더 크게 가져가야 한다. 이렇게 후배가 내 연구에 기여하고 성장하면서, 혹은 이를 계기로 자신의 연구를 독립적으로 진행하는 계기를 만들게 되면 결국 나와도 윈윈하는 관계를 만들 수 있다.

필자의 경험

쑥스럽지만, 내가 나름 자랑스러워하는 경험 하나로 글을 마무리할까 한다. 다른 글에서 언급했던 적이 있듯이, 필자가 학부 5학년 때 '신생 연구실'에 학부 연구생으로 합류했을 때의 소박한(?) 목표 중의 하나는 SCI급 해외저널에 논문 하나를 내는 것이었다. 임팩트 팩터 impact factor 1점짜리라고 하더라도 말이다. 그 목표를 달성하기 위해 나름대로 노력한 결과 논문 서브밋까지 하긴 했었지만, 결국에 성공하지는 못했다. 필자의 실력 부족과 함께 또 다른 이유라고 생각했던 것이 바로 연구실의 선배 중에 논문을 내본 사람이 아무도 없었다는 것이었다.

세월이 흘러, 내가 박사 졸업을 하고 난 뒤에 연구실에 한동안 계속 머물고 있던 시기였다. 이때 한성규라는 학부생이 연구실에 연구 참여 학생으로 들어왔다(자꾸 후배의 실명을 써서 미안하지만, 어차피 펍메드에 들어가면 다 나오니까. ㅋㅋ). 성규는 컴퓨터공학과에서 생명과학과를 복수전공했던 나와는 반대로, 생명과학과에서 컴퓨터공학과를 복수전공하는 후배였다. 즉 몇 년 전 내가 학부생 연구 참여를 시작했을 때의 상황과 비슷했다.

이 후배를 보면서 떠올렸던 것이 연구실 선배 하나 없이 연구 참여를 시작하던 학부생 시절의 내 모습이었다. 우여곡절 끝에 내가 진행하던 연구에 성규를 참여시킬 수 있게 되었다. 나는 당시 예전에 출판했던 다른 논문의 자그마한 후속 연구를 진행하던 중이었다. 이 연구에서 필요한 요소 중에 내가 굳이 하려면 할 수도 있는 일이지만, 성규도 할 수 있는 일 같아서 "이 부분은 네가 한 번 해봐. 잘되면 너도 논문에 이름 넣어줄 테니까." 하고 맡겨보았다.

그런데 이 녀석이 사고를 치고 말았다. 내 예상보다 훨씬 더 많은 기여를 해서, 결과적으로 내 연구를 더 발전시켜버린 것이었다. 나는 매우 기쁘게 성규에게 논문의 공동 제1저자를 줬다. 그 논문은 『뉴클레익 액시드 리서치Nucleic Acid Research』라는 당시 SCI 임팩트 팩터 7점의 저널에 실리게 되었다. 이는 사실 내가 기대했던 것보다 더 높은 임팩트 팩터였다(이번에 2017년의 임팩트 팩터를 찾아보니 10.56점으로 더 올랐다). 더구나 내가 학부생이었을 때의 목표, 즉 SCI급 국제 저널에 논문을 내는 것을 성규는 달성하게 된 것이다. 사실 내가 연구 커리어에서 그리 많은 논문을 낸 것은 아니지만, 이 논문은 후배를 성장시키는 논문이었다는 점에서 내가 가장 자랑스러워하는 논문 중의 하나다.

앞서 나는 '역사적 의무'라는 오글거리는 표현을 썼는데, 이는 또 다른 의미가 있다. 선배들에게 이런 지도를 받은 후배는 본인이 선배가 되었을 때 자신의 후배에게도 이런 전통을 물려주게 될 것이라고 믿는다. 그 후배는 또 자신의 후배에게 그런 선배가 될 것이다. 이런 전통이 생기려면 누군가는 그 시발점이 되어야 한다. 만약에 당신의 연구실에 그런 전통이 없다면 당신이 그 시발점이 되면 된다. 그리고 혹시 아는가. 필자에게 그랬던 것처럼 운이 좋으면 그 후배가 어떤 좋은 사고를 쳐서 당신의 논문 임팩트 팩터를 더 높여줄지도 모르는 일이다.

에필로그

좋은 연구자란 무엇인가

(+ 몇 가지 사소한 팁)

자, 이제 길었던 필자의 파트를 마무리하려 한다. 지금까지 우리는 대학원에 진학하고 좋은 연구자가 되기 위해서 알아야 할 여러 가지 측면에 대해서 살펴보았다. 내가 정말 대학원에 가야 하는지부터 박사학위라는 것의 의미, 지도 교수와 연구실을 고르는 방법, 첫 번째 연구주제를 고르는 법, 다른 연구자와 협업을 하는 법, 시간관리는 어떻게 하는지, 후배를 키우는 법 등도 알아보았다.

이러한 조언들은 단순히 대학원 생활을 잘하기 위함이기도 하지만, 결국 우리가 좋은 연구를 진행하는 좋은 연구자가 되기 위함이라고 할 수 있다. 그렇다면 '좋은 연구자'라는 것은 무엇일까? 어떠한 조건을 갖춰야 좋은 연구자가 될 수 있을까?

나는 연구에 대한 경험이 쌓일수록 연구자는 한 사람의 종합 예술가가 되는 것과 같다는 생각을 하게 되었다. 좋은 연구자는 상당히 다양한 방면의 과업을 수행해야 한다. 간단히 말해서, 연구만 잘한다고 해서 좋은 연구자가 될 수 있는 것은 아니라는 것이다. 좋은 연구자가 되기 위해서는 일단 실험을 잘해야 한다. 논리적으로 사고해야 하고,

실험 디자인을 잘해야 하며, 실험 테크닉도 좋아야 하고, 데이터를 분석하는 역량이 필요하다는 이야기다. 그런데 이것이 전부가 아니다.

좋은 연구자는 종합 예술가와 같다

좋은 연구자가 되려면 글도 잘 써야 한다. 대부분의 연구 결과는 논문이라는 글의 형태로 학계에 발표된다. 많은 사람이 글을 쓰는 것을 자신 없어 하며, 특히 이과 계열의 학생은 더욱 그런 경향이 짙다. 하지만 자신의 연구 결과를 얼마나 효과적인 글쓰기를 통해서 어떠한 논리 전개로, 어떤 의미를 전달하느냐에 따라서 연구 결과가 가지는 중요도가 다르게 평가받을 수도 있다. 결국 논문을 통해 다른 연구자를 (좁게는 리뷰어를) 설득해야 하기 때문이다. 더욱이 이 논문이라는 것은 대개 영문으로 써야 한다. 한글로 글 쓰는 것도 자신 없는데, 영어로 쓰기는 더욱 어렵다.

좋은 연구자가 되려면 그림도 잘 그려야 한다. 연구 결과는 논문에 들어가는 글로 전달되기도 하지만, 백문이 불여일견이라고 어떨 때는 논문에 들어가는 그림 하나가 독자의 눈길을 한 번에 사로잡기도 한다. 필자는 논문이라는 것들을 처음 읽으면서 논문에 들어 있는 아름다운 그림들은 과연 누가 그리는 것일지 궁금했다. 특히 단순한 그래프가 아니라, 〈그림 1〉에 주로 들어가는 연구 전반적인 콘셉트나 실험 방법을 한눈에 설명하는 그림을 누가 그리는지 말이다. 사실 외국에는 이런 그림을 전문적으로 그려주는 사람이 있다는 이야기도 들었다. 하지만 대부분의 연구자는, 자신이 스스로 그린다. 그래서 대부분 일러스트레이터와 같은 그래픽 프로그램을 배우곤 한다(필자는 캔버스라는 프로그램을 독학했다).

좋은 연구자가 되려면 발표도 잘해야 한다. 글을 쓰는 것과 마찬가지로 대중 앞에서 발표하는 것 역시 많은 사람이 두려워하고 자신 없어 하는 일 중의 하나이다. 하지만 학회나 초청 세미나와 같은 기회를 통해 발표하는 것은 연구자가 자신의 연구 결과를 학계에 전달하고 교류하기 위해 가장 중요한 통로라고 할 수 있다. 어떤 연구자들은 좋은 발표를 통해서 자신이 연구한 바를 충분히 효과적으로 전달하면서 청중을 휘어잡기도 하지만, 또 어떤 연구자들은 발표 역량이 부족해서 자신이 연구한 것조차도 제대로 전달하지 못하는 안타까운 경우도 있다.

좋은 연구자가 되려면 사람들과 잘 협업해야 하며, 더 나아가서는 사람들을 잘 이끌어야 한다. 대학원에 처음 들어오고 연구자로서 커리어를 시작할 때는 다른 사람과 협업하거나, 혹은 다른 연구자들을 이끌어야 하는 일은 별로 없다. 하지만 시간이 지나고 연차가 올라가며, 박사학위를 받고, 드디어 자신의 연구팀을 가지게 된다면 이러한 협업 능력과 연구자로서의 리더십이 매우 중요해진다. 여기에는 단순히 연구 능력뿐만이 아니라, 토론 능력, 상대방을 동료로서 존중하는 태도, 리더십, 팀워크, 동기부여 능력 등이 모두 필요하다.

일반 기업에서도 팀원으로서 아주 좋은 성과를 내던 사람이, 다른 팀원을 이끌어야 하는 팀장으로 승진해서 형편없는 결과를 보여주는 경우가 있다. 좋은 팀장이었던 사람이 임원으로 승진해서 형편없어지는 경우도 있다. 팀원과 팀장, 임원은 요구되는 역할과 역량 자체가 크게 다르다. 대학원생이나, 일반 연구원과 연구팀의 리더 역시 마찬가지다. 하지만 우리는 어떻게 하면 좋은 연구원이 되는지도, 또 어떻게 하면 좋은 연구책임자가 되는지도 배울 기회가 없다. 그래서 개별적으로는 좋은 연구자였던 사람이, 교수가 되어서는 좋은 성과를 내지 못하는 경우도 적지 않게 볼 수 있다.

그래서 대체 어쩌라는 이야기인가?

나는 지금 대학원에 들어와서 실험 테크닉 하나 배우고, 논문 하나 읽기도 버거운데 이런 건 또 언제 익히라는 말인가. 부담스럽게 들릴 것은 알고 있다. 하지만 이 모든 것을 대학원에서 박사학위를 하기 전에 완성해야 한다는 의미는 결코 아니다. 이러한 다방면에 걸친 종합적이고 균형적인 역량은 결코 대학원 생활 동안의 몇 년이라는 단기간에 완성되지 않는다. 이것은 우리가 한 사람의 연구자로서 살아가면서 평생에 걸쳐서 추구해야 할 방향성이라고 이야기하고 싶다. 필자도 여전히 이런 연구자가 될 수 있도록 계속 열심히 노력하고 있다.

몇 가지 사소한 팁들

마지막으로 자질구레하지만 나름 쓸 만한 팁을 몇 가지 드리려고 한다.

쉬어야 할 때는 쉬어라

마음 급한 것 안다. 정신적인 여유가 없는 것도 안다. 하지만 쉴 때는 확실히 쉬어야 한다. 연구를 하다 보면, 특히 연차가 올라가는데 연구가 제대로 풀리지 않으면 마음의 여유가 없어진다. 이럴 때 흔히 하는 선택은 밤을 새우고, 주말에도 쉬지 않는 것이다. 하지만 이는 그저 악순환만 일으킬 가능성이 높다. 쉬지 않으니 여유가 더 없어지고, 연구는 더 안 된다.

쉴 때는 쉬어야 한다. 그것도 어중간하게 쉬면 안 된다. 연구도 사람이 하는 것이며, 건강한 마음과 건강한 신체를 갖추고 있을 때 연구도 더 잘된다. 연구는 고도의 정신적인 과업이기도 하고, 동시에 또 육체적인 과업이기도 하다. 그렇기 때문에 생활의 균형을 지키고, 몸과 마음을 재충전하고, 적절하게 스트레스를 해소할 수 있는 방법도 필요하다.

혹은 반대의 경우도 있다. 연구가 너무 잘되어서, 머릿속에서 생각이 끊이지 않거나, 속력을 더 올리고 싶은 마음에 더더욱 무리하게 되는 것이다. (연구가 안 되는 것보다야 당연히 낫겠지만) 이 경우도 그리 좋을 것은 없다. 경험상 이런 상태는 적절한 휴식 없이 아주 오래 지속되기는 힘들다. 연구는 장기 레이스이며, 우리는 우리 몸을 불살라서 하루이틀 연구하고 말 것도 아니다.

거창할 것은 없다. 자신만의 스트레스 해소법을 소박하게라도 가져보면 좋다. 연구가 잘되건, 잘되지 않건 이를 잠시 머릿속에서 잊을 만한 방법이 필요하다. 시간이 많이 없겠지만, 자신만의 루틴이라도 가져보도록 하자. 무엇이라도 좋다. 자신에게 효과가 있으면 된다.

필자에게는 이런 루틴이 결국 운동과 연애였다. 가능하면 필자는 매일 조금이라도 학교 헬스장에 가서 운동을 했다. 필자가 인상 깊게 보았던 서울대 황농문 교수의 저서 『몰입』에도 생각에 너무 빠져 있지 않기 위해서 땀을 흘리는 운동을 권하고 있다. 사실 지금도 필자는 운동을 즐겨 하는데, 일 중독인 필자에게 여전히 스트레스 해소와 생활의 균형을 맞춰주는 역할을 해주고 있다.

연애를 하는 것도 생활의 균형과 마음의 안정을 찾는 데 크게 도움이 되었다. 대학원 생활을 포항에서 했던 필자는 부산에 있던 여자친구를 만났는데, 주말이면 부산에 다녀오곤 했다. 여자친구는 연구를 하는 친구가 아니어서, 오히려 만나면 연구 생각을 잠깐이나마 잊고 마음 편한 시간을 보낼 수 있어서 좋았다. 또한 포항에서 부산, 부산에서 포항으로 오는 버스 안에서 외부와 단절된 채 (당시만 해도 한국에 스마트폰이라는 것이 나오기 전이었다. 하하) 가지는 자신만의 시간이 생각을 정리하는 데도 큰 도움이 되었다.

다시 강조하지만 이는 필자의 사례이다. 무엇이든 자신에게 효과가 있는 방법을 찾으면 된다.

월요병을 없애는 방법

나는 대학원 생활을 하면서 월요병을 상당히 겪었다. 주말에 조금 쉬다가 돌아오면 재충전이 되기는 했지만, 내가 금요일 저녁에 어디까지 하다가 집에 갔는지 잘 생각이 나지 않는 경우가 많았다. 금요일

밤에 한 주의 일을 마무리하면서, 내가 구상했던 생각들, 짜고 있던 코드들, 쓰고 있던 논문 초안 등등을 '월요일에 다시 시작해도 금방 생각나겠지?' 했지만, 막상 월요일에 와보면 즉시 연속해서 일에 돌입하기가 어려웠다. 다시 영점 조절하고, 생각의 틀을 맞추고, 일을 다시 시작할 만한 분위기를 만들려면 월요일 오전이 다 지나가 버렸다.

이렇게 월요병을 없애기 위해서 내가 한 것은 일요일 저녁에 연구실에 잠깐 나오는 것이었다. 저녁 9시 정도에 잠깐 랩에 나와서 한두 시간 정도 이런저런 생각을 정리하다가 들어가기도 하고, 다음 주에 내가 무엇을 할지 계획을 세워보기도 했다. 기분이 내키면 더 오래 있기도 했다. 앞서 언급했지만, 나는 대학원 시절 주말에는 주로 여자친구를 만났는데, 데이트 끝나고 다시 학교로 돌아오는 길에 (포항공대는 전원 기숙사 생활이라서 어차피 학교로 돌아와야 했다.) 기숙사로 바로 가지 않고 잠깐 연구실에 들러서 조용히 혼자 이런 시간을 가졌다.

이렇게 한 주를 월요일 아침이 아니라, 일요일 저녁에 시작하면 월요병을 없앨 수 있다. 평일 저녁에 하듯이 일요일 저녁에 약간만 시간을 할애해두면, 월요일 아침부터 다시 전속력으로 일할 수 있는 것이다. 이는 물론 일요일 밤의 끝을 마지막까지 잡고 싶은 사람에게는 해당되지 않는 조언이다. 혹은 월화수목금금금으로 일하는 사람에게도 해당되지 않는 조언이다(앞서 이야기했지만, 주말 없이 일하는 것은 장기적으로 볼 때 결코 바람직하지 않다).

내가 처음 발표 자료에 이런 조언을 추가한 이후에, 우연히 비슷한 조언이 뉴스에 나왔는데, 많은 사람들이 조롱 섞인 반응을 보냈던 적

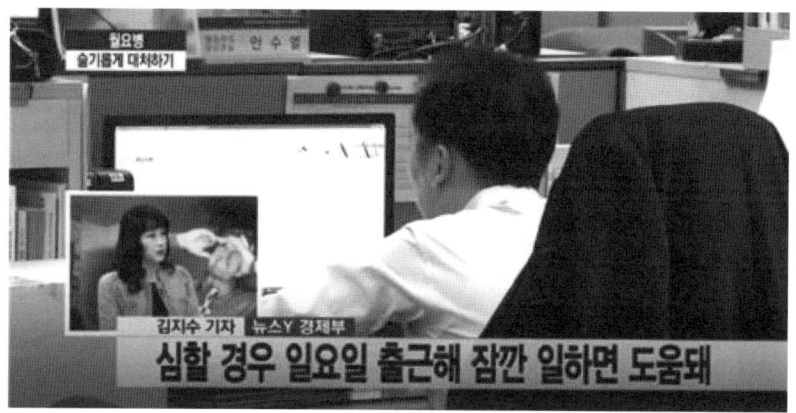

이 있다. 사실 모든 사람에게 해당되는 조언은 아닐 것 같다. 또한 회사나 연구실에서 이를 강제한다면 큰 문제다. 하지만 스스로 한 번 해보고 싶은 사람이 있다면, 필자 본인에게는 효과가 있었다고 이야기해주고 싶다.

랩미팅 때 갈굼당하지 않는 법

대학원 생활 때 가장 스트레스는 역시 교수님과의 관계에서 온다. 특히 교수님이 내 연구 결과를 마음에 들어 하지 않아서 자꾸 갈굼을 당하면 그만큼 의기소침해지고 연구를 그만두고 싶어지는 때도 없다. 랩미팅 때 다른 동료들 앞에서 공개적으로 야단맞으면 정말 큰 자괴감이 들게 된다. 물론 갈굼을 당하지 않으려면 가장 기본적으로 필요한 것은 연구를 잘하는 것이다. 하지만 같은 일을 하더라도 어떻게 전달하는지에 따라서 교수님의 반응이 달라지기도 한다.

기본 원칙은 이것이다. 랩미팅에 들어가기 전에 교수님이 내 발표 내용에 대해서 대략적으로라도 이미 파악하고 있는 상태여야 한다. 이 조건만 충족시키더라도 무작정 심하게 갈굼을 당할 가능성이 줄어든다. 필자는 이 부분에 대한 팁을 『맥킨지는 일하는 방식이 다르다』라는 책에서 처음 얻었다. 그 책에 보면 '임원들은 깜짝 쇼를 싫어한다'는 문구가 등장한다.

영화에 보면 회사에서 주인공이 중요한 의사결정을 앞두고 감동적인 한 번의 프레젠테이션으로 참석한 임원들을 그 자리에서 설득하는 장면이 나온다. 하지만 이렇게 하면 절대 안 된다. 실제로 현실에서 일은 결코 이런 방식으로 돌아가지 않는다.

회사에서 중요한 의사결정의 경우, 회의에 들어가기 전에 이미 사전 조율을 통해서 관련 부서와 참석자들의 공감대를 미리 형성해놓는 것이 중요하다. 개별적으로 참석자에게 미리 세부 사항을 설명하고, 피드백을 받고, 부서 간 이견을 조율하는 과정을 거쳐서, 사실상 이미 거의 결론이 난 상태에서 최종적으로 회의라는 형식을 거쳐서 의사결정을 받는 것이다. 만약 중요한 의사결정 사항에 대해서 사전에 아무런 공감대도 없고, 피드백도 없고, 이견 조율도 없는 상태에서 그냥 무작정 회의 소집해서 발표자가 해당 이슈에 대해서 처음 설명한다면, 의도했던 반응을 이끌어내기란 극히 어렵다. 처음 듣는 것, 잘 모르는 것에 대해서 사람들은 일단 거부반응을 보이기 쉽기 때문이다.

랩미팅에서 교수님께 지난 달의 연구 진행 사항과 실험 결과를 보여드리는 것도 마찬가지다. 아무런 사전 준비 없이 당장 랩미팅 자리에서 새로운 결과를 쏟아내면서 지도 교수에게 서프라이즈를 선사하면 좋은 반응을 이끌어낼 가능성은 희박하다. 일단 아무리 교수라고 해도 처음 보는 결과를 그 자리에서 제대로 해석하고 유의미한 코멘트를 하기 어려운 경우가 많다. 또한 자신과 상의하지 않고 엉뚱한 방향으로 진행된 결과를 가져온 경우에는(더구나 그 결과가 좋지 않은 경우) 결국 갈굼을 당하게 된다(연구팀을 리딩하는 입장에서는 학생이나 팀원이 아무런 상의나 의사소통 없이 혼자 독단적으로 연구를 '한참 동안' 진행하다가, 결국 이상한 방향으로 진행된 결과를 떡하니 가져오는 것만큼 짜증나는 것도 없다).

랩미팅에서 발표한 최소한의 논리나 결과는 교수님이 미리 알고 있어야 한다. 더 좋은 것은 애시당초 연구를 진행하는 과정 중간 중간에 교수님과 디스커션을 하면서 중간 결과도 업데이트해드리고, 적절한 조언도 받는 것이다. 이런 보고-피드백이 꼭 포멀한 회의를 통해서 이뤄질 필요는 없다. 함께 밥 먹다가, 다른 미팅 끝나고 잠깐, 혹은 교수님 오피스를 잠깐 찾아가서 등등으로 짬짬이 하면 된다(자기 실험결과 가지고 디스커션하겠다고 찾아오는 지도 학생을 싫어할 교수는 없다).

평소에 틈틈이 이런 노력을 하면 랩미팅에서 욕을 바가지로 덮어쓰는 사고도 막을 수 있다. 왜냐하면 이 연구 결과는 이미 교수님의 의견이 반영된 것이기 때문이다. 더 중요한 것은 실제 연구가 더 좋은 방향으로 진행될 수 있다는 것이다. 더욱이 교수도 랩미팅 전에 그 결과에 대해서 조금 더 고민해보고 들어올 시간적 여유가 있으므로, 학생의 입장에서도 좀 더 숙성된 코멘트를 들을 수 있다.

대학원생이 하는 고민들 중에는, 많은 경우 '교수의 입장에서' 생각해보면 해결될 문제들이 많다. 아직 대학원생 입장에서 교수가 무슨 생각을 하는지, 무엇을 원하는지 알기 어려울 수도 있다. 하지만 교수라고 사실 슈퍼맨도 아니며, 특별한 사람은 결코 아니다. 대학원생이 열심히 연구해서, 한 명의 독립된 연구자가 되고, 교수가 되는 것이다. 결국 교수도 한때 대학원생이었던, 여러 명의 다른 연구자들을 이끄는 또 한 명의 연구자일 따름이다. 고민이 있거나 트러블이 있을 때 교수의 입장에서 한 번쯤 생각해보는 것도 상황을 이해하고 해결하는 데 도움이 될 수 있다. 이러한 '지도 교수의 입장'에 대해서는 필자의 글에 이어지는 3부의 권창현 교수님의 글에서 배울 수 있을 것이다. 필자와 달리, 권창현 교수님은 현직 교수로 현재 대학원생을 지도하는 입장에서의 시각을 보여주실 것이다.

그럼, 아무쪼록 독자들께서 한 명의 독립적인 연구자로 성장하는 데 조금이라도 도움이 되었기를 바라며, 길었던 필자의 글을 마무리하겠다. 이 책의 독자를 언젠가 연구 현장에서 한 명의 동료 연구자로 만날 수 있기를 고대한다

3부

대학원생을 지도하는 교수의 이야기

· 권창현 교수편 ·

프롤로그

개구리가 올챙이에게

　대학원 생활에 도움이 될 수 있는 글과 책은 언제고 쓰고 싶었지만, 공동 집필 프로젝트에 덥석 참여하기로 하고 나서 아무리 생각해봐도 이건 '꼰대질'이 될 수밖에 없다는 생각을 했다. 박사학위를 마친 지가 어느덧 10년 넘게 지났다. 나는 내가 박사과정 학생일 때 어떤 감정이 있었는지, 어떤 것들이 힘들었는지 더는 잘 기억나지 않는다. 지금 그 시절을 돌아보면 흐려진 기억 속에 즐겁고 아름다웠던 젊은 20대 시절이었다는 것밖에 생각나지 않는다. 이미 나는 올챙이 시절 기억을 하지 못하는 개구리가 되어버렸다. 내가 쓰는 글들은 어쩔 수 없이 내 개인적인 경험에 바탕을 둔 이야기 일지이다. 결국은 '내가 해봐서 아는데 말이야'로 시작하는 꼰대질일 수밖에 없을 것 같았다. 그래서 글쓰기가 조심스러웠고 겁났다.

　그럼에도 글을 쓰게 된 이유는 독자가 알아서 잘 판단하고 흘려들어 주실 것이라 믿기 때문이다. 이 집필 프로젝트에서 내가 하고 싶은 이야기는 대체로 '네 인생이니까 네가 알아서 잘사세요.'이다. 안 그래도 고달픈 대학원 생활인데 내가 좋아하는 방식으로 내 마음대로 하지 않으면 (모든 부분을 온전히 내 마음대로만 할 수는 없겠지만) 더욱더 괴로운 생활이 될 것이다. 주어진 환경 속에서 자기만의 생각과 자기만의 방식을 찾아내는 것이 중요하다. 내가 하고자 하는 말의 핵심이 잘 전달되기만 한다면 꼰대질로 느껴질 수 있는 부분은 독자들께서 지나가는 말로 흘려들으실 수 있으리라 생각한다. 한편으로는 굳이 몰라도 되는 것까지 이야기하는 것은 아닐까 하는 마음도 있다. 불필요한 정보로 불필요하게 머릿속을 복잡하게 만드는 건 아닐까 염려스럽다. 때로는 생각을 단순화시켜서 한 가지에 집중할 수 있는 것이 더 좋기 때문이다. 그 부분을 가리는 것 역시 독자께 맡기기로 한다.

대학원 생활에 가장 큰 영향을 미치는 사람은 지도 교수이다. 나는 이미 지도 교수의 입장에서 지내온 지 벌써 10년이 지나버렸다. 박사 과정 학생으로서 보낸 5년의 기간보다 훨씬 더 긴 세월을 학생의 반대쪽 입장에 있었다. 따라서 내가 주는 조언은 그다지 생생하진 못 할 것이다. 어쩌면 설득력이 떨어질 수 있을 것 같기도 하다. 대학원 선배로서 해줄 수 있는 생생한 조언은 공동 집필을 하는 두 분께서 잘 해주셨다고 믿는다.

대학원생에게 도움을 주고자 하는 이 책에서 내가 할 수 있는 역할은 역설적이게도 지도 교수의 시각을 전달하는 것으로 생각한다. 예를 들어 나는 다른 두 분이 지도 교수를 어떻게 정하는 것이 좋겠냐는 주제로 이야기할 때 교수들은 어떤 학생을 지도하고 싶어 하는가에 관해서 이야기한다. 학생과 지도 교수의 관계는 굉장히 오묘한 것이어서 흔히 결혼에 비유되기도 한다. 복잡하다면 복잡하고 단순하다면 단순할 수 있는 관계 속에서 학생이 교수에게 쌓이는 불만은 아주 여러 형태가 있을 것이다. 나는 그것의 일부에나마 도움을 주기 위해 교수들의 생활은 어떠하고 교수는 어떤 고민을 하며 사는지와 같은 주제로 이야기를 해보려고 한다. 그래서 학생들이 교수의 입장과 생각을 조금이라도 더 잘 이해해서 교수를 좀 더 잘 이용할 수 있기를 바란다. 그렇다. 대학원은 사실 학생이 교수를 이용하는 곳이다. 아니, 이용해야 하는 곳이다. 자신이 바라는 연구를 위해서 부족한 경험과 지식을 교수에게서 빌려오고 안전한 울타리 안에서 훈련을 해나가는 곳이다. 나는 내 글이 학생들에게 그런 면에서 도움이 되기를 바란다.

나는 2011년부터 '잡생각 전문 블로그'라는 이름으로 개인 블로그에 글을 가끔 써오고 있다. 그중 「박사과정 학생이 유의해야 하는 점」을 포함한 글 몇 편이 많은 이들에게 읽히면서 이 책의 집필에 참여하게 되었다. 윤섭 님께서 「내가 대학원에 들어왔을 때 알았더라면 좋았을 연구 노하우」라는 슬라이드에서 내 글을 추천해주셨고 덕분에 지금까지도 꾸준히 읽히고 있다.

「박사과정……」 글이 많이 읽히는 걸 보면서 좀 놀랐다. 따지고 보면 그 글에서 내가 한 말은 딱히 특별할 것도 없고 둘러보면 여기저기서 많은 분께서 이미 했던 말을 반복한 것뿐이다. '자기 주도의 자기 연구'라는 당연하게 들리는 말을 했다. 수업 듣고 필기하고 중간고사와 기말고사를 준비하는 등 주어진 문제를 잘 풀어야 하는 '공부'라는 것과 문제조차, 그것도 이 세상에서 아무도 푼 적 없는 문제를, 내가 스스로 만들어내야 하는 '연구'라는 것은 굉장히 다르다. 많은 이들이 공부와 연구가 완전히 다르다는 것을 깨닫는 과정에서 내 글이 어느 정도의 역할을 한 것이 여러 번 읽힌 이유가 아닐까 추측한다.

또 한편으로는 댓글을 읽으면서 내가 쓰는 글이 누군가에겐 도움이 되고 위로가 될 수 있다는 사실도 알게 되었다. 대학원에서 연구하는 이들이라면 누구나가 하는 비슷한 고민이고 끝날 때 즈음이면 대체로 비슷한 결론에 도달한다. 다른 사람들도 비슷한 고민을 하고 비슷한 생각을 하고 있다는 사실을 서로 나누는 것만으로도 글을 읽는 사람도 글을 쓰는 사람도 마음에 큰 위로와 용기가 된다. 학위과정을 계속해나갈 수 있는 용기와 연구를 포기하지 않고 계속해나갈 수 있는 용기가 되고 학생 지도에 더 힘을 내는 데 큰 도움이 된다.

「박사과정……」 글을 쓴 것이 2011년이니 벌써 오래전의 일이다. 그 글을 읽었던 박사과정 학생들이 졸업했고 박사과정을 시작하기 전에 그 글을 읽었던 학생들은 크고 작은 성취를 이루었을 것이다. 몇몇 분들께서 시작할 때 내 글을 읽은 것이 많은 도움이 되었다고 몇 년이 지나 다시 댓글로 남겨주었다. 내 글이 그분들의 성취 이유였을 것으로 생각하지 않는다. 어차피 박사과정을 하다 보면 고민이 쌓이고 그 고민 속에서 비슷한 결론들에 도달했을 것이고 비슷한 성취를 이루었을 것이다. 내 글이 없었어도 원래 다 잘되었을 일들이다. 다만, 내 글이 그분들께 '그래 네 생각이 맞아. 우리 모두 같은 의견이다. 네가 생각하는 대로 하고 싶은 대로 한 번 해봐. 네 연구잖아.'라며 등 떠밀어준 역할은 어느 정도 했을 것이다. 이 책에서도 비슷한 일을 하고자 한다.

나는 카이스트에서 기계공학을 전공했고 졸업 후에는 생산공학을 전공하는 연구실에서 석사과정 학생으로 한 학기를 지냈다. 수많은 고민 속에 첫해 여름을 보냈고, 결국 석사과정을 휴학·자퇴하고 웹 프로그램을 개발하는 회사에서 자바 프로그래밍 일을 했다. 많은 고민 속에서 가져온 작은 이 변화들이 내게 큰 도움이 되었다. 나는 수학을 잘하지도 못하면서 수학을 좋아했다. 수학을 전공으로 선택할 용기는 없어서 수학을 비교적 많이 쓴다고 하는 기계공학을 전공으로 택했다. 석사과정 첫해 가을학기를 시작하고 몇 주 후에 휴학했는데, 휴학 전 마지막으로 들었던 '광학' 수업 중에 수학을 떠나보내는 것 같은 마음에 아쉬워서 필기하다 말고 사인 엑스, 코사인 엑스를 노트에 몇 번이고 끄적였던 기억이 난다. 직장 생활을 하면서 교과서 밖의 세계를 처음 경험했고 자연스레 '사람' 혹은 '인간'에 대해서 궁금해졌다. 그래서 '인간공학' 전공으로 산업공학과에서 더 공부하고 싶었다.

미국에 있는 펜실베이니아 대학교의 산업공학과에 인간공학 박사과정 학생으로 입학했다. 웬일인지 첫 학기에 인간공학과는 별 상관이 없는 선형계획법Linear Programming이라는 최적화Optimization 수업을 듣게 되었다. 선형대수학 등의 수학을 제법 많이 쓰는 수업이다. 그리고 나는 최적화와 관련된 운영 과학Operations Research이라는 분야를 전공으로 택했고, 그중에서도 지도 교수님의 지도를 받아 교통Transportation 분야의 연구를 했다. 결국 수학을 이용해서 뭔가를 하는 데 흥미를 느꼈고 그걸 좋아해서 지금껏 즐겁게 연구하고 있다.

박사학위 후에는 미국 뉴욕주 버펄로라는 도시에 있는 뉴욕주립대학교 혹은 버펄로대학교라고 불리는 곳에서 7년간 교수로 근무했다. 버팔로는 눈이 아주 많이 오는 곳이다. 기껏해야 눈 좀 내리게 하는 블리자드 마법 공격에 몬스터들이 쓰러지는 이유를 알 수 있었던 곳이다. 2015년부터는 플로리다주 탬파라는 도시에 있는 사우스플로리다대학교로 옮겨서 근무 중이다. 여름이면 아주 습하고 더워서 에어컨 없이는 생활하기가 굉장히 어려운 곳이다. 두 곳 모두 산업공학과이다. 두 학교에서 그동안 석사과정 학생 6명, 박사과정 학생 7명을 지도 혹은 공동지도했다. 지금은 박사과정 학생 6명을 지도하고 있다.

이 책을 쓴 세 명 모두 공학 분야의 연구를 하고 있다는 점은 아쉬운 일이다. 순수 자연과학 분야, 인문사회 분야, 예술과 체육 관련 분야에서는 또 다른 상황이 있을 수 있고 지도 교수와 대학원생의 관계가 서로 다르게 설정될 수도 있겠다. 내 전공에서는 대체로 교수와 학생이 1대 1로 만나서 논문 지도를 하고 논문을 쓴다. 항상 그런 것은 아니지만, 대체로 그렇다. 내 분야에서 박사후과정(포닥)은 흔한 일이 아니다. 나는 5년간의 대학원 생활을 마치고 운이 좋게도 바로 교수 자리를 잡을 수 있었다.

박사후과정이 수년간 계속되는 것이 당연한 전공과 그렇지 않은 전공 사이의 간극은 분명히 존재한다. 생긴 지 수천 년 된 학문과 생긴 지 몇십 년밖에 되지 않은 학문 사이의 차이도 있을 것이다. 그러나 '연구'라는 행위의 본질은 그리 다르지 않을 것이다. 어떤 이야기를 하는지 한 번 들어봐주길 바란다.

1
좋은 학생, 나쁜 학생, 이상한 학생

지난 수년간 교직에 있으면서 다양한 배경과 성격의 박사과정 학생들을 만나봤다. 내가 지도했던 학생들도 있고 내가 강의했던 수업을 통해서 그리고 박사 논문 심사위원으로 가까이에서 관찰할 수 있었던 학생들도 있다. 그중 몇몇에 관한 이야기를 해보려 한다.

학생 A

이 학생은 석사과정 중에 처음 만났다. 내가 강의했던 수업을 통해서 만났는데 그 수업은 대체로 박사과정 학생들이 듣는 수업이었다. 그 학생은 수업 중에 그리 빛나는 학생은 아니었다. 시험 성적이 아주 우수하지도 않았고 수업 중에 나를 애먹일 만한 날카로운 질문을 하는 학생도 아니었다. 하지만 나는 이 학생과 함께 일하고 연구하고 싶은 마음이 들었다. 석사과정 학생이든 박사과정 1년 차 학생이든 수업 중에 눈에 들어오고 지도하고 싶은 마음이 드는 학생은 주로 시험 성적이 좋거나 수업 중에 질문과 토의를 통해서 날카로움을 보여주는 학생이다. 이 학생은 그런 날카로운 학생은 아니었다.

이 학생은 다른 박사과정 학생들 틈에서 공부하는 것이 그리 녹록지는 않았던지 내 연구실로 종종 찾아와서 여러 가지 질문을 했다. 나는 이 학생과 강의실이 아닌 내 연구실에서 만나면서 호감이 생겼다. 이 학생은 나를 만날 때 궁금한 질문의 목록을 미리 작성해 왔다. 차례대로 숫자가 매겨진 목록이었다. 그리고 그 질문들은 내가 강의한 내용의 중심 줄거리가 되는 부분의 맥을 정확하게 짚는 것들이었다. 비록 내가 가르치고자 했던 바를 순식간에 알아듣거나 그것을 넘어서서 날카로운 질문들을 쏟아내는 학생은 아니었지만, 묵묵히 자기만의 페이스로 정확히 맥을 짚어가며 공부하던 중이었다. 하지만 시험성적은 여전히 좋지 못했고 나는 최종적으로 이 학생에게 'B-'를 줬다. 대학원에서는 몹시 나쁜 평점이다. 그러나 나는 이 학생이 마음에 들었다.

그 수업이 열렸던 학기가 끝나기도 전에 나는 그 학생에게 함께 연구할 것과 석사학위 논문을 쓸 것을 제안했다. 거절당했다. 자신은 연구에 큰 관심이 없고 석사과정에 필요한 학점을 채워서 최대한 빨리 졸업하는 것이 목표라는 이유였다. 박사과정에 갈 일도 없으니 석사학위 논문이 필요하지도 않단다. 하지만 한 번 생각은 해보겠다고 했다. 수업과 관련된 질문 때문에 내 연구실에서 만날 때 종종 연구에 관해 이야기했고 내가 생각하고 있는 연구주제를 소개해주기도 했다.

학기가 끝나고 나서야 연구에 관한 관심이 생겼는지 내가 말한 연구주제로 석사학위 논문 연구를 해보겠다고 했다. 연구주제에 대해 꽤 자주 이야기해왔던 터라 당장 연구를 시작할 수 있었다.

연구를 진행하던 도중 첫 번째 걸림돌은 데이터였다. 필요한 데이터는 우리가 원하는 형태로 정리되어 있지 않은 채 여기저기 흩어져 있었다. 데이터 수집이 만만치 않았다. 하지만 이 학생은 자신의 연구에 이 데이터가 반드시 필요하다는 것을 잘 알고 있었고 '노가다'를 두려워하지 않았다. 엑셀 스프레드시트 한 페이지에 불과한 데이터를 모으기 위해서 두어 달을 꼬박 보냈다. 그 데이터를 바탕으로 성공적으로 연구를 마무리할 수 있었다. 연구를 진행하는 동안 주기적으로 만나는 동안 늘 잘 정리된 질문 목록을 가지고 다녔고, 내가 이야기해주는 것들을 미팅 중에 요점을 잘 파악하여 정리해 노트에 받아쓰곤 했다. 그리고 자신이 다음에 해야 할 일도 명확히 해서 노트에 정리했다.

나는 이 학생이 마음에 들었기에 석사학위 논문 연구를 하는 중간에도 박사과정 진학을 제안했다. 거절당했다. 여러 개인 사정에 대한 이유도 있었지만 아직 연구라는 것에 '박사과정'이라는 긴 시간을 투자할 확신이 없다고 했다. 석사학위가 끝날 즈음에서야 연구가 꽤 재미있는 것 같다면서 박사과정 진학을 결심했다고 말했다. 기뻤지만 안타깝게도 당시에는 나는 이 학생을 지원할 연구비가 없었던 상황이다. 학과에 요청했더니 다행스럽게도 수업 조교 자리를 얻을 수 있었다.

박사과정에 들어와서 첫 연구는 석사 연구의 후속 연구였다. 중간에 몇몇 어려움이 있었지만 잘 알고 있는 연구주제였다. 큰 탈 없이 잘 마무리할 수 있었다. 석사 연구와 박사과정의 첫 연구는 이 학생의 큰 노력으로 성공적으로 마무리되었다. 하지만 나는 그 두 논문을 이 학생의 논문으로 생각하지 않는다. 내 논문으로 생각한다. 두 사람의 공동연구이기는 하지만 굳이 따진다면 말이다. 기본 아이디어 구상부터 실제 글쓰기까지 많은 부분이 내 손을 거쳤다. 대부분의 박사과정 학생의 논문이 이런 식이다. 지도 교수의 손과 머리를 많이 거친다. 전공에 따라 다를 수 있지만 적어도 내 전공에서는 그렇다. 그런데 이 학생 A의 박사학위 마지막 논문은 좀 달랐다.

이 학생은 박사과정 첫 연구를 마무리할 때 즈음 자기는 전혀 다른 분야의 연구에 흥미가 생겼고 그쪽으로 연구를 계속하고 싶다고 했다. 나는 이 학생에게 연구주제 전환의 장단점을 이야기해줬다. 주로 앞으로 벌어질 어려움에 대한 단점에 관한 이야기들이 많았다. 지도 교수인 내가 잘 알고 있는 분야가 아니므로 세세한 지도는 어렵다는 점과 연구가 어려움에 빠졌을 때 좋은 해결 방안을 가지고 있지 못할 수 있다는 점 등에 관한 이야기였다. 이 학생의 새로운 연구 분야에 관한 관심은 대단했다. 결국 그 분야로 연구를 진행했다. 다행히 몇몇 학회 참석에서 주위들은 것들이 있었기에, 나도 처음에는 몇 가지 이야기들을 해줄 수 있었다.

연구를 시작하고 연구 방향을 어느 정도 잡았을 즈음, 또다시 데이터 수집에 대한 문제가 생겼다. 이 학생은 여러 경로를 통해 필요한 데이터를 모으기 위해서 알아봤다. 주변의 연구센터에 문의하기도 했고 여러 관련 연구자에게 연락을 취해서 물어보기도 했다. 아무런 성과가 없었다. 결국 직접 수집하기로 했다. 이번엔 웹사이트 몇 군데 돌아다니면서 수집한다고 되는 일은 아니었다. 실험해서 그 결과를 발표한 논문을 하나씩 찾아서 읽어보고 보고된 수치 한두 개를 기록해야 하는 일이었다. 1,000편이 넘는 논문을 검토해야 하는 상황이었다. 다른 학교에서 진행되는 유사한 연구에 대해서 들을 수 있었는데 거기에선 수많은 학부생 연구원을 고용해서 한다고 들었다. 안타깝게도 나는 수많은 학부생 연구원을 고용할 수 있는 연구비가 없었던 터라 학생 A는 혼자서 해결할 수밖에 없었다.

1년 정도 걸렸다. 그 기간 수리 모델을 손보고 연구 방향을 수정하는 등 많은 일을 하긴 했지만 기본적으로 데이터 수집에만 1년이 걸린 셈이다. 수리 모델을 바탕으로 컴퓨터 시뮬레이션 모델을 만들고 실험에 들어갔다. 2년 정도가 더 지나서 이 학생은 학위 논문을 완성할 수 있었고 무사히 졸업할 수 있었다. 학회에서는 최우수 논문상을 받기도 했다.

이 학생은 박사과정을 굉장히 성공적으로 잘 보낸 편이다. 그 이유를 알아보는 것이 박사과정을 지낼 분들께 도움이 되리라 생각한다. 곰곰이 생각해본 뒤 내가 내린 결론은 이 학생은 자신이 원하는 삶을 살았다는 것이다. 내가 이 학생의 개인적인 삶의 세세한 부분까지는 알 방법이 없으나 적어도 박사과정에서 연구와 관련된 것들에 대해서만은 절대적으로 자신이 원하는 것을 자신이 하고 싶은 방향대로 이끌어나갔다. 자신의 연구를 온전히 자신의 것으로 만들었다. 이 학생의 박사학위 논문에 내가 직간접적으로 기여한 바가 없지는 않으나 나는 이 학생의 학위 논문은 온전히 그 학생의 것으로 생각한다.

내가 어떤 박사과정 학생이 성공적으로 학위과정을 잘 마칠 수 있을 것인지, 그렇지 않을 것인지를 가늠해보는 잣대로 삼는 것이 하나 있다. 바로 지도 교수와 얼마나 자주 연락을 취하고 싶어 하고 의사소통을 하고 싶어 하는지이다. 나는 학생들과 매주 정기적으로 개별 미팅을 하고 있다. 어떤 학생은 그 사이에 아무런 연락이 없다. 이메일을 보내지도 찾아오지도 않는다. 하던 일이 끝나서 다음 단계로 넘어가야 하거나 막힌 부분이 있어서 같이 의논해야 하는 일이 있더라도 다음 주에 있을 정기 미팅 시간까지 기다린다.

하지만 어떤 학생들은 미팅하고 난 뒤 얼마 지나지 않아 연락이 오거나 다시 찾아온다. 미팅이 끝난 뒤에 곰곰이 생각해보니 뭔가 정리가 덜 된 부분이 있었던 거다. 그리고 그다음 주까지 기다리지도 않는다. 연구를 진행하다가 좋은 결과가 있으면 기쁜 마음으로, 혹은 도중에 걸림돌이 생겨 그에 대해 대화가 필요해서 등 여러 가지 이유로 이메일이 오거나, 추가적인 개별 미팅을 요청하기도 하고 지나가다 내 연구실로 불쑥 찾아오는 일도 있다. 자신의 연구를 진행해야 하는데 막힌 부분이 생겼고 자신의 힘만으로는 해결되지 않으니 지도 교수의 도움 혹은 의견이 필요한 일이 생겼고 다음 주까지 도저히 기다릴 수가 없었던 거다.

학생 A가 바로 그랬다. 지나가다가 내 연구실의 문이 열려 있으면 불쑥 찾아와서 질문을 던지고 의견을 구하는 일이 많았다. 횡설수설하는 경우는 없었다. 잘 정리된 질문을 던졌다. 그만큼 자신의 연구에 대해서 잘 파악하고 있고 충분히 생각해봤기 때문일 것이다. 다른 사람이 아닌 자기 자신의 연구를 했다. 처음 시작의 아이디어가 자신의 아이디어였든, 지도 교수의 아이디어였든, 자신의 연구를 했다.

박사과정은 학생이 자신의 연구를 하기 위해서 지도 교수의 경험과 시간을 빌리는 곳이다. 이 학생 A는 아주 좋은 예다.

학생 B

학생 B는 지도 교수의 말을 주의 깊게 들으며 존중할 줄 아는 심성을 가졌다. 지도 교수는 학생보다 대체로 경험이 많고 연구하는 문제에 대해서 더 많은 시간을 보내며 깊이 생각해본 적이 있다. 분명 학생이 지도 교수의 말을 존중하는 것은 필요하다. 다만 학생 B는 그 정도가 지나쳐서 지도 교수가 말하지 않았던 부분에 대해서 시간을 보내거나 의견을 내거나 새로운 시도를 해보거나 하는 일은 단 한 번도 없었다. 이 학생은 매주 정해진 미팅시간 이외에 지도 교수를 찾아오는 일은 없었다. 서류처리 따위를 위해서 지도 교수의 서명이 긴급히 필요한 경우를 제외하면 말이다.

미팅시간에는 주로 학생과 교수가 몇 가지 아이디어에 대해서 의논하다가, 그중 가장 괜찮아 보이는 아이디어에 대해서 더 깊이 생각해보고 한 번 간단히 시도해보고 잘될 가능성이 있는지를 판단해보자는 식으로 마무리 짓곤 한다. 학생 B는 '그 괜찮아 보이는 한 가지 아이디어'에 대해서 '미팅 시간에 의논했던 그 간단한 시도'를 적당히 해본 뒤 그다음 미팅시간까지 기다렸다. 시간이 얼마가 걸렸건, 실패했건 성공했건 상관없이 말이다. 자신이 직접 판단해서 무언가 모험적인 시도를 하는 일은 단 한 차례도 없었다.

이 학생과는 2년 정도를 그렇게 보냈다. 연구가 진척이 있었을 리 없었고 학생과 나 모두 지쳤다. 결국 이 학생은 박사과정을 끝까지 마치지 못하고 중도에 그만두어야 했다. 이 학생이 그만두게 되는 과정에서 학과의 대학원생 지도를 총괄하는 교수님과 면담을 한 일이 있었다. 그런데 그 자리에서 지도 교수의 의견에 '아니오.'라고 해도 된다는 사실을 전해 듣고 놀랐다고 했다.

학생 C

학생 C는 중도에 지도 교수에게 더 같이 일할 수 없다는 통보를 받고 중간에 지도 교수를 바꿔야 했던 학생이다. 학생 C는 수업 성적도 좋았고 연구와 관련된 여러 가지 일들도 제법 잘했다. 지도 교수와 여러 가지 연구 및 개발 프로젝트를 했고 그 일을 바탕으로 논문도 출판했다. 다만, 중간에 갑자기 연락이 안 되고 사라지는 일들이 종종 있었다. 한 번은 논문 제출 기한을 한 달여 앞두고 막바지 작업에 몰두하고 있던 차에 연락이 안 되는 일이 발생했다. 결국 논문 제출 기한을 넘겨서 다시 나타났다. 화가 난 지도 교수가 추궁하니, 인터넷 및 전화가 되지 않는 산악 지대에 있는 국립공원에서 야영장 관리 자원봉사를 하러 갔다고 했다. 학생 C는 그 지도 교수와 더 일할 수 없었고 다른 지도 교수를 찾아야 했다.

학생 D

학생 D는 수업 성적이 아주 좋았다. 학과 내 다른 대학원생들과 비교했을 때 수업 성적으로는 최상위 5%에 들어가는 학생이었다. 학부과정과 석사과정을 좋은 대학에서 보내고 박사과정에 진학했다. 이 학생이 박사과정 1년 차 때 들었던 수업에서는 모두 최고 성적을 받았다. 이 학생을 가르쳤던 교수들은 아낌없는 칭찬을 보냈다.

이 학생은 무사히 졸업하긴 했으나 이 학생과 함께했던 연구가 썩 즐겁진 않았다. 정해진 연구 회의 시간을 미루는 일이 잦았고 연구가 진행되는 속도도 더뎠다. 여러 가지 이유가 있을 수 있었겠으나 학생 D는 전형적으로 '강의실에서는 두각을 나타내지만, 연구실에서는 그렇지 못하는' 박사과정 학생이었다. 답이 있음이 잘 알려진 연습문제를 교수가 알려주는 방법으로 '열심히' 하기만 하면 잘되는 수업과는 달리 연구는 그렇지 않음에 어려움을 느꼈던 게 아닐까 한다. 그래서 연구에 집중하지 못하고 결국 소홀히 하게 되는 것이 아닌가 하는 생각을 한다. 연구에서는 답도 없고 정해진 시간도 없다. 동기부여도 부족했고 그로 인해 시간관리도 잘하지 못한 것 같다.

학생 E

학생 E도 학생 D와 비슷했다. 수업시간에 최고의 두각을 나타내는 학생이었다. 해야 하는 연구가 있음에도 연구보다는 수업 성적에 더 신경을 쓰는 듯 보였다. 학생 D와 비슷한 어려움을 겪는 듯했으나 그보다는 훨씬 더 좋은 연구를 했고 더 좋은 성과를 냈다. 내가 판단하건대 가장 큰 차이점은 학생 E는 지도 교수의 연구실에 자주 찾아와서 여러 가지 질문을 하고 의논을 한 것이 아닐까 한다. 학생 D는 연구와 관련된 궁금증으로 지도 교수의 연구실을 방문하는 일은 거의 없었다. 학생 A만큼 자주 왔던 것도 아니고 질문이 잘 정리되어 있지도 않았지만, 학생 E는 자주 찾아와서 연구와 관련된 궁금한 점들을 물어보면서 자기 연구를 해나갔다. '강의실 모드'에서 '연구실 모드'로 바뀌는데 굉장히 오랜 시간이 걸렸지만, 결국 그 지점에 다다를 수 있었다.

학생 F

학생 F도 중간에 지도 교수를 바꿔야 했다. 처음 만난 지도 교수와는 1년 정도를 같이 보냈는데, 그 지도 교수가 불같이 화를 내며 이 학생과는 더 같이 할 수 없음을 통보했다고 한다. 상심 끝에 새로운 지도 교수를 찾는 과정에서 나와 연락이 되었고 함께해보기로 했다.

결론적으로 말하자면 나는 이 학생과의 연구를 굉장히 즐겼다. 학생 A만큼 독립적인 학생은 아니었지만, 언제나 나의 기대를 넘어서는 성과를 보였다. 연구성과가 나왔을 때면 다음 주의 미팅 시간까지 기다리지 않았다. 이메일로 소통했고 때로는 내 연구실에 찾아와서 연구 진행 상황에 대한 여러 가지 의견을 내기도 했다. 미팅 시간에 정한 '이번 주에 해보기로 한 것들'을 마치자마자 그다음을 바라보고 자신만의 판단으로 여러 가지 실험을 하기도 하고 새로운 아이디어를 내기도 했다. 또 내가 '참'이라고 믿었던 몇 가지 생각의 오류를 발견해내기도 했다. 물론 자기 생각에 대한 오류도 자기 스스로 발견해내기도 했다.

이런 학생은 교수에게 매우 큰 힘이 된다. 나는 이 학생을 신뢰할 수 있는 동반자로 생각했다. 교수의 의견을 적절한 선에서 존중하여 말을 귀 기울여 듣되, 자신의 연구결과를 바탕으로 교수의 생각을 의심할 줄 알았다. 내가 제안했던 방법이 잘되었을 경우에는 그다음 단계를 미리 보고 자신만의 로드맵을 만들어나갔다. 내가 제안한 방법이 잘 안 되었을 경우에는 자신만의 대안을 만들고 시험할 줄 알았다. 연구는 그 누구도 답을 갖고 있지 않은 물음에 대한 답을 찾아 나가는 과정이기 때문에 교수라고 다 알 수는 없다. 확신을 갖고 연구할 수 있는 경우는 매우 드물어서 교수도 자기 생각이 맞는지 틀리는지 검증할 방법이 필요하다. 스스로 오래 반복해서 생각해보거나 혹은 주위 동료 연구자의 의견을 물으면서 검증해나간다. 그 '동료 연구자'가 내 지도 학생이라면 아주 큰 힘이 된다. 나는 학생 F가 굉장히 자랑스러웠다. 이 학생을 지도하면서 많은 기쁨을 누렸다.

이 학생이 왜 첫 번째 지도 교수에게 이별통보를 받아야만 했는지는 잘 모른다. 그 경험을 바탕으로 이 학생이 성장했을 수도 있을 것이고, 단지 그 지도 교수와 잘 맞지 않았을 수도 있다. 어찌 됐건 학생 F는 성공적인 박사과정 기간을 보냈다.

내가 바라는 박사과정 학생

내 생각에 박사과정 기간을 가장 훌륭히 보냈던 학생은 학생 A와 학생 F인 것 같다. 다른 학생들이라고 지금 인생을 잘 못살고 있는가 하면 그렇지는 않다. 박사과정 기간에서만 봤을 때 그렇다는 것이다. 내가 새로운 박사과정 학생을 뽑을 때 바라는 학생 유형은 역시 학생 A 또는 학생 F이다. 그러면 그 학생들이 어떻게 박사과정을 보냈나 돌아보면 나는 두 가지로 정리한다. 호기심과 책임감.

교수마다 박사과정 학생에게서 보고자 하는 점들이 다르겠지만 나는 '호기심' 있고 '책임감' 있는 학생을 바란다. 글에서 계속해서 학생이 지도 교수를 얼마나 자주 찾아오는가를 강조했다. 연구에 어려움이 생겼을 때 지도 교수를 찾아오지 않고 무작정 다음 미팅 시간을 기다리는 학생을 볼 때면 '궁금해서 어떻게 기다리지?' 하는 의문이 생긴다. 지도 교수가 제안한 방법이 잘 안 되었을 때 자신이 <u>스스로</u> 해결 방법을 찾아보지 않는 학생을 볼 때도 마찬가지다.

지도 교수의 생각대로 잘 안 된 이유가 왜 궁금하지 않을까 하는 생각이 든다. 나는 이런 것들을 궁금해하며 해결책을 찾아내거나 이유를 알아내지 않고서는 견딜 수가 없는 학생을 바란다. 책임감이야 두말할 것도 없다. 자신의 연구는 자신의 것이라는 책임감을 느끼고 임하다 보면 없던 호기심도 생길 것으로 생각한다. 창의성은 그다음 문제다. 창의적인 방법으로 문제를 해결하면 좋겠지만, 모든 문제를 창의적으로 해결하기는 가능하지도 않고 그렇게 할 필요도 없다.

2
내 연구하기

이 상태로는 졸업이 어렵습니다

박사과정을 하다 보면 언젠가 이런 말을 하게 될지도 모른다. "나는 열심히 하는데 지도 교수는 자꾸 이상한 소리만 하고, 교수가 졸업 준비를 시켜주지 않는다." 혹은 조금 더 자세히 "나는 교수가 하라는 대로 이것도 하고 저것도 하고 정말 열심히 했는데, 교수가 자꾸 논문 방향을 이리저리 바꾸기만 하고, 논문 진도는 안 나가고, 도대체 교수는 생각이 있는 건지, 이 교수 밑에서 배울 게 있는 건지, 내가 졸업이나 할 수 있을지 모르겠다."라고 말하게 될지도 모르겠다. 놀라울 정도로 많은 박사과정 학생들이 이런 말을 하는 순간을 맞는다. 지도 교수가 정상적으로 연구 생활을 지속해나가는 분임에도 그런 경우가 많이 생긴다. 그분의 연구결과물이 세상을 놀라게 할 만큼 뛰어난 것이든, 그렇지 않든 말이다.

교수도 연구 활동을 계속하고 계신 분이고, 그렇다고 학생들을 대상으로 범죄를 저지르거나 '갑질'을 일삼는 분도 아니고 학생은 열심히 했는데 도대체 어디서 무엇이 잘못된 것일까?

일단, 교수가 하라는 대로 했기 때문에 문제다. 정확히는 교수가 뭘 하라고 말하게 놔둬서 문제다. 박사학위 논문은 학생 본인이 쓰는 거다. 물론 처음에는 지도 교수가 이런 거 저런 거 하라는 거 해보면서 연습도 하고 실력도 쌓고 논문도 읽으면서 준비를 하게 된다. 그런데 이게 박사 말년 차 때까지 계속된다면 문제가 아주 심각해진다. 교수는 일단 기본적으로 어떤 연구를 하면 좋은 성과를 내서 졸업할 수 있는지 잘 모른다. 어떤 주제를 어떤 방식으로 연구해서 졸업할 수 있을 만한 (대체로 출판할 수 있는) 논문을 쓸 수 있는지 안다면 그건 이미 연구가 아니다. 아인슈타인이 말했다. "우리도 우리가 뭐 하는지 잘 모르잖아요. 알면 연구 아니잖아요. 그렇잖아요." 그래서 일단 가슴속에 명심하자. 교수는 아무것도 모른다. 물론 지도 교수 말고 다른 교수들도 아무것도 모른다. 이 세상 사람들 그 누구도 모른다. 알기 위해서 연구를 하는 거고, 그래서 박사학위를 주는 거다.

일단 박사과정에 들어간 지 2~3년 차가 되면 어느 정도 연구가 어떤 건지 감은 잡았다고 보고, 그 단계에 들어서면 논문의 주인이 교수가 되어서는 안 된다. 학생 본인이 주인이 되어야 한다. 그런데 학생이 주인이 되기를 꺼리고 있다면 교수는 어쩔 수 없이 무언가 말을 하기 시작하고 이것저것 시켜보기 시작한다. 학생이 감을 잡지 못하고 연구 방향을 정하지 못하거나 연구 방법을 정하기 어려워하는 것 같으면, 지도 교수는 도와주기 위해서 당연하게도 이것저것 시도를 해보게 한다. 그러다가 학생이 언젠가 주인임을 선언하고 나서기를 기다리며. 그런데 이 시도라는 게 그야말로 시도다. 앞서 말했듯이, 교수도 뭔지 모른다. 그래서 자기가 생각하기에 가장 가능성 있어 보이는 몇 가지를 시켜볼 거다. 근데 당연히 안 될 가능성도 크다. 그래서 연구하는 거니까.

학생이 이 몇 가지 시도를 해보고 나서 잘 안 되었을 때는 두 가지 반응이 있을 수 있다. 첫 번째는 관련 논문들을 읽어보고 다른 방안을 생각해보고 대안을 생각해서 교수에게 말한다. "이렇게 해볼까 하는데 어떻게 생각하세요?" 그러면 교수는 자신의 경험과 지식을 바탕으로 아예 말이 안 되는 건 아닌지를 따져줄 거다. 이건 좋은 경우이다.

두 번째는 교수가 시키는 (사실은 시킨 게 아니고, 하나의 가능성을 제시한 것) 대로 '열심히' 해보고 안 됐기 때문에 다시 교수를 만났을 때 "잘 안 되네요. 이제 어떻게 할까요?"라고 물어본다. 아주 안 좋은 경우다. 교수라는 직업을 가진 사람들은 뭔가 질문이 들어오면 대체로 대답을 해준다. 학생의 질문에 답을 주려고 노력하는 것이 직업이기 때문이다. 문제는 박사 수준의 연구에서 교수의 대답이라는 건 별로 믿을 게 못 된다. 교수도 잘 모르기 때문이다. 그래서 정답이 아니다. 아마 "잘 안 되네요. 이제 어떻게 할까요?"라고 물어보면 또 뭔가 이것저것 말해줄 거다. 그러면 학생은 또 돌아가서 시킨 대로 열심히 해본다.

이 과정이 반복되다 보면 당연히 논문은 진도가 안 나갈 것이고 학생은 초조해지기 시작할 것이다. 교수가 이런 말을 할지도 모른다.

"이 상태로는 졸업이 어렵습니다." 아니, 이게 무슨 소리인가? 학생은 교수가 시키는 대로 열심히 했는데 맨날 했던 말을 '뒤집고' 방향을 '바꾸고' 했던 것은 교수이다. 그런데 왜 졸업을 못 시켜주겠다는 건가? 학생은 불평불만이 아주 많을 것이고, 화도 날 것이고, 믿었던 도끼에 발등 찍힌 기분일 것이고, 여러 가지로 스트레스를 많이 받을 것이다. 황당하기도 할 것이다.

그런데 교수는 '뒤집고' '바꾸고' 했던 적이 없다. 학생의 도움 요청에 반응했을 뿐이다. 학생의 연구 내용은 그 학생이 가장 잘 안다. 연구의 큰 줄기는 지도 교수가 파악하고 있을 수 있으나 세부적인 사항들은 당연하게도 학생이 가장 잘 알고 있어야 한다. 이런 상황에서 연구 방향에 대해서 주도적으로 결정을 내려야 하는 것은 학생이다. 지도 교수는 그저 잘못된 결정을 내리지 않도록 도와줄 뿐이다.

지도 교수가 자기 논문을 쓰게 만들면 안 된다. 자기 논문은 자기가 써야 한다. 물론 학생이 주도적으로 연구하고 방향을 정하고 여러 가지 결정을 내려도 졸업 후에 돌아보면, 결국 자기 논문에 지도 교수가 기여한 것이 더 크다고 생각할 확률이 높다. 그래도 어쨌든 학생은 자신이 주도적으로 자기 논문을 이끌어야 한다. 그래야 졸업할 수 있다. 그렇게 주도적으로 연구하는 사람에게 수여하는 것이 박사학위이며 주도적으로 연구하지 않으면 졸업논문을 완성할 가능성도 매우 낮을 것이다.

최종발표 때 지도 교수를 놀라게 하지 말자. 학생이 주도적으로 연구해야 한다고 해서 지도 교수를 연구에서 배제하고 해도 된다는 말은 아니다. 적어도 지도 교수는 학생이 어떤 주제의 연구를 어떤 흐름을 가지고 하는지는 알아야 한다. 지도 교수를 주기적으로 만나서, 자기가 어떤 주제로, 어떤 방법으로 연구하고 있고 지금 상황은 어떤 상황이며 졸업 논문 전체의 구성은 어떻게 될 것이며 앞으로 시간 계획은 어떤 것인지를 끊임없이 업데이트를 시켜줘야 한다. 만일 교수가 생각하기에 문제가 될 법한 것들이 있다면 조금 더 자세히 물어볼 것이며 정말로 문제 된다면 교수가 지적해줄 것이고 어쩌면 해결 방법이 될 여러 가지 대안들을 알려줄 것이다. 아무튼 중요한 것은 교수는 학생의 연구에 대해서 알고 있어야 한다.

만일 지도 교수가 학생의 연구에 대해서 잘 모르고 있다면 당연하게도 학생 본인이 어떻게 판단하든 졸업할 준비가 안 되어 있다고 생각할 것이다. 아마 뭐가 잘못됐다면서 연구를 다시 하라고 할 가능성이 높다. 끊임없이 업데이트를 시키면서 문제가 있는지 없는지를 확인해야 한다. 최종발표를 하려고 하는 내용에 지도 교수가 놀랄 만한 이야기가 있으면 안 된다.

간단하게만 업데이트시키는 경우에도 만날 때마다 했던 이야기를 또 해야 한다. 매주 혹은 2주마다 지도 교수를 주기적으로 만나는 학생의 경우에도 이런 불만을 터트릴 수 있다. 교수가 지난 미팅 때 했던 이야기를 전혀 기억 못 해서 했던 이야기 또 해야 한다. 당연하다. 교수는 원래 학생 연구를 자세히 기억하지 못한다. 학생은 교수랑 일대일로 만나는 거지만, 교수는 만나야 할 학생도 많고 자기 연구도 생각해야 하는 등 기억해야 하는 것이 너무 많다. 교수가 학생 연구를 너무 잘 알고 있으면, 아마 그건 학생 연구가 아닐 거다. 교수 연구를 학생이 도와주고 있는 것일 뿐이다.

내 연구의 기회 찾기

많은 경우에, 특히 이공계 중에서 생물학 관련 분야에서 지도 교수가 전체 연구를 지휘하는 가운데 박사후과정과 박사과정 학생들이 어우러져서 몇몇 부분의 실험과 분석을 맡아서 하게 되는 경우가 많다. 지도 교수와 박사과정 학생이 일대일로 연구할 때도 지도 교수가 하는 연구 프로젝트에 박사과정 학생이 그 연구에 참여하는 경우가 있다. 대체로 지도 교수가 잘 알고 관심 있는 분야의 연구주제로 연구 제안서를 써서 연구재단 등으로부터 연구비를 받아서 하는 경우다. 그야말로 위에서 말한 대로 교수 연구를 학생이 도와주고 있는 경우다. 이 상황에서 학생이 자신의 연구를 어떻게 할 수 있을까? 지도 교수가 지난 수년간 연구해온 분야이니 이 연구주제에 대해서만큼은 지도 교수가 이 세상에서 가장 잘 알고 있을 것이다. 시키는 대로 실험해보고 그 결과를 보고 하는 것 이외에 학생이 할 수 있는 것이 도대체 무엇이 있을까?

실제로 내가 '교수'로서 겪은 경험도 대체로 비슷하다. 내가 직접 연구 제안서를 써보니 제안서가 완성되고 연구비를 받게 될 때쯤이면 머릿속에 대체로 그 연구의 결말이 보인다. 이런 문제를 이렇게 저렇게 해서 풀면 흥미로운 연구가 되겠지. 그 아이디어를 바탕으로 직접 조금 연구 해보기도 하고 그 방향이 희망적으로 보이면 제안서를 쓰게 되고 그 제안서를 읽는 사람들도 방향이 희망적이라고 생각되면 연구비를 주기로 하는 것이다. 그러니 내가 제안서에 써놓은 그 방법대로 열심히 실험하고 분석하면 끝날 일이다. 교수가 모든 부분을 다 할 수 없으니, 연구비로 학생을 고용하는 것이고 그 학생이 내가 제안한 방법을 열심히 실행하면 되는 것이 아닌가.

그런데 웬걸 연구비를 받고 실제로 연구를 진행해보니 생각지 못했던 문제점이 한둘이 아니다. 아마 전체적인 연구 방향은 잘 바뀌지 않으리라 생각한다. 충분히 경험 있는 교수가 A→B라는 길이 되는 길이라 생각했고 심사하는 사람들도 그 길이 말이 된다고 동의했으면 웬만하면 그 길이 되는 길이리라. 하지만 B라는 최종 목적지에는 예상했던 대로 도착하더라도, 실제로 A에서 B까지 가는 길은 굉장히 다를 수 있다. 그 길을 찾아가는 동안 학생이 독립적으로 할 수 있는 일이 많다. 심지어 생각과는 전혀 다른 결과가 나오고 그것을 해석하는 과정에서 아주 새로운 연구가 탄생하기도 해서 A에서 출발했더니 B에 도착하는 것이 아니라 전혀 엉뚱한 M에 도착할 수도 있다는 것이다.

조금 더 자세히 A라는 조건 아래에서 B라는 가설이 옳음을 보이는 것이 연구 프로젝트의 방향이라고 하자. 가설을 테스트하기 위해서 교수는 아마 제안서에 여러 가지 가능한 방법을 제시했거나, 그 가설이 옳다는 신호를 보내는 몇몇 선행 연구결과를 가졌을 것이다. 그런데 생각했던 방법을 적용해서 실제로 연구해보면 그 방법이 잘 안 되는 경우가 많다. 처음에 생각했던 대로 했더니 그 생각대로 다 잘되는 연구는 아마 '뻔한 연구'일 수도 있고 누군가 이미 다 해서 새로운 것이 별로 없는 연구일 수도 있다. 그래서 '재밌는' 연구는 대체로 생각했던 대로 잘 안 된다. 이런 상황을 생각해보면 B라는 가설을 세운 것은 교수의 연구이지만 그 가설을 실제로 테스트하는 것은 학생의 연구일 수 있다.

제안된 방법으로 연구하다가 잘 안 되었을 때가 연구원으로 참여하는 학생에게는 자신의 연구를 할 기회이다. 좀 더 정확히는 자신만의 연구 문제를 찾을 기회이다. '(지도 교수가 제안서를 쓸 때도 고민을 했고 제안서를 심사했던 전문가들도 그에 대체로 동의를 했으니) 잘될 것으로 보이는 이 방법이 실제로는 왜 잘 안 될까?'를 묻고 그 이유를 알아내고 새로운 방법을 찾아보고 테스트하는 연구를 할 수 있다. 이런 일은 굉장히 흔하게 발생한다. 이전까지는 지도 교수의 연구를 학생이 도와주고 있었다. 하지만 이제는 역전이다. 학생의 연구를 지도 교수가 도와줄 차례이다.

내 연구가 얼마나 중요한 것인지 혹은 얼마나 사소한 것인지는 별로 중요한 문제는 아니다. 적어도 이 단계에서는 말이다. 아무리 사소한 것일지라도, 이 세상의 그 누구도 답을 준 적이 없는 물음에 내가 답을 찾아내는 과정이니 그 자체로 중요하다. 행여나 답을 찾아내는 데 성공이라도 하면 그 순간 세상의 모든 것들이 달라 보일 것이다. 나의 작은 깨달음이 이 세상을 달라 보이게 한다. 나의 연구를 할 기회가 왔다는 것이 얼마나 흥분되는 순간인가!

물론 잘 안 된다. 연구에서는 잘되는 경우보다 잘 안 되는 경우가 훨씬 많다. 고민에 고민을 거듭해서 한 가지 문제점을 해결하고 나면, '안 되는 것' 혹은 새로운 문제점들이 몇 개는 더 생긴다.

잘 안 되면 지도 교수와 의논하자. 지도 교수는 그럴 때 쓰라고 있는 거다. 지도 교수에게 물어보면 아마 또 몇 가지 가능성이 있어 보이는 방안을 말해주겠지. 지도 교수가 '시키는' 일을 비판 없이 받아들이고 시키는 것 이외의 길을 찾지 않을 때와 나의 작은 연구주제를 찾아서 그 연구를 하기 위해 지도 교수에게 조언을 구해 '제안받은' 일을 해보는 것은 모든 것이 전혀 다르다. 이제는 지도 교수와 함께 연구를 해나가는 동반자가 된 것이다. 이때 지도 교수와 학생의 차이는 경험의 정도뿐이다.

이런 식으로 '내 연구'가 쌓이면 지도 교수와 만나는 면담 혹은 회의 시간은 학생이 지도 교수에게 가르침을 받는 시간이 아니라 학생이 지도 교수를 '개인 교습'하는 시간으로 점점 바뀌게 된다. 교수는 몰랐던 문제에 대한 답을 학생이 알아내는 게 많아진다. 하산할 때가, 졸업할 때가 다가온 것이다.

교수도 잘 모른다

내가 길게 말한 것이 정리가 잘 안 된다면 한 가지만 기억하자. "교수도 잘 모른다." 교수가 멍청해서 잘 모르는 게 아니라 다른 사람들도 다 잘 모른다. 그래서 연구다. 한 가지를 더 기억할 수 있다면, 이 점을 명심하자. "그런데 교수가 잘 알게 되어야 학생이 졸업한다."

3
연구의 비법
: 파인만 알고리즘

수많은 문제를 해결하고 연구를 잘할 수 있는 비법이 있다. 내가 만든 비법은 아니다. 미국의 유명한 물리학자 리처드 파인만이 사용했다고 알려진 문제해결법이다(사실은 머리 겔만Murray Gell-mann이라는 동료 물리학자가 우스갯소리로 한 이야기이다).

1. 문제를 쓴다 Write down the problem.
2. 진짜 열심히 생각한다 Think real hard.
3. 답을 쓴다 Write down the solution.

나는 이 알고리즘을 대학을 갓 졸업했을 때 처음 접했다. 황당하다고 생각했고, 파인만 같은 천재들에게나 해당하는 문제해결 방법이라고 생각했다. 몇 년 후 시간이 흘러서 대학원생일 때 이걸 다시 봤을 때는 2번 항목에 감명을 받았다. 문제를 '직접' 해결하는 방법 중에 저 방법 말고 다른 방법이 도대체 뭐가 있을까를 생각했다. 열심히 생각하는 것 이외에 문제를 해결하는 방법은, 답을 아는 사람에게 물어본다 따위가 있을 수 있겠으나 '직접' 해결하는 방법은 아니다(물론 답을 아는 사람에게 물어보는 해결 방법에서도 누가 답을 알고 있을 것인지에 대해서 열심히 생각해봐야 한다).

여전히 2번에 대해서는 강한 동의를 하고 있지만, 가장 감명 깊은 부분은 1번 항목이다.

'문제를 쓴다.'

이것은 내가 풀어야 할 문제가 정확히 무엇인지를 알고 있을 때만 할 수 있다. 당연하다. 문제가 뭔지 모르는데 문제를 어떻게 쓸 수 있을까? 그런데 많은 경우에 우리가 풀고 싶은 문제가 도대체 무엇인지 정확히 알지 못한다. 풀어야 할 문제를 정확히 알고 정확하게 기술할 수 있는 경우는 얼마 되지 않는다. 그래서 아무리 생각해봐야 '문제'를 풀지도 못하고 소위 '삽질'만 하게 된다.

공부하면서 만나는 많은 연습 문제들과 시험 문제들은 1단계를 누군가가 잘해놓은 것이다. 문제는 아주 잘 쓰여 있다. 그래서 1단계가 필요없다. 대신 이런 경우에 1단계는 문제를 '잘' 읽는 것이다. 그래서 문제가 무엇인지를 정확히 '인지'해야 한다. 문제를 푸는 방법은 알고 있었는데 문제를 잘 읽지 않아서 잘못된 답을 해본 경험이 꽤 있을 것으로 생각한다. 그래도 이런 경우에는 조금만 조심하면 1단계는 비교적 쉽게 넘어갈 수 있다.

내가 1단계를 직접 해서 문제를 써야 하는 경우엔 많은 어려움이 있을 수 있다. 연구하고 논문을 써야 하는 경우를 생각해보자. 많은 연구 초심자들은 도대체 어떤 문제를 풀어야 하는지를 모를 때가 많다. 연구를 처음 시작하는 사람들은 아예 감도 잡지 못하고 어떻게 해야 도대체 '문제'라는 것을 발견할 수 있는지를 모른다. 그래서 석사과정 학생들 혹은 박사과정을 처음 시작하는 학생들에게 지도 교수가 논문 주제를 던져주는 경우가 많다.

조금 감을 잡았다고 해도 여전히 문제를 정확히 기술하는 1단계를 통과하기에는 많은 과정이 남아 있다. 예를 들어서 '대형 지진 발생 이후의 대처법'이라는 것에 관해서 관심이 생겨서 연구하기로 했다고 하자. 이것은 '연구 분야'가 될 수는 있을지언정 '문제'는 전혀 아니다. 조금 더 범위를 좁혀서 '대형 지진 발생 이후의 적절한 구호물자 운송 방법'에 대해서 연구하기로 했다고 하자. 많이 좁혀졌지만, 아직 '문제'는 아니다.

이제 범위를 좁혔으니 무엇이 정말 '문제'가 되는지를 알아야 한다. 사실 이것은 쉬운 일은 아니다. 내가 '만들어낸' 문제와 '실제로 발생하는' 문제는 전혀 다를 수도 있기 때문이다. 많은 사람이 "잘못된 문제에 정확한 답을 찾기 위해서 헛수고를 하고 있다finding precise answers to the wrong questions."(Baxter and Rennie, 1996) 파인만 문제해결법의 첫 번째 단계에서 실수를 범했기 때문이다.

위에서 언급한 지진 발생 이후의 물자 운송방법이라는 주제에 대해서 있을 법한 문제로는 다음과 같은 것이 있다.

A라는 빈도로 z라는 지역에서 구호물자에 대한 수요가 발생할 때 얼마나 자주 x 지역에서 z 지역으로 물자를 수송해야 할까?

이것은 '문제'이다. 하지만 여전히 '잘못된 문제'일 수 있다. 예를 들어서 실제로 z라는 지역에서 수요는 A라는 빈도로 발생하는 것이 아니라 AA라는 빈도로 발생한다고 하면 잘못된 문제이다.

어떤 아이디어를 가지고 논문을 쓰기 위해 연구를 하다가 '문제'가 풀리지 않아서 결국 포기했던 것들도 꽤 많다. 돌이켜 생각해보면 거의 모두가 실제로는 문제를 찾을 수가 없을 때였다. 문제가 무엇인지 명확하게 알고 있을 때는 열심히 하면 (비록 오랜 시간이 걸릴지라도) 대부분 문제가 풀렸다. 논문은 아니지만, 컴퓨터 프로그램을 작성한 것이 결과가 제대로 나오지 않는 경우, 소위 버그가 있는 경우를 예로 들어보자. '결과가 제대로 나오지 않는다. 어떻게 제대로 나오게 할 수 있을까?'는 좋은 문제가 아니다. 좋은 문제가 되기 위해서는 몇 가지 단계로 나누어야 한다. (1) 어떤 결과가 제대로 나오고 어떤 결과가 제대로 나오지 않는가? (2) 결과가 제대로 나오지 않는 것은 잘못된 코드 때문인가, 혹은 잘못된 알고리즘 때문인가? 더 나아가서 알고리즘이 풀려고 하는 문제 자체가 잘못된 것인가? 등으로 나누어서 문제를 정의하고 열심히 생각하면 대부분 해결된다.

연구는 사실 답을 찾는 과정이 아니라 문제 혹은 질문을 찾는 과정이다. 파인만 알고리즘의 가장 첫 번째에 '문제를 쓴다'가 오게 된 것은 깊은 통찰력의 결과물이라고 믿는다.

4
지금 하고 있는 게 연구인가, 아닌가?

지금 대학원에 와서 내가 하는 일들이 연구인가, 아닌가? 나는 지금 도대체 뭘 하는 건가? 이 질문에 답하기 위해서 연구가 무엇인지 한 번 생각해보고 다른 사람들은 연구에 대해서 무어라고 말하는지 알아보자. 아인슈타인은 이렇게 말했다.

"우리도 우리가 뭐 하는지 잘 모르잖아요. 알면 연구 아니잖아요. 그렇잖아요.If we knew what it was we were doing, it would not be called research, would it?"

여러 가지로 음미할 수 있는 말이지만, 우선 '모른다'에 주목해보자.

다음 어학사전은 '연구'를 다음과 같이 정의한다. "어떤 일이나 대상을 깊이 있게 조사하고 생각하여 이치나 진리를 밝힘." 아인슈타인의 말과 한 번 조합해보면 연구란 무엇을 하는지도 모르면서 뭔가 열심히 하다가 수많은 과정을 거쳐서 결국에는 새로운 지식을 얻게 되는 과정인 것 같다.

이 정의는 말은 잘되지만 조금 뜬구름을 잡는 듯한 느낌이다. 조금 더 자세히 알아보자. 연구가 무엇인지를 알아보기 위해서는 무엇이 연구가 아닌지 알아보자. 좀 더 정확히는 무엇이 연구의 '목표'인지 아닌지 알아보자. 내가 연구 제안서를 쓸 때 아주 큰 도움을 받은 글이 있다. 미국 과학재단NSF, National Science Foundation의 공학 분야에서 오랫동안 근무하신 조지 헤이즐리그George Hazelrigg의 「제안서 작성기술을 연마하라Honing Your Proposal Writing Skills」라는 글이다. 내가 마치 경전처럼 생각하며 종종 다시 읽어보는 글이다. 구글검색으로 찾을 수 있다. 이 문서에서 상당히 흥미로운 이야기를 찾을 수 있다.

"심사위원에게 '연구가 아님'을 의미하는 단어들이 많이 있다. 개발develop, 설계design, 최적화optimize, 제어control, 관리·조종manage 등의 단어들이다. 만일 이런 단어들이 제안서의 연구목표 기술에 포함된다면, 당신의 목표가 연구가 아님을 심사위원에게 말한것과 다름없고, 결국 평가 점수는 낮을 것이다."

무엇인가를 개발, 설계, 최적화, 제어, 관리·조종 등을 하는 것은 연구의 목표가 될 수 없다는 거다. 재미있다. 공학 분야에서는 저런 것을 어떻게 하는지 보여주겠다고 하는 논문을 수도 없이 많이 보았다. 심지어 연구 제안서에서도 저런 것이 목표라고 하는 연구자들이 수도 없이 많다. 그런데 그것이 연구의 목표는 아니라고 한다. 순수 연구를 지원하는 것을 목적으로 만들어진 미국과학재단에서 수십 년간 일해 온 분께서 개발, 설계, 최적화, 제어, 관리·조종은 연구의 목표가 될 수 없다고 한다.

이 분이 더 재미있고 더 도움이 되는 이야기도 해주신다. 공학 연구의 목표를 기술하는 방법은 자신이 알기로는 단 네 가지밖에 없다고 한다.

1. 가설 H를 검정하는 것
2. 파라미터 P를 정확도 A로 측정하는 것
3. 추측 C를 증명하는 것
4. D 분야의 M 방법론을 E 분야의 P 문제를 풀기 위해 적용하는 것

사회과학과 공학이 어렴풋이 겹쳐지는 분야를 연구하는 내가 보기에 반드시 맞는 말은 아닐 것 같다는 생각이 들 때도 있다. 하지만 그렇다고 해서 네 가지 범주 이외의 일반화된 연구 목표 기술 방법을 알지 못한다. 자연과학 분야에서는 또 다른 이야기가 있을 법도 하다.

내 분야의 NSF 프로그램 담당자께서 해주신 조언이 있다. 어떤 연구 프로젝트가 끝났을 때 그 결과로 '지금은 우리 인류가 알지 못하는 어떤 새로운 지식을 얻을 수 있는가 없는가, 그 지식이 무엇인가?'에 대한 대답을 비교적 명확히 할 수 있는 프로젝트에만 NSF에서 연구비를 지원한다는 것이다. 처음의 사전적 정의와 일맥상통한다. 아인

슈타인의 말과는 조금 다르지만 아인슈타인 본인도 연구 제안서를 쓸 때쯤 돼서는 목표가 비교적 명확해졌을 것이라 (내 마음대로) 추측해본다.

그럼 위에서 언급한 개발, 설계, 최적화, 제어, 관리·조종은 무엇일까? 이런 단어를 언급하는 연구 논문과 연구자들이 아주 많은데, 연구의 목표는 아니라고 하니 그 실체가 궁금해진다. 내가 볼 때 이것들은 어떤 연구 목표를 달성하는 데 필요한 여러 활동이다. 언급한 활동들 자체가 연구는 아니지만, 저 활동을 하지 않고 연구할 수는 없다. 저런 행위들이 연구의 목표가 될 수는 없지만, 연구하는 데 필요한 여러 가지 작업task일 수 있다는 말이다.

박사학위를 받았을 당시만 해도 나는 저런 행위들이 연구 그 자체인 줄 알고 있었다. 그래서 처음 조지 헤이즐리그의 글을 읽었을 때는 많이 놀랐다. 곰곰이 생각해봤더니 새로운 지식을 알아내는 '연구'는 지도 교수님께서 하고 있었다. 나는 그 일을 도우면서 연구에 필요한 여러 가지 활동들, 즉 개발, 설계, 최적화 작업을 하고 있었다. 연구가 뭔지도 모르면서 연구하는 줄 알고 있었으니 안타까운 일이다. 내가 무사히 박사학위를 받았던 걸 보면 특별히 못나서 연구가 뭔지 몰랐던 건 아닌 모양이다. 나는 연구의 목표와 작업을 구분하지 못했다. 하지만 연구에 필요한 여러 활동을 하고 있었으니 연구에 참여하고 있었다는 것까지 틀린 말은 아니다.

조금 더 자세히 이야기해보자. 예를 들어 어떤 새로운 알고리즘을 개발하는 일을 생각해보자. 헤이즐리그의 말에 따르면 이것은 연구가 아니다. 좀 더 정확히 말해서 '새로운 알고리즘을 개발'하는 것이 연구의 '목표'일 수는 없다. 알고리즘을 개발하는 일은 분명 중요한 연구 행위이다. 하지만 알고리즘을 개발하는 다른 이유가 있을 것이고, 그것이 연구의 목표와 관련이 있을 거라는 말이다. 만일 동물 사진 중에서 고양이 사진을 골라내는 알고리즘을 개발하고 있다면 고양이 사진을 잘 골라내는 것이 목표이지, 알고리즘 개발이 목표는 아니라는 것이다. 말장난 같지만 차이는 명확하다.

심지어 고양이 사진을 잘 골라내는 방법을 알아내기 위한 연구를 하는 분들도 단지 고양이 사진 구분만이 연구의 목적이 아니라는 것은 잘 인지하고 있을 거다. 고양이 사진과 개 사진을 넘어선 그 너머 어딘가에 '목적'이 향하고 있을 거다. 작업task과 목표objective, 그리고 목적goal과 목표를 구분하자. 다음 어학사전에서는 다음과 같이 정의한다.

- 작업: 일정한 목적과 계획에 따라 육체적이거나 정신적인 일을 함
- 목표: 활동을 통하여 이루거나 도달하려는 실제적 대상으로 삼음
- 목적: 이루려고 하는 일이나 방향

작업은 현재 내가 하는 활동이다. 목표는 그 작업이 이루려는 대상이다. 목적은 궁극적으로 내 연구의 목표가 향하는 방향이다.

연구에서 처음부터 목적과 목표가 명확한 경우는 잘 없다. 처음부

터 목적과 목표가 있는 연구를 하는 대학원생이라면 운이 좋다. 지도 교수님이나 연구실의 다른 선배들이 이미 갈 길을 잘 닦아두었다. 앞서 소개한 '파인만 알고리즘'의 1단계 '문제를 쓴다.' 부분이 해결되었기 때문에 이제 다양한 연구 활동 및 작업을 하며 '진짜 열심히 생각'하면 되겠다.

자신의 연구 방향을 잡고 싶은 학생 혹은 지도 교수가 하라고 시킨 이 연구의 방향이 무엇인지 알아내고 싶은 학생은 '연구주제에 대해 3단계로 말해보기' 방식을 이용하면 좋겠다. 『영어 논문 바로 쓰기 A Manual for Writers of Research Papers, Theses, and Dissertations』라는 책에 나오는 이야기다. 다음의 예를 보자.

(당신은 무엇을 공부하고 있나요?)
1. 저는 X라는 주제에 대해 공부하고 있습니다.
   (왜 그 주제를 공부하고 있지요?)
2. 저는 왜 Y인지 알고 싶거든요.
   (그걸 알면 뭐가 어쨌다는 거죠?)
3. 그러면 제가 다른 사람들이 왜 Z인지 이해할 수 있게 도와줄 수 있거든요.

1단계는 연구에 필요한 활동 혹은 작업이다. 개발, 설계, 최적화 같은 것들 말이다. 2단계는 연구의 결과로 얻을 수 있는 직접적인 새로운 지식이며 연구의 목표이다. 3단계는 연구의 목표를 이룸으로써 도달할 수 있는 궁극적인 목적이며 연구가 추구하는 방향이다. 대학원생일 때는 주로 1단계에 모든 시간을 쓰고 그것만으로도 벅차다. 하지만 2단계와 3단계, 그러니까 연구의 목표와 목적에 대해서 종종 생각해보면서 연구하면 크게 도움이 된다.

  이 글의 제목에서 묻는 것처럼 지금 하고 있는 게 연구인지 아닌지를 아는 것은 크게 중요치 않을지 모른다. 대신 내가 하는 연구 활동과 내가 세운 연구의 목표가 어느 방향을 향하고 있는지 아는 것은 좋은 연구를 하는 데 분명히 큰 도움이 된다. 내가 학생 시절 그랬듯이 논문의 다른 부분은 다 잘 쓸 수 있지만 첫 번째 서론Introduction 부분을 잘 쓰지 못하는 학생이 많을 것이다. 연구의 방향을 잘 파악하고 이해한다면 적어도 서론 부분은 조금 더 명확하게 쓸 수 있을 것으로 생각한다. 그리고 그다음 후속연구에서 내가 어떤 것을 할 수 있는지도 잘 정할 수 있을 것이다.

5
연구와 장비병

　사진을 취미로 하는 분들은 '장비병'에 대해서 한 번쯤은 들어봤을 것이다. 내가 찍은 사진이 마음에 들지 않을 때는 괜스레 내 카메라와 렌즈가 저렴한 제품임을 탓하게 되고, 훌륭한 사진을 보면 괜히 어떤 장비를 썼는지부터 확인하고 싶어진다. 수백만 원을 들여서 좋은 장비를 갖추고 나면 정말 엄청난 사진을 매일 찍어댈 것 같은 그 마음 말이다. 결국 통장에 남은 돈을 긁어모아 갖고 있던 장비를 업그레이드하고 사진을 찍어보지만 결과물은 여전히 마음에 들지 않는다. 복잡한 기능을 다 익히기도 어렵고 무겁기만 하고 괜히 조작만 어려워진 느낌이다.

　연구할 때도 비슷한 욕망이 생긴다. 같은 연구문제를 다뤄도 더 어렵고 복잡한 '방법'을 쓰면 내 연구가 더 멋져 보이고 더 의미 있는 결과를 얻을 수 있을 거라는 생각이 들 때가 많다. 새로 나온 최신 수학

이론과 요즘 잘 나가는 컴퓨터 이론을 쓰면 내 연구를 더 빛나게 할 수 있을 것 같아 거기에 시간과 노력을 많이 들이고 마음을 빼앗긴다.

사진을 찍을 때 중요한 것은 좋은 사진을 찍는 것이지 고급 장비를 쓰는 것이 아니다. 좋은 사진을 찍으려면 비싸고 좋은 카메라가 필요한 것이 아니라 때에 맞고 사진 찍는 목적에 맞는 카메라와 장비가 필요하다. 어두운 실내에서는 그에 맞는 장비가 필요하고, 풍경을 찍을 때와 인물을 찍을 때는 필요한 장비가 다르다. 평범한 일상 속에서 갑자기 찾아오는 의미 있는 순간을 찍으려면 핸드폰 카메라처럼 작고 휴대하기 편리한 카메라가 필요하다.

연구할 때 첫 번째로 중요한 것은 내가 어떤 질문에 답을 하고 싶은 건지, 어떤 결론을 내릴 수 있는가이다. 중요한 것은 의미 있는 연구를 하는 것이지, 최신 방법론을 쓰는 연구를 하는 것이 아니다. 내가 궁금하던 물음에 적합한 답을 할 수만 있다면 그 답에 도달하는 데 필요한 방법이 최신의 것인지 누구나 다 알고 있는 아주 오래된 평범한 것인지는 그다음 문제다. 『박사학위로는 부족하다A PhD Is Not Enough!』라는 무시무시한 제목을 가진 책에서 저자는 이런 이야기를 한다.

"신기술, 난해한 테크닉, 새로운 시약, 새로 동정한 미생물 등을 이용하여 연구를 수행하는 것도 좋지만, 장기적인 연구 생산성이나 생존 가능성을 고려한다면 기술 지향적technic-oriented인 것보다는 문제 지향적problem-oriented인 쪽이 훨씬 유리하다. '문제 지향적'이란 궁극적으로 해결하고자 하는 과학적 과제를 명확히 세운 다음 때로는 기술을 새로 배우거나 개발해야 하더라도 그 과제를 해결하기 위해 꾸준히 노력하는 것을 의미한다. 특정기술에만 관심을 쏟으며 이 특정기술이 적용될 수 없는 과학적 문제는 쳐다보지도 않는 사람이 되어서는 안 된다. 기술 지향적 연구자는 학문적 리더로 오랫동안 살아남을 확률이 거의 없다. 문제 지향적이라고 해서 문제해결에 필요한 모든 기술을 터득해야 하는 것은 아니다. 때로는 동료에게 도움을 청하는 것이 더 바람직하다. 당신은 학문적 리더가 되고자 하는 것이지 기술적 리더가 되려는 것이 아니다."

"대학원을 졸업할 때면 대부분의 학생들은 저마다 전문기술을 가지고 있다. 이 기술을 응용해서 연구를 시작해보고 싶은 마음은 충분히 이해가 된다. 하지만 이 때문에 우리는 곧잘 '내 기술로 이젠 또 뭘 손대볼까?' 하는 식의 나쁜 사고방식을 갖게 된다는 점을 지적하고 싶다."

내가 하고 싶은 말과 같은 선상에 있다. '장비병'에 걸린 사진가가 되어서는 안 된다. 내가 대학생이던 시절 수업시간에 교수님께 들은 이야기가 있다. 한국의 한 기계설비를 만드는 업체에서 기계에서 나오는 알 수 없는 미세한 소음을 잡지 못해 애를 먹고 있었다. 국내 유수의 전문가들에게 이 어려운 문제해결을 부탁했더니 음향 분석, 영상 분석, 진동 분석, 열 해석 등의 기술을 동원해 그 원인을 찾고자 했으나 모두 실패했다. 해외에서 주목받던 최신 신기술로도 해결을 못해 전전긍긍하다가 일본의 한 전문가에게 부탁했고, 결국 문제를 해결했다고 한다. 그 전문가가 사용한 도구는 놀랍게도 청진기였다. 소음이 나는 곳을 찾는 것이 목적이었으니 청진기로 소리를 들어가며 어디에서 소리가 나는지 찾아낸 것이다. 사용한 도구는 고급 도구가 아니었지만, 문제해결에 가장 적합한 도구였다.

그럼에도 새로운 연구방법과 신기술은 여전히 중요하다. 훌륭한 연구결과물은 새로운 연구 방법론 개발 혹은 새로운 연구 방법론의 응용과 함께하는 경우가 많다. 이런 경우에는 대체로 연구자들이 기술 지향적인 접근을 택했기 때문이 아니라 좋은 연구주제가 자연스럽게 새로운 방법론 개발 및 응용으로 이어졌기 때문이다. 아예 새로운 연구 방법을 만들든, 아니면 다른 연구 분야에서 개발된 연구방법을 가져다 응용을 하든 말이다. 좋은 연구주제는 여러 가지 상황 변화로 인해 새롭게 나타나고 발견된 문제이거나 보편성을 가지고 널리 알려진 문제이지만 새로운 시각으로 바라보게 되는 문제일 가능성이 높다. 새로운 문제는 이전에 존재하지 않던 문제이므로 자연스럽게 그 문제에 적합한 방법론 개발이 필요하다. 아예 바닥부터 새롭진 않더라도 새로운 문제에 맞는 변형이 필수적이다. 보편성을 가진 문제는 이미 수많은 연구자가 다루었던 문제이므로 새로운 시각에서 바라보려면 새로운 연구 방법을 개발하거나 사용해야 한다. 그러므로 이 두 가지 경우에는 새로운 연구 방법론을 사용했더라도 여전히 기술 지향적이 아닌 문제 지향적인 접근이다.

물론 연구에는 예측할 수 없는 요소들이 많아서 문제 지향적인 접근이 기술 지향적인 접근보다 항상 낫다는 것은 아니다. 대체로 그러하단 말이다. 기술 지향적인 접근이 세상을 깜짝 놀라게 할 수 있는 연구결과물로 나타날 수도 있다. 예를 들어 "내가 말이야. 새로운 기술이 세상에 나왔길래 심심하기도 하고 궁금해서 한 번 내 연구주제에 적용해봤지. 그랬더니 있잖아. 헐, 대박." 이런 경우 말이다. 깜짝 놀랄 만한 연구결과를 얻을 수도 있겠지만, 대부분의 결론은 "뭐, 재밌긴 한데. 잘 안 되네."일 가능성이 높다. 저런 넘치는 호기심을 잃지 않는 것도 중요하지만 내가 대답을 구하고자 하는 문제가 무엇인지에 집중하는 것이 더 중요하다.

누군가 이런 말을 했다.

"기교가 끝나는 순간 예술이 시작된다."

클래식 음악 예술계의 누군가가 한 말인 것 같다. 음악에 문외한인 내가 온전히 이해할 수 없겠지만 나는 '기교를 익히고 익혀서 완전히 능숙하게 되었을 때 그제야 예술을 표현할 준비가 되었다.'라고 이해한다. 기교를 완전히 숙달하지 않고서는 예술가가 될 준비도 되지 않았다고 말한다. 연구에도 어느 정도 맞는 말이다. 좋은 연구를 하기 위해서는 필요한 연구 방법을 확실히 숙달해야 한다. 학부와 대학원 과정을 거치면서 필요한 기초 수업들에 나오는 내용을 잘 이해하지 못한다면 좋은 연구를 할 가능성은 굉장히 낮아진다.

기교를 숙달하는 것의 중요성에 관한 위의 말은 동시에 역설적이게도 기교 자체가 예술은 아니라고 말한다. 예술을 위해서는 기교가 필요하지만 기교가 예술의 본질은 아니라는 뜻이다. 마찬가지로 연구에서 가장 중요한 것은 내가 어떤 물음에 답을 하고자 하는지이지, 어떤 새로운 기술과 방법을 썼다는 사실이 아니다. 최신 기술을 사용해서 연구하는 경우에 사람들이 관심을 두는 것은 '그래서 어떻게 됐는지'이지 최신 기술을 사용해봤다는 사실 자체가 아니다.

   기술을 익히는 것은 중요하다. 하지만 그 기술이 연구의 본질이 아님을 끊임없이 생각해야 한다.

6
대학원생의 이메일 커뮤니케이션

학생들의 질문에 항상 만족스러운 대답을 해주시고 학생들의 요구에 항상 기대 이상의 것을 해주시는 교수님을 지도 교수님으로 모시고 있다면 복 받았다. 학생 시절 내가 직접 혹은 간접적으로 경험했던 많은 교수님은 그러시지 않았던 경우가 많았다. 논문을 쓰다가 부딪힌 문제에 대한 물었을 때 만족스러운 대답을 지도 교수에게 얻을 수 없는 경우가 아주 허다했다. 어느 정도 진척이 있다고 생각하여 그동안 작성한 논문을 지도 교수에게 보여줬더니 책상 위 귀퉁이 어느 한 곳에서 혹은 받은 편지함 어느 깊숙한 곳에서 관심을 잃곤 처박혀 있었다.

왜 교수님은 학생들의 질문과 요구에 만족스러운 대답을 주시지 않을까? 이 글의 첫 문장을 다른 각도에서 다시 써보겠다. 자신의 질문에 지도 교수님이 항상 만족스러운 대답을 주시고 자신의 요구사항에 기대 이상의 것을 해주신다면 질문과 요구를 하는 방법을 알고 있다는 뜻이다. 내가 이 글에서 말하고자 하는 것은 지도 교수님이 학생 지도에 얼마나 열의가 있느냐와는 무관하게 학생의 관점에서 지도 교수에게 어떻게 접근하는 것이 가장 좋을까 하는 것이다.

이메일 커뮤니케이션

대학원에서 지도 교수를 직접 만나서 대화하는 것 다음으로 중요한 것이 이메일을 통한 커뮤니케이션이다. 이메일을 어떤 식으로 보내는 것이 좋을지 한 번 생각해보자.

"교수님, 제가 현재 작성하는 논문을 보내드립니다. 괜찮은지 한 번 봐주십시오."

아주 높은 확률로 교수님은 괜찮은지 봐주지 않는다. 어떤 경우에는 논문의 논리나 내용이 아니라 그저 기계적으로 글쓰기 자체에 대한 제안만 해주기도 한다. 논문이 완성되어 가고 어느 시점이 되면 지도 교수가 학생의 논문을 전체적으로 꼼꼼히 읽어보고 여러 가지 문제점 및 개선안을 알려줄 필요가 있을 것이다. 하지만 대부분은 저렇게 이메일을 보내면 안 읽어본다.

문제점이 뭘까? 일단 교수는 바쁜데 학생이 연구한 내용에 대해서 자세히 알려고 하면 투자해야 하는 시간이 너무 많다. 위와 같은 식으로 질문·요구를 한다면 문제점에 대한 해결방안을 생각해내는 데 필요한 시간보다 문제점이 무엇인지를 찾아내는 데 투자해야 하는 시간이 더 많다. 교수는 아마 그 일을 언제가 될지 모르는 나중의 여유시간으로 미룰 것이다. 그리곤 잊을 거다.

학생이 논문에서 문제가 될 만한 부분을 대체로 이미 알고 있다. 교수가 더 잘 알고 있다면 학생이 논문을 쓰고 있는 것이 아니라 교수의 논문을 그저 도와주고 있을 확률이 높다. 공부를 안 해서 불안한 내용에서 꼭 시험 문제가 출제되고 프로젝트 발표를 하는데 어떻게 설명해야 할지 자신이 없어 불안한 곳에서 꼭 교수님의 날카로운 질문이 들어온다. 자신 없는 부분은 본인이 이미 알고 있다.

논문 전체를 던지는 대신 자신 없는 부분에 대한 것을 콕 찍어 질문을 쪼개서 간단하게 만든다. 그 리스트를 만들고 그 리스트 각각의 항목의 핵심적 질문을 쓴다. 그리고는 그 리스트를 논문과 함께 이메일로 보낸다. 아니다. 그 리스트의 항목 한 개 혹은 두 개, 아주 많이 양보해서 세 개 정도만 보낸다. 질문이 얼마나 대답하기 쉬운 질문인지에 따라 달렸다. 질문을 쪼개고 쪼갰지만 그래도 여전히 대답하기에 생각을 꽤 해봐야 하는 질문이면 한 번에 한 개만 보낸다. 이메일 질문에 답하는 데 오랜 생각이 필요한 경우라고 해보자. 교수는 어쩌면 나중의 여유시간으로 대답을 미룰지 모르고 아마 그리곤 잊을지도 모른다. 여러 질문을 한꺼번에 보내면 교수가 질문 하나에 대한 대답은 가지고 있다. 하지만 나머지 질문들에 대한 대답은 생각을 좀 해봐야 해서 답장을 미루다가 그 하나의 대답마저 못 듣게 되는 경우도 생긴다. 교수마다 반응이 좀 다를 수도 있겠지만, 적어도 내 경우에는 이런 식으로 답장을 미뤘다가 결국은 학생에게 답장하는 것을 잊은 경험이 있다.

물론 연구라는 것이 아무리 단계를 쪼개고 쪼개도 더는 간단해질 수 없을 때가 있다. 어쩔 수 없이 오랫동안 생각을 해야 답을 얻을 수 있는 경우가 있을 거다. 하지만 많은 경우에 여전히 질문의 단위를 쪼개면 그 질문에 대한 대답은 쉽게 얻을 수가 있으리라 생각한다.

질문하는 방식

쪼개진 물음도 질문하는 방법의 차이가 있을 수 있다. 다음의 두 가지 질문을 비교해보자.

(1) A 방법으로 접근했더니 이러이러한 문제가 생겼습니다. 이 문제를 해결하려면 어떻게 해야 할까요?

(2) A 방법으로 접근했더니 이러이러한 문제가 생겼습니다. 이 문제의 핵심은 A 방법이 b 요소를 고려하지 않는다는 것입니다. b 요소를 고려하는 B 방법이나, C 방법을 사용해서 접근해보려고 합니다. 어느 방법이 더 나을까요?

1번의 질문도 교수의 답을 얻을 수 있을 것이다. 그런데 2번 질문이 훨씬 더 대답하기 쉬운 질문이다. 아주 간단하게는 1번 질문은 주관식이고 2번 질문은 객관식이기 때문이다. 하지만 2번 질문이 답변자가 생각해야 하는 길을 간략화시켜주었다. 좋은 학생이라면 A 방법으로 접근해서 문제가 생겼을 때 왜 문제가 생겼고 어떤 대안이 있을지 고민해보았을 거다. 1번 질문에서는 학생의 그 고민을 질문에 포함시키지 않았고, 2번 질문에서는 그 고민을 질문에 포함했다. 교수는 학생의 고민이 정말로 무엇인지를 쉽게 알 수 있다. 학생이 이미 해본 고민의 사고 과정을 따라가면서 문제에 대해서 생각해보기가 쉽게 된다.

2번과 같은 질문에서도 교수의 답이 반드시 B, C 둘 중 하나를 선택하는 대답이 아닐 수도 있다. 발생한 문제가 실제로는 문제가 아니라는 대답이 돌아올 수도 있다. 그리고 b 요소가 핵심이 아니라고 할 수도 있고, D 방법을 제안할 수도 있다. 어찌 됐든 1번 질문보다는 2번 질문이 훨씬 나은 질문이다.

물론 2번과 같은 방식으로 질문할 경우에도 이메일을 너무 길게 쓰면 안 된다. 핵심만 추려서 질문해야 한다. 이메일을 너무 길게 쓰면 교수가 읽는 것조차 미룰지도 모른다. 핵심 내용을 도저히 간단하게 추릴 수 없으면 간단하게 설명하고 언제 만나서 의논할 수 있을지를 물어보자.

좋은 질문을 하기 위해서 질문을 작은 단위로 쪼개다 보면 교수에게 이메일을 보내기 전에 학생 스스로 해답을 얻을 가능성도 크다. 해답을 얻지 못해 질문하는 많은 경우는 본인 스스로 질문의 핵심이 무엇인지 잘 몰라서일 수 있다. 이 경우 질문 쪼개어 질문의 핵심을 파악하는 것이 스스로 답을 찾는 과정에 도움이 된다. 파인만 알고리즘에 대한 글을 참고하자.

지도 교수는 대체로 학생들의 일을 도와주고 싶어 하고 좋은 관계를 맺고 싶어 한다. 물론 그렇지 않은 교수도 있겠지만 대부분 교수는 자신의 학생이 좋은 결과를 낼 수 있도록 도와줄 준비가 되어 있다. 그런데 많은 경우에 학생이 원하는 것이 무엇인지 몰라서 혹은 원하는 것이 무엇인지 알아내는 데 시간을 너무 많이 투자해야 할 때는 도와주고 싶으나 그럴 수 없을 수도 있다. 교수에게 질문하고 요구할 때 만족스러운 대답과 반응을 원한다면 교수가 대답하는 데 필요한 시간을 줄여줘야 한다.

그리고 이메일의 제목과 내용은 일치해야 한다. 잊고 있던 학생의 질문이 생각이 나서 검색했다. 그런데 제목과 내용이 일치하지 않을 경우, 제대로 찾기는 굉장히 어렵다. 실험 내용에 대해 대화를 하는 이메일에 답장을 보내면서 학회에 보낼 초록에 대한 질문을 같이 보내지 말자. 새로운 이메일을 새로운 제목으로 쓰는 것이 옳다.

인터넷에서 '하나의 이메일에는 하나의 질문·요구만을 담아야 하고 될 수 있는 한 짧게 보내야 한다'는 요지의 글을 읽은 적이 있다. 또 어떤 모임에서 "교수의 시간을 아껴주는 학생이 좋은 학생이다."라는 짧고도 함축적인 조언을 들은 적이 있다. 이 글은 이 조언들을 쓸데없이 길게 쓴 것에 불과하다.

이메일 형식과 예절

이메일을 문자 메시지처럼 쓰지 않기를 바란다. 이메일은 사실 굉장히 '보수적'인 커뮤니케이션 방법이다. 많은 경우에 원래 종이에 써서 우편으로 보내던 것을 컴퓨터 네트워크를 사용하는 것으로 바꾼 것으로 받아들여진다. 지도 교수와 자주 교신하는 경우에는 그 정도는 아니겠지만 그래도 문자 메시지만큼 격식 없지는 않다. 그래서 최소한의 형식을 지키는 것이 좋다. 영어로 이메일을 보내는 경우를 살펴보자.

Dear Dr. 〈교수의 Last Name〉, …… (1)

〈본문〉 …… (2)

Thanks, …… (3)
〈내 이름〉 …… (4)

이 정도가 최소한의 형식이다. 받는 사람과의 친밀도에 따라 (1)번, (3)번, 그리고 (4)번을 어떻게 쓰느냐가 달라지기도 한다. 그리고 나라, 학교, 학과의 분위기에 따라서 지도 교수를 퍼스트네임First Name인 이름으로 친밀하게 부르는 경우도 있고 절대로 그래서는 안 되는 경우도 있다. 잘 모를 때는 위의 예처럼 정중하게 쓰도록 하자.

재미있게도 (3)번과 (4)번 항목에도 여러 가지 선택 사항이 있다. (3)번에서 자주 사용되는 맺음말로는 다음과 같은 것들이 있다.

- Best Regards,
- Regards,

- Best Wishes,
- Best,
- Sincerely Yours,
- Sincerely,
- Thanks,

상황에 맞게 잘 써야 할 것이다. 판단이 잘 안 될 경우에는 정중한 표현인 'Best Regards'가 가장 안전한 선택이다.

학생의 경우에는 자신의 퍼스트 네임을 (4)번 항목 〈내 이름〉에 쓰면 된다. 예전에 어떤 직장인이 비행기에서 이메일을 쓰는 모습을 뒷자리에서 우연히 보게 된 일이 있었다. 이메일 내용은 제법 빨리 채우더니 (4)번 자기 이름을 쓰는 곳에서 수십 번을 쓰고 고쳐 쓰는 모습을 본 적이 있다. 이메일 받는 사람들이 아마 상급자와 하급자, 그리고 외부 인사들로 섞여 있었던 복잡 미묘한 상황이 아니었나 추측한다. 예를 들어 이름이 도널드 J. 트럼프Donald J. Trump라면 매우 많은 선택 사항이 있다.

- Donald Trump
- Don Trump
- Trump
- Don
- DJT

이메일을 같은 주제로 여러 번 주고받는 경우 답장을 보낼 때는 다른 부분을 다 생략하고 본문만 쓰기도 하고 본문에 마지막으로 내 이름만 덧붙여 쓰기도 한다.

한글로 보내는 경우에는 다음과 비슷한 정도면 괜찮을 듯하다.

홍길동 교수님께,

〈본문〉

감사합니다.
아무개 드림(혹은 올림)

이메일의 실제 예

다시 이메일 본문을 어떻게 쓰는 것이 좋을지로 돌아가서 내 학생에게 받았던 이메일 중에서 좋았던 이메일과 그렇지 않았던 이메일을 예로 들어보겠다. 이메일에 등장하는 이름들은 익명성을 위해 다른 이름을 사용하였다.

Title: quick question for XXXXX case study
Hi Dr. Kwon,

I've asked Barrack Obama for the data of XXXXX network. But there is no data for link accident probability associated with each commodity (since your paper on generalized bounded rationality doesn't need that data).

I am wondering how I can generate this type of data. I've checked your worst case CVaR routing paper and found a formula to calculate accident probability (only related to link distance). In that paper, there is no emphasis on multi-commodity. Does it make sense to provide all four kinds of hazmat for XXXXX network with same link accident probability in our model?

Thank you!
Michelle

제목도 비교적 명확하고 어떤 문제가 있는지, 어떤 것을 시도해보았는지, 어떤 대답을 원하는지 잘 이해할 수 있어서 쉽게 답을 줄 수 있었다. 물론 내 대답은 간단한 예·아니오는 아니었고 학생이 고려하지 않았던 점들을 알려줘야 했지만 질문과 이메일 내용이 명확했기 때문에 손쉽게 학생이 갖고 있던 문제점을 파악하고 답을 줄 수 있었다.

다른 예를 보자.

Title: Figure

Hi Dr. Kwon,

Please check the diagram. It's not the same as we expected.

Best regards,
Donald

학생과 미팅을 했을 때 컴퓨터로 계산 실험을 하기로 했고 그 결과를 그래프로 그려서 이메일로 보내왔다. 학생이 보기에 그 그래프가 이상했고 미팅 시간에 이야기하면서 예측했던 결과와 달라 보였기 때문에 무언가 문제가 있다고 생각되어서 이메일을 보내왔다. 보내온 그래프에는 여러 가지 메시지가 섞여 있었기 때문에 나는 그중 어떤 점을 말하는 것인지 쉽게 알아차릴 수 없었다. 게다가 미팅 시간에 어떤 것을 기대했는지 잊어버렸다. 결국 어떤 점이 이상한지를 묻는 이메일을 다시 보내야 했다. 학생의 이메일이 짧고 간결한 것은 좋았으나 제목과 본문 모두 지나치게 간결했다.

사족: 같은 주제로 자주 대화를 주고받아야 하는 경우에는 이메일이 사실 그리 효율적인 커뮤니케이션 수단은 아니다. 그래서 최근에는 슬랙slack.com 같은 도구를 사용하는 그룹이 늘어나고 있다.

7
교수처럼 생각하고 행동하는 사람이 교수가 된다

교수 생활을 하면서 10여 차례 정도에 걸쳐 교수채용 과정을 지켜볼 기회가 있었다. 학과 구성원의 한 사람으로서 혹은 교수채용을 주도하는 위원의 한 사람으로서 수많은 사람의 이력서를 읽었고 또 후보자와 대화를 나누었다. 그 과정에서 어떤 후보자가 좋은 평을 받는지, 어떤 후보자가 나쁜 평을 받는지 여러 사람의 의견을 들어볼 수 있었다. 그 경험을 바탕으로 교수 임용을 위해 면접을 보러 가시는 분들께 도움이 될 만한 이야기를 해보고자 한다. 나는 미국의 한 대학에서 일하고 있다. 하지만 첫 직장을 구할 무렵 미국뿐만 아니라 유럽, 아시아 지역, 그리고 한국에서도 면접을 본 경험이 있는데 전체 과정은 크게 다르지 않았다.

면접

원서를 내고 심사를 거쳐서 학교 방문 면접campus interview 초청까지 받았다고 하면, 사실 딱히 준비할 것은 없다. 교수 면접에서 가장 중요한 것은 '자연스럽게 행동하기Be yourself'이기 때문이다. 몇 시간의 준비로 자기 본 모습을 바꿀 수는 없다. 방문 면접은 적어도 종일, 대부분 1박 2일, 어떨 때는 2박 3일처럼 아주 길다. 본 모습이 어디엔가는 드러나게 마련이다. 그래서 그냥 편안한 마음으로 면접 보러 갔다가 오면 된다.

가장 중요한 이야기는 다 했다. 이제 내가 관찰한 바를 이야기해보려 한다. 나는 내가 교수 후보자가 되어 면접을 보러 다닐 때는 왜 면접을 보는지 잘 이해하지 못했다. 어차피 연구실적이야 지원서에 나와 있고 논문은 인터넷에서 내려받아 읽어볼 수 있다. 그런데 왜 굳이 면접을 보는 번거로운 과정을 거치는지 잘 몰랐다. 교수가 되고 나서 면접의 반대편을 경험하고 나서야 면접이 정말 중요한 과정임을 알게 되었다. 나는 면접을 보러 가서는 모든 후보자가 준비한 것을 잘 이야기하고, 자기가 가진 것을 잘 포장해서 적절히 잘 전달하고, 겸손하면서도 즐거운 모습을 보이고, 멋진 사람처럼 보이기 위해 노력하는 줄 알았다. 하지만 그렇게 하지 않는 후보자가 있다는 것을 금방 알아차리게 되었다.

하루 이상의 면접 일정에서 후보자는 학과 내의 모든 교수와 개별적으로 30분 이상 면담하게 되고 학장도 따로 만나고 학과장도 따로 만난다. 학생들을 따로 만나는 경우도 있고 학과 내의 직원들도 따로 만나는 경우도 있다. 어떨 때는 다른 학과의 관련 분야 교수들도 만난다. 아주 여러 사람을 만나게 되는 것이다. 여러 배경을 가지고 다양한 생각을 하는 여러 사람을 만나면서 후보자는 자신의 모습을 조금씩 조금씩 보여준다. 나중에 후보자가 집으로 돌아간 후에 학과 내의 구성원이 한자리에 모여서 회의한다. 그 회의에서 각자 그 후보에 대해 받은 느낌과 생각을 서로 교환하고 토의한다. 만약 한 축으로 치우친 의견이 있다면 다른 교수가 그 의견에 반대 의견을 내면서 그 후보자에 대해 공정한 잣대로 평가할 수 있도록 도와주기도 한다.

이런 상황에서 후보자가 아무리 자신의 장점은 더 내세우고 단점은 감추려고 노력해 봐야 결국엔 대부분 본 모습이 다 알려지게 마련이다. 그래서 앞서 말한 것처럼 별로 면접을 준비할 것은 없다. 자신이 어떤 사람인지 보여주고 오면 된다. 교수 임용에 성공하려면 우선 운이 좀 좋아야 한다. 아무리 자기가 훌륭한 연구 업적을 쌓았다고 한들 연구 분야가 학과에서 채용하고자 하는 분야와 다르다면 무용지물이다. 그리고 비슷한 연구 업적을 쌓은 두 후보자가 있다면, 학과의 발전 방향에 맞는 후보자를 뽑으려고 할 거다. 그러니까 이런 건 당장 바꿀 수 있는 것이 아니다. 결국은 '자연스럽게 행동하기'의 범주 안에서 이야기할 수 있다. 그래서 별로 후보자가 할 수 있는 일이 없다.

교수처럼 생각하고 행동하는 사람이 교수가 된다

내가 수년간 교수 임용 과정을 겪으면서 느낀 점이다. 내가 겪어본 교수채용 과정은 대체로 신임 조교수채용을 위한 것이어서 교수 임용 면접에 오는 후보자들은 대체로 박사학위를 받은 지 2년 이내이거나 곧 박사학위를 받을 분들이었다. 박사과정 혹은 박사후과정 중이거나, 연구소 같은 곳에 연구원으로 있거나, 학교에 강사로 있는 분들이었다. 경력이 길건 짧건 무관하게 내가 볼 때는 두 부류의 후보자들이 있었다. 교수처럼 생각하고 행동하는 후보자들과 그렇지 않은 후보자들. '교수처럼 생각하고 행동한다.'라고 하면 강압적인 표현을 한다거나 잘난 척하는 행동을 한다는 식의 뜻으로 받아들일 분도 있을지 모르겠다. 하지만 내가 이야기하고자 하는 것은 그런 것이 아니다.

두 후보자가 극명하게 대비되던 채용 과정이 있었다. 두 후보자 모두 아직 박사학위는 없는 박사 마지막 학기 중이던 박사학위 취득 예정자였다. 연구 실적도 비슷비슷했고 학과 입장에서 연구 분야의 호불호도 없었다. 서류상으로는 두 후보자 모두 학과에 좋은 후보자였다.

한 후보자는 자신이 교수로 만일 임용되었을 경우, 어떤 주제를 가지고 연구를 계속해나갈 것인지, 그 연구를 하려면 어떤 실험 장비들이 필요한 것인지, 어떤 배경을 가진 학생들을 찾을 것인지, 어떤 과목을 학생들에게 가르치고 싶은지, 어떤 연구재단에 어떤 제안서를 제출할 것인지, 어떤 교수들과 협업할 것인지 등에 대한 준비가 모두 되어 있었고 잘 정돈된 계획이 있었다. 그 후보자와 대화하고 있으면 그 사람이 꾸린 연구실의 모습이 눈앞에 보이는 듯했다. 우리 학교에서 이미 몇 년간 지냈던 사람처럼 잘 알고 있었다. 그러니까 그 사람은 단순히 직장이 필요해서 교수가 되려고 하는 것이 아니라 박사과정 학생과 교수는 그저 자기가 하는 연구의 측면에서 볼 때 같은 선 위에 있는 다음 단계였던 것뿐이다. 이 후보자가 하는 이야기는 모두 이미 교수가 된 사람에게서나 들을 법한 이야기였다.

반면에 다른 후보자는 면접에서 많이 당황한 듯 보였다. 면접에 와서 본인이 준비되지 않았다는 것을 깨달은 듯했다. 앞의 후보자가 가지고 있었던 계획을 이 후보자는 전혀 갖고 있지 않았다. 이 후보자는 면접에서 깨달았던 것이 많았는지 며칠 뒤에 학과로 전화를 걸어와서는 자기는 지도 교수님 밑에서 박사후과정 연구원으로 지내기로 했다고 알려왔다. 아직 마지막 후보자가 면접을 보러 오기도 전의 일이었다. 앞의 잘 준비된 후보자는 결국 학과에서 교수 임용을 제안했지만 더 좋은 조건을 제안한 다른 학교에서 교수 생활 중이다.

똑같이 박사학위 취득 예정자일지라도 후보자마다 보여주는 모습은 천차만별이다. 어떤 후보자는 누가 봐도 그냥 '학생'이라는 단어가 떠오른다. 반면에 어떤 후보자는 함께 이야기해보면 학생과 대화하는 것 같지 않고 동료 교수와 대화하는 것 같다. 결국 교수로서의 자신의 미래에 대해서 고민해본 사람이 교수처럼 말하고 행동할 수 있고 교수가 된다. 교수가 하는 여러 가지 일들, 즉 연구, 강의, 학생지도, 다른 교수들과 교류 등을 즐길 수 있고 좋아하는 사람이 그것에 대해서 고민하게 되어 있다.

어떤 의미에서는 교수처럼 생각하고 행동하는 것 역시 '자연스럽게 행동하기'가 의미하는 것의 범주 안에 들어간다. 결국은 따로 준비한다고 되는 것은 아닐지도 모른다. 교수가 되는 것이 그냥 자연스러운 사람들이 있을 거다. 교수라는 직업이 자신이 좋아하는 것과 너무 잘 맞아서 학생이지만 교수라는 직업에 대해서 자연스럽게 많이 고민해본 사람이 있을 거다. 하지만 모든 교수가 임용 전부터 교수처럼 말하고 행동하는 건 아니다. 분명 어딘가 중간쯤에 있는 사람들이 있다. 내가 그랬던 것처럼 말이다. 나처럼 헤매고 계실 분들을 위해 교수 면접 준비를 위한 한 가지 조언을 드리고자 한다.

'어떻게 하면 교수 임용 면접을 잘 볼 수 있을까?'라는 질문은 잘못됐다. '교수들은 어떤 일을 하고, 어떤 어려움이 있으며, 어떤 고민을 하면서 살까?'가 내가 볼 때는 옳은 질문이다. 가장 가깝게는 지도 교수님께 여쭤볼 수 있을 것이다. 다른 멘토 교수님이 있으시다면 그분께 여쭤보아도 좋을 것이다. 'advice for new assistant professors' 따위로 검색해보고 여러 글을 읽어봐도 좋을 것이다. 다음과 같은 책을 (미리) 읽어보고 고민해보는 것도 좋을 것 같다.

- 『Tomorrow's Professor: Preparing for Careers in Science and Engineering』
- 『A PhD Is Not Enough!: A Guide to Survival in Science』
- 『Advice for New Faculty Members』
- 『What They Didn't Teach You in Graduate School: 299 Helpful Hints for Success in Your Academic Career』

교수채용 과정

방문 면접 이전의 절차에 대해 궁금한 분들을 위해 교수채용 과정을 간략히 소개한다.

예를 들어 2020년 1학기에 강의를 시작하는 교수 자리에 원서를 낸다고 가정하자. 중요한 시기는 2019년이다. 전공과 대학과 지역에 따라 다르겠지만 교수채용 공고가 일찍 나오는 곳은 2019년 1학기를 시작하자마자 나온다. 물론 아주 늦게 2019년 2학기 중반 혹은 끝나갈 때 나오는 곳도 적지 않다. 하지만 대부분 2019년 1학기 중반 즈음에는 공고가 나온다. 2019년 1학기의 연구 실적을 갖고 평가받게 되므로 박사과정 졸업 1년여 전에 준비가 되어 있어야 한다. 박사 졸업 후에 바로 교수가 되지 않고 박사후과정을 거치는 것이 일반적인 분야의 경우 조금 다른 이야기이다.

원서를 내기 위해서 준비해야 하는 서류는 다음과 같다.

1. 커버레터 Cover Letter
2. 이력서 CV, Curriculum Vitae
3. 연구 계획서 Research Statement
4. 강의 계획서 Teaching Statement
5. 추천인 명단 List of References

각각을 준비하는 데 시간이 적지 않게 걸리니 어떤 것을 의미하는지 미리미리 알아보고 일찍부터 준비를 시작하는 것이 좋다. 인터넷에 여러 정보가 많으니 참고하길 바란다. 이 글에서는 아주 간략하게만 소개한다.

커버레터는 논문으로 치자면 초록abstract과 같은 역할을 한다. 전체 원서 패키지의 요약본이라 생각하면 된다. 원서의 다른 부분에서 직접 말하기 어려운 것을 여기서 말해야 할 것이 하나 있다. 내가 이 교수 자리에 왜 지원을 했으며 왜 내가 적합한 후보자인지를 아주 직접적으로 설명해야 한다. 교수채용 공고가 간략하게 나오는 곳도 있다. 하지만 채용 공고가 설명글 형식으로 나오는 곳이라면 그 공고문을 수차례 읽어보기를 권한다. 학과에서 교수를 채용하기 위해서 공고문을 쓸 때 굉장히 공을 들인다. 원하는 분야에 좋은 사람을 뽑고 싶기 때문에 우선 공고문에 그 사항을 쓴다. 공고문을 수차례 읽다 보면 어떤 사람을 뽑고 싶은지 어느 정도 느낌이 온다. 만일 내가 그 분야에 맞는 사람이라 생각되면 그 사항을 강조해서 커버레터를 준비하면 되겠다. 이런 의미에서 커버레터는 일종의 자기소개서기도 하다.

이력서는 학계에서 통용되는 형식을 써야 한다. 지도 교수님께 보여드리고 조언을 얻자. 연구 계획서는 말 그대로 내가 박사과정 동안 어떤 연구를 해왔고 앞으로는 어떤 연구를 할 것인지를 쓴다. 강의 계획서에서는 강의와 관련된 경력이 있으면 간략히 쓰고 강의철학 Teaching Philosophy을 간략히 쓰기도 한다. 또 어떤 과목을 잘 가르칠 수 있는지, 어떤 과목을 새로 만들어서 강의하고 싶은지도 쓴다. 추천인 명단에는 학과에서 추천서를 요구할 수 있는 사람들의 이름, 근무지, 연락처 등을 쓴다. 추천인은 대체로 3인 이상이어야 한다. 지도 교수 이외에 좋은 추천서를 써줄 수 있는 사람 2~3명이 더 필요하다는 뜻이다. 대체로 박사 논문 심사위원들이다.

원서를 제출하고 나서 혹은 제출하기 전에도 해당 분야의 큰 학회가 있으면 직접 그 학과의 교수와 만나서 이야기를 나눌 기회가 있을 수도 있다. 학과 입장에서 후보자를 학회에서 만나는 이유는 두 가지가 있다. 첫 번째는 당연히 후보자를 좀 더 자세히 알고 싶은 것이고 원서에서 알 수 없는 사항들을 알아보기 위해서다. 두 번째는 학과에서도 어떤 사람을 뽑고 싶은지 그리고 학과와 학교에서 어떤 연구를 하는지 더 자세히 알리고 홍보하기 위해서다. 학과에서 마음에 드는 후보자가 있다면 학과에서도 좋은 인상을 주기 위해서 여러 가지 노력을 한다. 후보자의 연구 분야에 맞는 공동연구자를 추천하기도 하고, 관련 연구 시설이 학교에 얼마나 잘 마련되어 있는지 자랑도 한다.

원서 마감일이 지나면 전화 면접을 하기도 한다. 전화 면접은 대체로 20분 내외로 짧게 진행된다. 학회에서 만나서 이야기하는 경우와 비슷한 내용의 대화가 오가지만 조금 더 평가의 측면이 강하다. 왜 지원했는지, 앞으로 계획은 어떤지, 어떤 연구를 하고 싶어 하는지에 대해 간략하지만 핵심적인 질문들을 던진다. 후보자가 학과와 학교에 대해 궁금한 것들이 있으면 물어볼 기회도 있다.

전화 면접이 끝나면 대체로 1~2주 정도 후에 방문 면접campus interview이 진행된다. 대체로 1박 2일 혹은 2박 3일 정도의 일정이다. 한국에서는 1박을 하는 경우는 드물다. 하지만 어떤 경우에든 하루 이상의 시간을 온전히 면접에 쓰게 된다. 방문 면접에서는 자신의 연구 분야에 대해서 1시간 정도 세미나 발표를 진행하고 학과 소속 교수와 따로 30분 정도 시간을 여러 가지 이야기를 하면서 보내고 학교 캠퍼스의 이곳저곳을 방문하기도 한다. 학과의 대학원생과 함께 시간을 보내며 여러 가지 대화를 하기도 한다. 손님을 모시는 입장이므로 학과에서는 다양한 일정으로 가득 채워둔다.

8
연구의 실제

앞서 연구에 대해 많은 이야기를 했다. 파인만 알고리즘 이야기에서 연구에서 중요한 것은 올바른 질문을 던지는 것이라는 이야기도 했고 연구인 것과 연구가 아닌 것에 관해서도 이야기했다. 이번 글에서는 연구가 실제로 어떻게 이루어지는가에 대해 간략하게나마 이야기해보려고 한다. 최근에 논문을 쓰면서 겪은 일들을 통해 연구에 담긴 여러 일을 한 번 소개해보려고 한다. 연구 내용은 최대한 함축적으로 간단하게 표현하려고 노력했다.

내 전공 분야는 교통과 물류 분야의 최적화이다. 정부가 모종의 이유로 교통, 물류 네트워크에 규제를 도입하고 그 규제를 설계할 때 시장이 그 규제에 어떻게 반응할지를 예측하는 모델을 가지고 논문을 몇 편 쓰고 있을 당시였다. 내 분야의 여러 학자가 전통적으로 써오던 간단한 반응 예측 모델을 가지고 작업하고 있었다. 그런 간단한 모델을 갖고 논문을 몇 편 썼고 계속해서 다른 작업에도 이용하고 있던 찰나였다. 별 의심 없이 그 모델을 쓰고 있었지만, 그 모델이 도저히 맞지 않을 것이라는 생각이 들었다. 규제에 대한 시장의 반응에는 불확실성이 포함되어 있을 것이다. 그런데 그 불확실성을 간단하면서도 효과적으로 모델링할 방법이 필요하다는 생각이 들었다. 내 대학원생과 동료연구자와 함께 여러 가지 생각을 해보기 시작했다.

내 연구 분야에서 불확실성을 다루는 로버스트 최적화Robust Optimization라는 기법이 있다. 이 기법을 이용하여 이전에 몇몇 연구를 진행해본 적이 있었다. 이를 응용하여 시장 반응에 내포된 불확실성을 모델링하려는 시도를 시작했다. 로버스트 최적화에서 말하는 불확실성과 내가 다루던 불확실성의 종류가 미묘하게 다른 면이 있다 보니 이른 시일 안에 시간 내에 모델을 개발할 수 있을 것 같았던 처음의 기대와는 달리 연구 진행은 아주 더뎠다.

그러던 중 다른 교수와 함께 이 주제에 관해 이야기할 기회가 있었다. 아주 흥미롭게도, 혹은 절망적이게도, 그 교수는 비슷한 내용의 논문을 본 적이 있다고 했다. 소개받은 연구는 로버스트 최적화 기법을 사용한 것은 아니었고 그 뿌리를 행동경제학에 두고 있었다. 내가 전혀 모르고 있던 행동경제학 주제와 내 연구가 연결고리가 생긴 것은 아주 흥미로운 일이었다. 하지만 내가 하고 싶던 연구가 이미 비슷한 형태로 존재한다는 것은 절망적이었다. 연구에서는 대체로 그렇다. 뭔가 새로운 아이디어라고 생각해서 좀 알아보면 이미 비슷한 연구가 다 되어 있다.

재미있는 아이디어라고 생각했던 연구주제가 그다지 새로운 것이 아니었다는 생각에 섭섭했다. 하지만 내가 다루던 문제에서는 처음 응용되는 것이므로 작은 논문은 쓸 수 있을 거로 생각하고 계속 진행했다. 행동경제학에 바탕을 둔 방법을 내가 생각하던 특정 문제에 응용해서 적용해보고 있었다. 누군가가 잘 마무리해둔 연구를 그대로 실수 없이 따라가기만 하면 되는 작업이었기 때문에 별 무리 없이 진행되었다. 파인만 알고리즘의 2단계 '열심히 생각한다'만 잘하면 되었다.

하지만 원래 생각하던 로버스트 최적화 기법을 응용한 방법에 자꾸 미련이 생겨서 그쪽으로도 연구를 계속했다. 연구를 계속했다기보다는 '왠지 될 것 같은데. 왠지 될 것 같은데.'라는 생각만 반복하며 시간을 보내고 있었다. 여러 관련 문헌을 읽던 도중 접근 방법이 전혀 반대 방향인 행동경제학과 로버스트 최적화를 이용한 두 가지 모델링 방법이 별로 다르지 않고 심지어 같은 결과를 낳을 것 같다는 의심이 들기 시작했다. 왠지 그럴 것 같았다. 그럴듯한 증거가 있는 것은 아니었지만 왠지 그럴 것 같았다. 연구 방향을 바꿔서 정말 같은지 아닌지를 알아보는 데 시간을 쓰기 시작했다.

물론 전혀 다른 방법이기 때문에 항상 같지는 않다는 것을 알고 있었다. 그러면 어떤 경우에 같아지는지를 생각해보기로 했다. 여러 가지 조건을 생각해봤다. 가장 간단하고 다른 연구에도 쓰이고 있던 조건들을 비교하다가 두 가지 방법이 같아지는 조건 하나를 찾았다. 같다는 증명이 필요했는데 증명에는 '통행료' 계산에 주로 사용하던 기법을 응용해서 사용했다. 이 역시 나에게는 굉장히 재미있고 흥분되는 경험이었다. 통행료 계산은 예전에 몇 차례 다루어본 적이 있는 주제였다. 내가 지금 하는 연구는 통행료 계산과 큰 연관이 없는데 연구 내용은 연결되었다. 내가 지금 하는 이 연구를 하려고 예전에 통행료 계산 연구를 했던 것이 아닐까 하는 묘한 생각이 들었다.

두 가지 방법이 같아지는 조건을 하나 찾은 다음 다른 조건들도 찾기 시작했다. 직관적으로 말이 될 것 같은 조건을 만들어내고 실제로 같아지는지 그렇지 않은지 살펴봤다. 틀림없이 같아진다고 생각했던 조건들이 그렇지 않다는 증거를 몇 주 후 혹은 몇 달 뒤에 발견했다. 조건들을 계속해서 수정해가면서 여러 가지 실험과 증명을 반복했다. 심지어 두 방법이 같아진다고 증명했다고 믿었던 조건을 실제로 적용해서 실험하다 보니 뒤늦게 증명이 틀린 것을 알아채는 일도 허다했다. 내 머리가 나빠서 이런 간단한 증명 하나 제대로 하지 못한다며 자책하는 일도 많아졌다. 하지만 실패는 성공의 어머니라는 말이 있다. 이런 실패들을 분석하는 과정에서 새로운 조건을 만들어내는 아이디어를 얻을 수 있었고 우여곡절 끝에 두 가지 방법이 같아지는 다른 조건 하나를 찾아냈다.

원래의 방향과는 제법 달라졌지만 이런저런 일들 끝에 즐거운 연구를 할 수 있었다. 지극히 개인적인 이 연구 경험을 통해서 세 가지 이야기를 해보겠다. 대놓고 '일반화의 오류'를 저지를 테니 글을 읽는 분들께서 잘 가려서 들어주시기 바란다.

아이디어를 남에게 이야기하라

이 단락의 제목은 유명한 로봇공학자 가나데 다케오 교수님의 책 『초보처럼 생각하고 프로처럼 행동하라』에서 빌려 왔다. 많은 대학원생 연구자들이 자신의 아이디어를 남에게 이야기하는 것에 여러 가지 불안감을 느낀다. 내가 가진 아이디어가 굉장히 새로운 것 같아서 남들에게 이야기하면 빼앗길 것 같은 생각이 든다. 경쟁이 심하고 진행 속도가 빠른 분야일수록 아이디어를 빼앗겼다는 말이 자주 나온다. 자신만의 새로운 아이디어를 실제로 연구결과물로 만들어낼 수 있으면 얼마나 좋겠느냐마는, 많은 경우 어디에선가 막혀서 처음 기대처럼 연구가 진행되지 않는다. 내가 그랬던 것처럼 말이다.

누군가에게 내 아이디어를 이야기하고 도움을 받을 수 있는 사람을 찾고 싶어지고 대화를 통해서 문제를 풀 수 있는 새로운 아이디어를 찾고 싶어진다. 하지만 나만의 독창적인 아이디어가 다른 사람에게 넘어가서 그 사람이 먼저 내가 다루고 있는 문제를 풀어버릴까 봐 겁난다. 그러면 내가 연구에 보낸 시간은 버려진 시간이 되고 나의 야심 찬 졸업 계획은 물거품이 되어버리고 말 것이다. 이러지도 저러지도 못하고 초조해하기만 한다. 가나데 다케오 교수님은 이런 경우에 아이디어를 남에게 이야기하는 것이 항상 옳다고 주장한다. 나도 그에 동의한다. 가나데 다케오 교수님의 말을 옮긴다.

"당신이 이야기하기 전에 상대방은 미처 몰랐는데 상대방이 먼저 좋은 결과를 얻을 수 있다. 요컨대 상대방은 처음부터 좋은 결과를 얻을 확률이 당신보다 높았다는 뜻이다. 결국 아이디어를 말하고 안 하고는 전혀 상관이 없었던 것이다. 어차피 결과적으로 볼 때 상대방에게 졌을 테니까 말이다. 이런 때는 빨리 포기하는 편이 가장 좋은 방법이다."

아이디어는 남에게 이야기하면서 나누자. 정말 '핫'한 분야의 정말 중요한 핵심 문제가 아니라면 대부분의 경우는 다른 사람들은 내가 풀고 있는 문제가 무엇이고 내 아이디어가 무엇인지 크게 관심도 없을 것이다. 너무 걱정하지 말고 이야기하고 나누자. 이야기할수록 나에게 도움이 된다. 남에게 내 아이디어를 이야기하다가 내 생각도 정리되고 문제점도 자연스럽게 파악되는 경험은 많이들 해봤으리라 생각한다.

아무리 그럴듯해 보이는 아이디어라고 해도 실제로 아이디어를 구현하고 실행하는 과정은 굉장히 험난하다. 실제로 실행되었을 때 그 아이디어가 의미가 있는 것이다. 단순히 떠오른 생각은 그 자체로서는 큰 의미가 없다. 같은 분야에 있다 보면 몇몇 아이디어는 어느 연구자나 공통으로 떠올리게 되는 경우가 많으니 아이디어를 이야기했다가 나만의 독창적인 아이디어를 다른 연구자에게 빼앗겼다고 너무 예민하게 받아들이지 말자. 가나데 다케오 교수님의 말씀처럼 상대방이 내가 이야기한 아이디어를 미처 몰랐으나 나보다 더 훌륭했기에 실행으로 옮길 수 있었던 경우도 있다. 하지만 그 이전에 내가 말했던 아이디어가 실제로는 스쳐 지나가는 별것 아닌 단순한 생각이었을 수도 있다. 아이디어는 가다듬고 실행해야 의미가 있다.

반대로 내가 다른 사람의 아이디어를 듣고 내 문제를 해결하는 데 큰 도움을 받았다고 생각하면 공식적으로 비공식적으로 감사의 뜻을 표하는 것이 예의이다. 논문 마지막 부분에 감사를 표할 수도 있고, 때에 따라서는 논문의 공동저자로 초대해서 공동연구를 진행하는 것이 적절할 수 있다.

걸작이나 대작보다 습작에 충실하십시오

이 단락의 제목은 이화여대 오욱환 교수님이 쓰신 글 「학문을 직업으로 삼으려는 젊은 학자들을 위하여」에서 빌려 왔다. 인터넷에서 검색하면 읽을 수 있다. 학문에 뜻을 가진 사람에게 큰 힘이 되는 조언이 많으니 한 글자도 놓치지 않고 여러 번 읽어보기를 권한다.

나는 학생 때 멋진 논문을 쓰지 못했다. 특히 처음에는 내가 쓰는 이 논문이 무슨 의미가 있을지, 다른 사람이 읽어주기나 할지를 걱정했다. 논문을 위한 논문을 쓴다고 생각했다. 이 세상에 결코 도움이 되지 않을 일을 위해 헛심을 쓰는 것이 될까 불안했다. 대학원에 들어왔으니 졸업은 해야겠고 교수가 되었으니 승진은 해야겠고. 그러니 사치스러운 고민은 접어두고 논문을 쓰기나 쓰자는 마음으로 여러 해를 보냈고 그렇게 여러 논문을 썼다. 열심히 했지만 내 연구를 대표하는 논문이라고 말하기엔 선뜻 내키지 않는 논문들만 늘어갔다. 졸업과 승진을 핑계로 덮어두었던 고민이 다시 올라올 때면 이건 연습이라는 마음으로 핑곗거리를 찾았다. 그러던 중 오욱환 교수님의 글을 읽었고 마음의 큰 위안을 얻었다. 습작에 충실했고 대작은 아니지만 좀 덜 부끄러운 논문을 하나 썼다. 적어도 즐거운 연구를 했다.

내 경우엔 '통행료 계산'이나 '로버스트 최적화' 관련 연구를 했던 게 '습작'이었던 거다. 큰 의미 없어 보이는 연구를 했다고 생각한 때도 있었다. 하지만 그 연구 '연습'이 나중엔 결국 다른 문제를 푸는 데 도움이 되었던 거다. 별 상관없이 흩어져 있던 작은 연습들이 하나의 연구에서 모이며 좀 더 흥미로운 문제를 해결하는 경험을 했다. 습작에 충실하다 보면 나처럼 평범한 연구자도 언젠가 대작이나 걸작을 쓸 수 있지 않을까 하는 기대를 하게 된다.

습작은 연습이니 대충 적당히 해도 된다는 말은 당연히 아니다. 적당히 내놓은 결과물을 받아줄 학술지는 별로 없으며 있다 하더라도 그 연습이 나중에 모여서 대작이 되는데 기여하지는 못할 것이다. 습작에 '충실'해야 한다.

> 연구란 뭘 하는지도 모르면서 뭔가 열심히 하다가 수많은 과정을 거쳐서 결국에는 새로운 지식을 얻게 되는 과정이다

내가 쓴 이전 글에서 다시 빌려 왔다. 애초에 나는 시장의 반응을 예측하는 새로운 모델을 만들고 싶었지만, 결국에는 두 가지 다른 모델링 방법이 같아지는 조건을 찾는 연구를 했다. 처음엔 두 가지 방법이 같다는 생각도 못한 채 두 가지 방법을 써서 연구를 따로따로 진행하던 도중에 혹시 같은 게 아닐까에 대해 의심하게 됐다. 두 가지 방

법이 같아지는 조건도 수차례 수정에 수정을 거듭한 뒤에서야 겨우 성공할 수 있었다.

대부분의 연구에서 처음에는 핵심이 되는 몇 가지 키워드와 아이디어를 바탕으로 시작하게 된다. 여러 가지 고민이 진행될수록 대략적인 방향성을 가지게 되고 몇 가지 가설을 세우게 된다. 연구의 방향성은 계속해서 변하게 되고 참일 것으로 생각되었던 가설 역시 잘못된 것으로 판명되면서 여러 단계의 수정을 거치게 된다. 연구가 어느 정도 마무리되어갈 때가 되어서야 내가 풀었던 문제가 어떤 문제였는지 알게 된다. 그리고 그 답을 쓰게 된다.

파인만의 문제해결 알고리즘에서는 문제를 쓰고 그런 다음 열심히 생각해서 답을 찾아냈다. 하지만 실제로는 뭔지도 모르면서 열심히 생각하다가 문제를 쓰게 된다. 파인만 알고리즘의 1단계 '문제를 쓴다'를 잘할 수 있으면 많은 경우 연구는 거의 끝난 것과 마찬가지다. 그저 조금 열심히 생각하면 될 일이다. 좀 더 정확히 말하면 연구가 거의 끝나가야 문제를 쓸 수 있다.

이미 출판된 논문은 질문과 답이 이어지는 구조가 잘 정돈되어 있고 그 과정도 부드럽게 보여서 모든 것이 성공적으로 보인다. 하지만 그런 연구도 과정의 처음과 끝을 모두 살펴보면 논문에서 읽히는 것처럼 깔끔하지는 않을 것이다. 작은 질문을 던지고 그 질문에 답을 찾다가 다시 다른 질문을 던지고 조금 더 큰 질문을 던지는 과정을 오랜 기간 거치며 여러 실패를 겪은 뒤에 얻은 결과물일 것이다. 충실한 연구를 하기 위해서는 끊임없이 질문하며 생각을 다듬는 방법밖에 없다.

9
학회에 가면 무엇을 해야 하나요?

대학원에서 공부하고 연구하다 보면 학회에 참석할 기회가 생긴다. 학회는 무엇을 위한 곳인가? 학회에 가면 무엇을 해야 하는가?

'학회'라고 하면 두 가지 다른 것을 의미할 수 있다. '대한산업공학회'나 '한국고고학회'처럼 같은 분야를 연구하는 사람들이 모여서 만든 조직 혹은 기관을 의미한다. 영어로는 소사이어티society라고 한다. '산업 및 응용수학회Society of Industrial and Applied Mathematics'나 '왕립통계학회The Royal Statistical Society'처럼 말이다. '미국경제학회American Economic Association'이나 '전기전자기술자협회Institute of Electrical and Electronics Engineers'처럼 association이나 institute를 학회 이름에 쓰는 경우도 있다. 이런 학회에서는 연구 분야와 관련된 여러 가지 활동을 조직하고 관리한다. 학술지academic journal를 출판하고 관련 서적을 출판하거나 관련 분야의 표준안을 정리하기도 한다.

그리고 정기적, 비정기적으로 구성원들의 모임을 주관한다. '학술회의'라고 하는 것이다.

학술회의에 참여할 때 보통 "나 학회 간다."라고 말한다. 학술회의를 줄여서 학회라고 말하는 듯하다. 이 글에서 말하고자 하는 학회도 바로 이 학술회의이다. 학회의 형식과 규모에 따라 콘퍼런스conference, 워크숍workshop, 심포지엄symposium 등의 이름으로 달리 불린다.

학회는 왜 열리나?

평소에 멀리 떨어져서 각자 연구하던 사람들이 한자리에 모여서 서로의 연구를 소개하고 의견을 주고받기 위해 만들어졌다. 학회에서는 아주 다양한 형태의 행사가 준비되어 있고 여러 가지 일들이 벌어지지만, 기본적으로 모든 일은 구성원들이 연구 활동을 더 잘할 수 있도록 돕기 위함이다.

학회는 왜 참석하나?

사람마다 여러 가지 다른 이유로 학회에 참석하겠지만, 내가 학회에 참석하는 이유는 세 가지이다.

첫째, 내 연구에 대한 다른 사람들의 의견을 듣고 싶고 내 연구에 일부 자랑스러운 면이 있어서 남들에게 알리고 싶다. 짧게는 수개월에서 길게는 수년을 열심히 고민하고 노력해서 연구하여 결과가 나왔다. 만족스러운 부분도 있고 여전히 부족해 보이는 점도 있고 풀리지 않은 고민도 있다. 학회에 가면 내 논문을 읽을 사람도 있고, 심사했던 혹은 앞으로 심사할 사람도 있으며 관련 분야의 전문가들이 모두 모인다. 그분들 모두가 내 발표를 들으러 오진 않겠지만, 한두 명만이라도 와서 내 발표를 들어주고 같이 의견을 주고받을 수 있다면 앞으로 내 연구를 발전시키는 데 얼마나 도움이 될 것인가? 만족스러운 결과가 있었다면 관련 분야의 사람들에게 자랑스럽게 내놓을 수도 있다.

둘째, 다른 사람들은 어떤 연구를 하는지 엿보러 간다. 그러니까 최신 연구 동향을 파악하기 위해서 간다. 내 전공 분야의 다른 연구자들은 어떤 주제를 가지고 어떤 질문을 던지고 어떤 방법으로 답을 구하고 있는지 전체적인 방향도 파악하고 새롭게 사람들의 주목을 받는 주제와 방법론들에 대해서 배우러 간다. 나와 비슷한 주제에 비슷한 방법을 썼지만, 더 나은 결과를 얻은 연구자에겐 부러운 마음과 질투도 생기기도 하고 나와 비슷한 주제이지만 전혀 다른 방법을 써서 놀라움을 느끼기도 한다. 나와 관련이 없어 보이는 연구에서 내 연구에 도움이 될 만한 새로운 아이디어를 얻기도 한다.

셋째, 다른 연구자들과 소통하기 위해서 간다. 연구한다는 거, 때로는 굉장히 외로운 일이다. 대학원에 와서 한 주제에 골몰하다 보면, 내가 관심 있어 하고 즐거움을 느끼는 대상과 내가 지금 갖고 있는 고민은 내 친구들의 그것과 굉장히 달라진다. 연구하다가 이해가 안 되거나 궁금해진 것이 있어서 물어보고 싶은데 물어볼 곳조차 없는 경우가 허다하다. 같은 연구실에서 공부하는 동료 대학원생들과도 다른 점을 고민할 때도 있다. 심지어 내 지도 교수님도 답을 줄 수 없는 경우도 많으며 같은 학교 안에서도 물어볼 곳이 없는 경우도 생긴다. 나를 아껴주는 가족, 내가 사랑하는 연인과 유머코드가 안 맞아서 타박받는 일도 잦아진다. 학회에 가면 나랑 비슷한 고민을 하는 사람, 나랑 말이 통하는 사람, 내가 가지고 있는 고민에 대해 도움이 되는 실마리를 찾아줄 수 있는 사람들이 득실거린다. 유머 코드도 대충 비슷하다.

미리 준비하기

학회에 가면 결국 여러 사람을 만나서 인사하고 이야기하고 연을 맺게 된다. 하지만 이런 일이 모두에게 쉬운 일만은 아니다. 대학원생에겐 특히 어렵다. 학회에 가면 누가 누군지도 잘 모르겠고 아는 사람도 거의 없다. 학회에 가서 외로움에서 벗어나나 했는데 학회에 막상 가보니 다른 사람들은 모두 즐거워 보이는데 나만 외롭다. 새로운 사람에게 밑도 끝도 없이 말을 건다는 것도 괴로운 일이다. 다른 사람들은 모두 삼삼오오 모여 즐거운 대화를 한다.

그런데 나는 시간이 길게만 느껴지고 딱히 할 일도 없고 심지어 같이 밥 먹을 사람조차 없다. 이런 상황을 피하려면 연구 이야기를 하든 그냥 수다를 떨든 학회 참석 전에 준비가 좀 필요하다. 나는 처음에 학회에 가면 멋진 만남과 기회가 저절로 생겨날 것으로만 착각했던 적이 있었다. 시간이 지나 돌아보니 결국 내가 준비하고 노력해야 중요한 만남도 새로운 기회도 생기는 것이더라.

학회참석 2~3주 전에 준비할 것들

학회에 자주 참석해서 즐거운 시간을 보내는 사람들은 보통 참석 전에 많은 약속과 학회에서 할 일을 미리 계획하고 준비한다. 학회에서 만나게 될 사람들과 미리 시간 약속을 잡는다. 차 한 잔도 좋고 식사도 좋고 그냥 학회장 한구석에서 잠깐 만나서 이야기하는 것도 좋다. 학회 참석 한 달 전 혹은 그 이전부터 만나고 싶은 사람들과는 시간 약속을 잡는다. 학회 기간 정해진 시간에 내가 누군가 만나서 할 일이 있다는 사실은 학회 참석 기간 내내 큰 안정감을 준다. 갈 곳을 잃고 흔들리는 눈동자로 방황하는 일이 줄어든다. 같은 학회에 참석하는 옆 연구실 학생들과 같이 점심식사 약속을 잡는다든가, 공동연구를 진행하고 있는 다른 학교의 연구자들과 저녁에 맥주 한 잔할 계획을 잡는 것도 좋다. 같은 세션에서 발표하는 연구자에게 차 한 잔 함께할 것을 제안하는 것도 좋겠다.

내가 읽고 있던 논문에서 이해가 안 되는 부분이 있어서 고민하고 있는데 그 부분이 이해가 안 되는 부분이 있다면 혹시 그 논문의 저자 혹은 관련 분야의 전공자가 학회에 참석하는지도 확인해보자. 혹시 잠깐 만나서 몇 가지 물어볼 수 있을지 용감하게 이메일을 보내보자. 답장이 오지 않을 가능성도 있지만, 자신의 연구에 관해서 관심이 있고 궁금한 것이 있다는 사람이 있다면 기쁘고 자랑스러운 마음으로 만나줄 연구자들도 아주 많다. 대가일수록, 좋은 연구자일수록 빨리 답장이 오고 더 잘 만나준다는 말도 있다. 믿거나 말거나.

학회 스케줄을 미리 확인하고, 어떤 발표들이 있는지 미리 둘러보고, 어떤 발표를 들으러 갈 것인지 미리 정해두자. 어떤 재미있는 주제가 있는지 어떤 사람들이 학회에 참석하는지 알 수 있다. 흥미로운 주제의 연구가 있다면 미리 관련 논문을 읽고 가자. 학회에서 발표되는 논문이 저자의 웹페이지나 다른 곳에 이미 올려져 있을 가능성도 아주 크다. 궁금한 것이 있다면 발표 도중에 혹은 발표 후에 저자에게 직접 물어볼 수 있다.

한 가지 질문에 집중하기

학회를 즐기는 방법은 여러 가지가 있다. 그중 한 가지 목표를 정해서 그 목표에 집중해보는 것도 좋은 방법이다. 전체적인 트렌드 파악을 목표로 다양한 발표 세션에 참석해보는 방법도 있을 것이고 한 가지 주제에 대해서 배운다는 마음으로 관련 주제에 관한 세션만 집중적으로 참석하는 방법도 있겠다. 논문을 읽고 연구를 진행하면서 가지고 있던 질문 한 가지를 해결하는 데 집중하는 방법도 있다. 답을 알고 있을 것 같은 연구자의 발표에 들어가서 도움이 될 만한 이야기를 찾아본다거나, 그런 사람에게 직접 질문을 하고 도움을 요청해서 답을 구할 수 있는 실마리를 찾아보는 것도 학회를 즐길 수 있는 방법이다.

다른 연구자와 인사하기

연구하다 보면 자신의 관심사 아래에서 자연스럽게 눈에 띄는 연구자가 보인다. 새롭게 떠오르는 스타 연구자이든, 학계에서 중요한 역할을 하는 대가이든, 내가 관심 있는 분야에서 중요한 연구결과를 내놓는 연구자들이 있다. 젊은 연구자들에겐 그런 사람들과 학회에서 만나서 인사말 한 마디 나누고 나의 존재를 알리고 싶은 욕구가 자연스럽게 생긴다. 특별히 하고 싶은 이야기가 없더라도 왠지 그런 사람들과 말 몇 마디 나누고 싶다.

마치 내가 좋아하는 아이돌에게 인사하고 사인 받고 싶은 그런 마음처럼 학회에서 네트워킹한다고 하면 꼭 그런 유명 연구자들과 인사하고 인연을 만들어야만 할 것 같다. 그리고 그래야지 내가 학계에서 성공적으로 연구 경력을 이어갈 수 있을 것만 같아 초조해하고 스트레스받기도 한다. 하지만 꼭 그래야 할 필요는 없다. 용기를 내 접근해서 그런 분들과 가벼운 인사말 몇 마디 나눈다고 해도 나를 기억해주지도 않을 뿐더러 내 연구 경력에 도움이 될 일도 없다.

유명 연구자와 친해지려고 굳이 노력하지 않아도 된다. 내 동료 교수님께서 이런 말씀을 한 적이 있다. "유명 연구자와 내가 친해지는 것이 아니라 내가 친한 연구자가 유명해지는 것이다." 백 번 동감한다. 내가 아이돌로 여기는 유명 연구자와 스스럼없이 인사말을 나누는 다른 학교의 대학원생들이 조금 부럽긴 하지만, 내 아이돌과 꼭 친해져야 할 이유는 없다. 나보다 한 세대 혹은 두 세대 앞선 연구자들과 꼭 친해져야만 할 이유는 없다. 내가 내 연구를 열심히 하다 보면 친해지려고 특별히 노력하지 않아도 자연스럽게 친해지는 시간이 온다.

대학원생이라면 유명 연구자들보다는 나와 같은 세대의 대학원생들이나 나보다 한 발 정도 앞서서 학계에서 자리 잡은 젊은 연구자들과 친해지는 것이 훨씬 더 도움이 된다고 생각한다. 내가 만일 학계에 남을 거라면 앞으로 30년 혹은 40년은 얼굴 보고 부대끼며 살 사람들과 좋은 관계를 맺는 것이 더 도움된다. 여러 동료 연구자들과 의견을 나누고 협업하고 서로 도움을 주고받으며 함께 성장하다 보면 나와 친한 사람들이 유명 연구자 그룹이 될 것이다.

다시 네트워킹

학회에 가면 여러 종류의 네트워킹 기회가 있다. 학회마다 네트워킹을 중요하게 생각해서 여러 가지 기회를 일부러 만든다. 학생들끼리 모아서 같이 이야기할 기회를 만들어주기도 하고 특정 관심사가 있는 사람들만 따로 모아서 이야기를 나눌 기회도 있다. 저녁 시간에 간단한 다과와 마실 거리를 가져다놓고 마치 스탠딩 파티를 하는 것처럼 자유롭게 이야기를 나눌 기회를 만들어주기도 한다. 그런 기회가 있으면 꼭 참석하자. 물론 어색하다. 나는 나 혼자 와서 아는 사람도 없는데 누가 나에게 말 걸어주지도 않는다. 나만 그런 건 아니다. 다른 사람들도 그런 사람들 많다. 누군가와 이야기하고 새로운 만남을 기대하며 참석했는데 뭔가 이야기를 이어나가기가 어색해서 쭈뼛쭈뼛거리며 가장자리를 맴도는 사람들이 나뿐만은 아니다.

좀 어색하더라도 일단 그냥 말 걸어보자. 잘 모르는 사람들과 이야기를 나눌 때는 사실 할 수 있는 이야기가 별로 없다. 나만 그런 것은 아니라 처음에 나누는 이야기들은 대체로 날씨 이야기, 학회가 열리는 도시 이야기, 현재 소속 대학 이야기 등 약간 궁금하고 흥미롭긴 하지만 그렇게까진 흥미롭지 않은 이야기를 어색한 침묵 속에서 아슬아슬하게 대화를 이어나간다. 뛰어난 대화 기술의 소유자라면 이런 고민이 필요 없을 것이다. 하지만 대부분의 사람에겐 출신 지역, 국가, 문화에 상관없이 처음 만난 낯선 사람과 대화를 이어나가는 것이 쉬운 일은 아니다.

마법의 질문

어느 정도 이야기를 주고받다가 말할 거리가 떨어져서 더 할 이야기가 없어져가는 시점에 진짜 멋진 대화를 이어나갈 수 있는 마법의 질문이 있다. 바로 "요즘 어떤 연구 하세요?"이다. 결국 학회에 참석한 사람들은 자기가 하는 연구 발표하러 온 사람들이고 내 관심사를 다른 사람들과 공유하고 싶고 연구를 지속해서 더 잘하고 싶은 욕망이 있다. 그런 사람들이 모인 자리에서 요즘 어떤 연구 분야에 관심이 있는지 어떤 일을 하고 있는지 서로 물어보는 것보다 더 좋은 질문이 어디에 있단 말인가? 수많은 대화 주제 중에 결국 연구 이야기 주고받기가 가장 쉽다. 관심사가 비슷하다면 연구 이야기가 심지어 즐거울 수도 있으니 이보다 더 좋은 질문은 없다. 연구가 잘되면 잘되는 대로 잘 안 되면 잘 안 되는 대로 할 이야기가 많다. 혹시 또 모른다. 상대방의 연구 이야기를 듣다가 내 연구에 도움이 되는 멋진 아이디어를 얻을 수도 있다. 혹은 공동연구를 할 수 있는 토대를 마련할 수 있을지도 모른다.

학회참석 1년 전부터 준비할 것들

약속을 잡고 학회 참석 목적을 세분화시킨다든가 하는 것 따위의 것보다 훨씬 중요한 일이 있다. 바로 좋은 연구를 하는 일이다. 학회를 즐기는 최고의 방법은 좋은 연구를 해서 여러 동료 연구자들 앞에서 발표하는 일이다. 결국 학회 참석 전부터 내가 좋아하는 연구를 열심히 노력해서 좋은 결과물로 만들어서 학회에 가져가는 것보다 더 중요한 일은 있을 수가 없다. 좋은 연구를 발표하는 것이 역시 또 가장 멋진 네트워킹 방법이다. 내 연구가 흥미롭고 좋아 보인다면 관심 있는 여러 사람이 내게 질문을 하고 흥미를 보일 것이다

10
대학원에서 닥쳐오는 멘붕의 파도

대학원에 진학해서 박사학위를 취득하기 위해 넘어야 할 산은 많다. 한 발짝 한 발짝 내디딜 때마다 '멘탈'이 무너져 내리게 하는 폭탄들이 여기저기 숨겨져 있다. 어떤 일이 벌어질 수 있는지 한 번 미리 둘러보자.

이 글에서는 연구실에서 벌어지는 여러 가지 인간관계 문제와 지도교수의 부당한 처사 혹은 폭력적인 행동으로 인해 벌어질 수 있는 여러 가지 문제점에 대해서는 다루지 않는다. 화목한 연구실에서 모범적인 지도 교수와 함께 연구하는 경우에도 '멘붕'은 일어난다.

아래의 일들 중엔 내가 직접 겪어본 일도 있고 주변에서 일어난 일도 있다. 멘붕 극복에서 중요한 것은 (1) 슬퍼할 만큼 슬퍼하고 (2) 나 자신을 되돌아보고 (3) 긍정적인 요소를 찾아본 뒤 (4) 그래도 안 되면 '정신 승리'하는 것으로 생각한다. 순서가 중요한데 4번의 정신승리가 먼저 오면 자기반성이 힘들어진다. 정신승리만 하게 되면 발전할 기회를 놓치기 쉽지만 적당한 정신승리 없이 버티기는 또 쉽지 않으니 적절한 선에서 잘 승리하자.

대학원 입학심사에서 떨어졌어요

공부하고 연구하는 것이 좋아 대학원 입학을 결정했다. 하지만 입학심사에서 그만 떨어져버렸다. 꽤 오래전이지만 대학원 원서를 제출하고 결과를 기다리는 동안 초조했던 마음, 받은편지함을 1분마다 새로고침하던 마음을 똑똑히 기억하고 있다. 지금 교수로 지내면서 내 생활도 사실 크게 다르진 않다. 연구제안서든 논문이든 뭔가를 제출하고 결과를 기다리느라 초조한 시간을 보낼 때가 많다.

합격하지 못한 데는 여러 가지 이유가 있겠지만, 대체로 내가 준비가 부족했거나, 내가 욕심을 부렸거나, 혹은 그저 운이 없었던 것이다. 대학원 입학 심사에 떨어진 뒤에 어떤 마음가짐이면 좋을지 잘 보여주는 예가 이 책에 있다. 태웅 님의 글 「나의 유학도전 실패 이야기」와 「나의 유학도전 성공 이야기」를 읽어보자. 절망에 빠지는 대신 자신에 대해 깊이 성찰하고 긍정적인 마음으로 다음 기회를 준비했다.

수업을 듣기 시작했는데 무슨 말인지 도대체 모르겠어요

대학원에 무사히 입학해서 수업을 듣기 시작하면 갑자기 뭔가 난이도는 뛰어버렸다는 느낌이 들 때가 많다. 학부과정에서 배우던 과목들의 난이도가 어느 정도 감당할 수 있는 수준이었다. 반면 대학원에 들어와서 배우는 과목들은 갑자기 어려워지고 수업마다 들여야 하는 시간도 많이 증가한다. 학부 때는 한 학기에 보통 대여섯 과목을 들은 데 비해 대학원에서는 서너 과목만 듣게 된다. 그런데 바쁘다. 온종일 공부만 했는데 아직도 부족하다.

전공을 바꿔서 대학원에 진학했을 경우엔 좀 더 심하다. 교실에 앉아 있는 사람 중 무슨 말인지 못 알아듣는 건 나뿐인 것 같다. 한 학생이 "바보 같은 질문 해서 죄송하지만……"이라며 교수에게 던진 질문이 무슨 뜻인지도 모르겠다. 나는 기계공학에서 산업공학으로 전공을 바꿔서 진학했다. 확률과 통계에 대한 지식이라곤 동전을 던졌을 때 뒷면이 나올 확률은 2분의 1이라는 것과 다 더해서 개수로 나누면 평균이라는 사실뿐이었다. 안타깝게도 첫 학기에 들었던 수업 중엔 확률과 통계를 이미 잘 알고 있다고 가정하고 진행하는 것도 있었다. 당연히 무슨 말인지 알아들을 수 있을 리가 없었고 나는 심각한 고민에 빠졌다. 이대로 잘할 수 있을까? 다른 수업들도 마찬가지였다. 산업공학이 원래 전공이었던 학생들은 한 번은 들어본 개념일 것이다. 하지만 나는 처음 들어보는 생소한 개념들이 기본 개념으로 쓰이고 있었다. 수업에 참여하기 어려웠다.

내가 택한 방법은 비슷한 내용을 조금 더 쉽게 설명한 책을 찾아서 읽어보는 것과 배경지식을 가르치는 학부 과목을 청강하는 것이었다. 처음에는 여전히 쉽지 않았으나 시간이 쌓이면서 학기가 마칠 즈음엔 제법 무슨 말인지 잘 알아들을 수 있게 되었다.

 나는 엉덩이가 가벼운 학생이었다. 대학생 시절 공부한답시고 도서관에 자리를 잡으면 10분을 앉아 있기가 어려웠다. 산만했다. 10분마다 돌아다니고 10분 공부하고 30분 놀고. 그렇게 해도 어떻게 졸업은 했다. 대학원 와서 세상엔 공부할 게 참 많다는 사실과 내가 3시간 연속으로 앉아서 공부할 수 있는 사람이라는 걸 알게 되었다. 학부 때 공부 좀 열심히 할 걸이라는 생각도 했다.

 대학원에서 수업을 듣는데 무슨 말인지 잘 모르겠다면, 결국 공부량이 부족하다는 뜻이다. 전공을 바꿔서일 수도 있고 학부 때 공부를 게을리했기 때문일 수도 있다. 노력하는 수밖에 없다. 이해가 안 되는 부분이 있다면 기초부터 차근차근 다시 쌓아올려야 한다. 대학원 1년 차 때 요행으로 어찌어찌 잘 넘기며 아무렇게나 쌓아놓은 돌무더기는 나중에 결국 무너져서 다시 쌓아야 할 날이 온다.

박사 자격 시험에 떨어졌어요

 박사과정은 대체로 1년 차 혹은 2년 차 때 자격시험이란 것을 본다. 몇몇 중요한 기초가 되는 수업을 듣고 나면 연구를 할 준비가 되었는지 알아보는 시험이다. 학교마다 이름이 다른데 영어로는 주로 퀄리파잉 이그잼qualifying exam, 캔디더시 이그잼candidacy exam, 콤프리헨시브 이그잼comprehensive exam 따위로 불린다. 보통 두 번 정도의 기회가 주어지며 시험의 형식은 학교, 학과, 전공마다 가지각색이다. 일반적인 시험처럼 보는 곳도 있고 테이크홈 이그잼take-home exam 형식도 있으며 구두시험을 동반하기도 한다.

시험을 통과한 사람에게 이 시험은 아무런 의미가 없다. 그저 고민거리 하나를 덜어낸 것이다. 하던 공부 계속하고 하던 연구 계속하면 된다. 시험에 한 번 떨어지고 나면, 담당 교수와 면담을 하고 몇 달 뒤에 재시험을 볼 기회가 주어질 수도 있다. 그래도 통과하지 못하면 박사과정을 계속할 수 없고, 대학원을 떠나야 한다.

충격적인 일이다. 큰 꿈을 품고 박사과정에 진학했는데 1년이 채 지나지 않아서 시험에 떨어져 중간에 떠나야 한단다. 나는 계속 공부해서 연구하고 싶은데 시작도 제대로 못 해보고 떠나야 한단다. 별의별 생각이 다 들 것이다. 슬픈 일이다. 나 자신에 대한 분노가 일어날 것이고 주변 환경에 대한 원망도 들 것이다. 베개에 얼굴을 파묻고 남몰래 눈물을 흘리는 일이 있을지도 모르겠다.

나는 박사 자격시험은 무사히 통과했지만, 유사한 고민을 해본 적이 있다. 몇 년 전 조교수일 때 정년 보장(테뉴어) 심사를 위한 중간 심사결과를 받아들곤 위에서 말한 것과 비슷한 감정과 고민을 해본 적이 있다. 연구업적이 부족해 이대로라면 정년 보장 심사에서 떨어질 확률이 높다는 평가를 손에 받아들곤 별의별 생각을 다 했다. 가장 고통스러웠던 점은 나는 연구를 즐겁게 하고 있어서 계속하고 싶은데 다른 사람의 의지로 하고 싶은 일을 계속하지 못하게 된다는 것이었다. 내가 연구하는 것을 그만두게 된다면 앞으로 내가 밥 벌어 먹고살 수 있는 일이나 있을까 하는 걱정도 했다. 마음을 추스르고 계속 노력했고 그 뒤에 운이 좋아 연구 업적을 더 낼 수 있었기 때문에 결국 정년 보장은 받았지만 과정은 순탄치 않았다.

박사과정 자격시험은 아주 이른 시간에 연구자의 꿈을 꾸고 있는 학생에게 종말을 고한다. 비교적 이른 시간에 시험을 보는 이유가 있다. 박사과정을 마치는 데 걸리는 시간은 대략 5년에서 7년 정도이다. 전공마다 다르겠지만 대체로 그렇다. 인생의 가장 빛나는 시기를 대학원에서 오랫동안 보내야 하는데 적성이 맞지 않는 학생을 희망 고문하며 붙잡아두는 것은 학생에게도 고통스럽고 그 학생을 지도해야 하는 교수에게도 고통이다. 박사과정 자격시험은 이 긴 시간을 인내심을 갖고 보낼 준비가 되어 있는지를 마지막으로 묻는다. 박사과정 자격시험이 지나가면 남은 것은 연구하고 논문 쓰는 길고 긴 과정뿐이다. 안갯속을 걷는 듯한 이 과정에서는 큰 사고를 치지 않는 한 학생이 타의에 의해서 학교를 떠나게 되는 일은 거의 없다.

이런 측면에서 보면, 박사과정 자격시험에 떨어졌다는 것이 마냥 슬픈 일은 아니다. 비교적 이른 시간에 나의 적성과 맞지 않는 진로 계획을 세운 실수를 바로잡을 기회로 볼 수도 있다. 피해를 최소화하며 진로를 다시 생각해볼 수 있는 마지막 기회로 볼 수 있다.

충분히 슬퍼한 뒤 미래를 위해 고려해볼 가능성은 다음과 같다.

(1) 그동안 수업을 들은 것으로 석사학위를 취득할 가능성이 있으면 석사학위를 받을 수 있도록 하자. 수업 듣느라 고생한 그동안의 시간에 대한 작은 보상이 될 수 있다.

(2) 같은 학교의 다른 학과로 옮긴다. 요즘은 비슷한 연구를 여러 학과에서 한다. 입학원서를 새로 내야 하지만 절차가 조금 간소화될 수 있다.

(3) 다른 학교로 옮겨서 처음부터 새로 시작해본다. 원서도 새로 내야 하고 모든 것을 새로 시작해야 한다. 들었던 수업도 다시 또 들어야 하는 경우가 많다.

(4) 내가 정말 연구를 하고 싶었던 것인지 다시 한 번 물어보고 후련하게 학교를 떠난다.

주로 볼 수 있는 선택은 (1)번과 (4)번의 조합이지만 (2)번 혹은 (3)번의 선택도 심심치 않게 볼 수 있다. 다른 학과 및 학교로 옮겨서 다시 실패하는 경우도 있지만, 한 번의 실패에서 얻은 교훈으로 다른 곳에서 성공적으로 박사과정을 마치는 경우도 많다. 어떤 선택을 하든 내가 원하는 것이 정말 무엇인지 다시 한 번 생각해보는 기회로 삼으면 좋겠다.

태웅 님과 윤섭 님께서 쓴 이 책의 다음 글들을 다시 한 번 읽어볼 시간이다.

- 취업이냐 진학이냐, 그것이 문제로다 (22쪽)
- 나는 과연 대학원에 가야 하는 걸까 (125쪽)
- 박사학위라는 것의 의미 (136쪽)
- 박사를 꿈꿔도 되나요? (17쪽)

연구는 진도가 안 나가고 이대로라면 졸업을 언제 할 수 있을지 모르겠어요

박사과정을 하다 보면 언젠가 이런 말을 하게 될지도 모른다. "나는 열심히 하는데 지도 교수는 자꾸 이상한 소리만 하고, 교수가 졸업 준비를 시켜주지 않는다." 이 고민에 대해선 이미 한 번 다룬 바가 있다. '내 연구하기'(292쪽)를 읽어보자.

학회에 갔더니 제 연구가 제일 허접해요

학회에 참석하는 일은 즐거운 일이다. 내 연구결과를 자랑스럽게 발표할 수 있고, 다른 연구자들의 최신 연구를 한자리에서 접할 수 있다. 학회에 참석한 뒤 집에 돌아오는 길은 대신 조금 힘들다. 나 혼자 연구실에서 논문 쓸 때는 내 논문이 그리도 멋져 보이더니 밖에 나와서 다른 사람들의 연구결과를 접하고 나니 내 논문이 세상에서 제일 못나 보인다. 다른 사람들은 어떻게 그렇게 중요해 보이는 연구주제를 잘도 잡았으며, 세상을 바꿀 수 있을 것 같은 연구결과를 그렇게도 쉽게 뚝딱뚝딱 내놓는지 이해가 잘 되지도 않는다. 나는 오랜 시간 동안 발버둥쳐서 억지로 힘들게 논문을 썼는데 말이다. 처음엔 멋져 보이던 내 논문이 지금 와서 보니 '이런 논문 써봐야 무슨 의미가 있나?' 하는 마음도 든다.

내가 대학원에 입학해서 첫 논문을 쓴 지 10년이 지났다. 아직도 이런 감정을 1년에 서너 번 이상 느끼고 있다. 복잡한 감정이지만 크게 봐서 두 가지 측면이 있다. 첫 번째는 남들과의 비교에서 오는 상실감이고 두 번째는 연구 자체에서 오는 허무함이다.

학계는 어떻게 보면 특이한 곳이다. 나와 같은 분야에서 연구하는 전 세계의 대학원생, 연구원, 교수 등이 발표하는 논문의 내용과 그 사람들의 경력 같은 것을 기관 홈페이지, 개인 홈페이지, 학술지 검색, 구글 스칼라 검색 등의 방법으로 아주 쉽게 확인할 수 있다. 연구에 진척이 있어서 온종일 기분이 좋았는데 어쩌다가 다른 대학원생의 홈페이지를 방문하고 나선 주눅이 들어 내 모든 것이 초라해 보인다. 가슴 깊은 곳에서 어두운 우울함이 올라온다. 자존감이 바닥으로 떨어진다. 남들과의 비교가 너무 쉬운 탓이다.

회복하는 데 하루 이틀 혹은 몇 주가 걸린다. 이런 기분 안 가져보려고 발버둥쳐보지만 주기적으로 느끼게 되는 이런 기분들은 어쩔 수가 없다. 일단 바닥으로 떨어져야 한다. 질투, 원망, 자책, 시기 등의 어두운 감정들이 한 번씩 나를 거쳐가고 나서야 다시 일어설 수 있다. 이때가 중요하다. 남들을 바라보지 말고 나를 바라볼 때다. 내가 한 연구의 결과물을 다시 꼼꼼히 살펴보자. 그렇게 초라해 보였던 내 논문이 제법 괜찮은 구석이 있단 것도 발견할 수 있다. 남들의 연구결과처럼 화려하진 않아도 구석구석 꼼꼼히 잘 마무리 한 부분도 있다. 내가 이 실험을 하면서 어떤 어려움이 있었고 어떻게 잘 극복할 수 있었는지, 이 어려운 문제를 풀기 위해 어떻게 그렇게 참신한 생각을 할 수 있었는지 나 자신이 대견해진다.

결국엔 '나 정도면 그래도 제법 괜찮은 연구자'라는 생각을 하게 된다. 이 세상 최고는 아니지만 그래도 이 정도면 훌륭하다. 내 연구에서 부족한 부분이 있고 더 채울 곳이 있지만 나는 많이 노력하고 있고 즐기고 있다. 반성할 부분은 반성하고, 배울 부분은 더 배우고, 앞으로도 계속 노력하다 보면 또 언젠간 지금보다 더 좋은 연구를 하게 될 것이라는 자신감이 올라온다.

내가 가지고 있는 부분 중에 긍정적인 면을 바라보고 다시 노력하는 수밖에 없다. 주기적으로 다가오는 시련이기 때문에 내가 제일 못나 보이는 감정을 잘 관리해야 한다. 회복 탄력성이 중요하다. 성공적인 인생을 사는 사람들은 시련을 겪지 않는 사람들이 아니라 시련을 잘 극복하는 사람들이라고 한다. 나에게만 오는 못난 감정이 아니다. 이 세상 모든 사람이 만나보는 감정이다. 긍정적인 면을 잘 찾아서 다시 올라와야 한다.

정 안 되겠으면 『이솝우화』에 나오는 여우처럼 포도가 얼마나 시었을 건지 이야기라도 해보자. 이 사람은 그저 운이 좋았을 거라며, 저 사람은 주변에서 남들이 다 해줘서 저런 논문을 쓸 수 있었을 거라며, 그런 기회가 온다면 저 정도는 누구나 다 할 수 있었을 거라며 자기 위안을 해보고 다시 감정을 추스르자. 하지만 '신포도' 기술은 자주 쓰면 해롭다. 나를 돌아볼 기회를 빼앗아가기 때문이다. 내 자존감이 바닥으로 떨어진 뒤 다시 올라올 때 나 자신이 잘 보인다. 내가 잘하는 것과 내가 부족한 것이 잘 보인다. 내가 좋아하는 연구를 더욱 좋아할 수 있게 된다.

연구 자체가 허무해질 수도 있다. 이런 연구를 해봐야 뭐 하나? 이런 논문 써봐야 무슨 의미가 있나? 내 이력서에 한 줄 더 들어가는 것 말고, 내 논문이 이 세상에 무슨 의미가 있나? 이와 같은 마음이 수시로 든다. 논문을 쓰기 위해서 논문을 쓰고 있는 게 아닌가 하는 생각이 들 때도 있다. 논문을 쓰지 않으면 졸업을 할 수도 없고 취직을 할 수도 없으니까 억지로 논문을 쓰고 있는 것 같다. 일리가 있는 말이다. 나는 교수로 지낸 지 이제 10년이 넘었지만, 여전히 비슷한 생각을 하고 있다. 여전히 그런 논문도 쓰고 있다. 더 의미 있는 논문을 쓰려고 노력하지만 별 시답지 않은 내용의 논문도 많이 쓰고 있다. 시간이 걸리더라도 항상 크고 멋진 논문만 쓰고 싶지만, 학생 지도하는 입장에서 그것만을 고집할 수는 없다.

그럼에도 내 연구에서 의미는 찾을 수 있다. 앞서 이야기했듯이 대작은 아니지만 습작이다. '성실한 습작'이라고 하자. 별것 아닌 것처럼 보이는 연구주제에 세상을 놀라게 하지 못하는 연구 결론이지만 내가 가졌던 질문에 나는 성실히 고민했고 꼼꼼한 답을 내놓았다. 습작들이 쌓이고 쌓여서 언젠가 대작을 쓸 기회가 올 것이라 기대하면서 말이다.

논문이 거절되었어요

학술지에 출판하기 위해서 혹은 학회에 참가하여 발표하기 위해서 제출한 논문이 거절되는 일은 아주 흔하다. 흔하지만 거절될 때마다 가슴이 쓰라린다. 대학원생으로 처음 제출한 논문이 거절된다면 그 아픔 또한 클 수밖에 없다. 지난 몇 개월 혹은 몇 년간 공들여 작업한 결과물이 거절당한다면 마음이 아무렇지도 않을 사람이 누가 있겠나.

거절된 사유와 논문 심사자들의 비평을 읽어보면 큰 분노가 일어나거나 큰 슬픔이 일어나거나 혹은 분노와 슬픔이 반복적으로 일어날 것이다. 심사를 맡은 사람이 해당 분야의 전문가가 아닌 것처럼 보이고 비평이 전혀 말도 안 될 경우가 있을 것이다. 논문을 꼼꼼히 읽지도 않고 중요한 사실에 대한 언급이 전혀 없다며 혹독한 비평을 한 심사자도 있을 것이다. 이런 경우엔 분명히 화가 날 것이다. 어떤 경우에는 심사자의 비평이 매우 정확하고 내 연구의 약점에 대한 지적이 칼날 같을 때도 있다. 내가 읽어봐도 거절의 사유가 분명해서 할 말이 없을 뿐만 아니라 나의 능력 부족에 슬퍼지고 나의 노력 부족에 화가 날 수도 있다.

일단 며칠 슬퍼하자. 단것도 좀 먹고 술도 좀 마시자. 재미있는 드라마도 좀 보고 만화책도 좀 읽자. 게임도 좀 하고 건담이나 레고도 좀 조립하자. 컬링 대표팀의 '안경 선배'도 올림픽 출전권을 놓친 후에 건담을 조립하며 마음을 추슬렀다고 하지 않나. 그동안 논문 심사 결과는 생각도 하지 말고 비평을 다시 읽어보지도 말자.

며칠 지난 후에 충분히 슬퍼했다 생각되면 비평을 다시 꺼내서 읽어보자. 처음 읽었을 때와는 또 다르게 읽힐 것이다. 말도 안 된다고 생각했던 비평은 다시 곰곰이 곱씹어보니 내가 처음에 생각했던 그 의미가 아니란 것을 알게 될 수도 있다. 내가 분명히 논문에 써놓은 것을 제대로 읽어보지도 않고 써놓지 않았다고 혹평한 것은 내가 글을 충분히 다듬어서 잘 쓰지 않았기 때문임을 반성하게 될 수도 있다.

내 연구를 초라하게 만들었던 날카로운 비평은 다시 읽어보니 내 연구의 장단점을 명확하게 알려주는 고수의 조언임을 받아들이게 될지도 모른다. 내 연구의 약점을 신랄하게 지적했던 비평은 내 연구를 근본부터 무너뜨리는 지적인 줄 알았지만, 다시 한 번 생각해보니 논문을 쓸 때는 내가 미처 생각하지 못했지만 쉽게 해결이 가능한 부분임을 깨닫게 될지도 모르겠다. 내가 쓴 논문을 시간을 들여 읽어주고 비평해준, 심사자에게 감사한 마음을 갖게 될지도 모른다.

공들여서 수정한 다음 다른 학술지나 학회에 다시 제출하면 된다. 내가 쓴 논문을 출판해줄 학술지는 어딘가에는 있다. 아무렇게나 대충 휘갈겨 쓴 논문도 출판해주는 이상한 학술지도 많다. 그런 곳보다는 여러 사람에게 좋은 평가를 받는 학술지에 논문을 출판하고 싶으니까 고통이 따르는 것이다. 공을 들여야 한다. 처음 제출에서 받은 비평을 바탕으로 내 연구의 약점을 보완하고 글을 다듬는다면 어쩌면 처음 제출한 학술지나 학회보다 더 좋은 곳에서 출판해줄지도 모른다. 모든 것은 나에게 달렸다.

직장이 잡히지 않아요

박사과정 졸업의 마지막 관문 중의 하나는 취직이다. 취직 잘 안 된다. 박사학위자가 필요한 직장은 많지만 내 전공의 내 연구 분야가 필요한 직장은 또 별로 없다. 내 박사학위의 의미를 내가 어떻게 받아들이느냐에 따라 직장 선택의 폭이 좁아질 수도 있고 넓어질 수도 있다.

내가 박사과정에서 진행했던 연구 분야의 연구를 그대로 이어서 할 수 있는 직장을 찾고자 한다면 선택의 폭은 굉장히 좁다. 박사후연구원, 교수, 혹은 큰 정부 연구소 및 대기업 연구소의 특정 부서 이외엔 갈 곳이 없을지도 모른다. 반면에 박사학위의 의미를 새로운 문제에 논리적인 답을 내놓을 수 있도록 독립적인 연구자의 소양을 갖춘 것으로 받아들인다면 내가 선택할 수 있는 직장의 종류는 조금 더 많아진다. 어느 것이 자신에게 옳은 답인가 하는 것은 자신만이 판단할 수 있다.

나는 박사 마지막 해 직장을 구하면서 내 연구는 기업에서는 필요 없을 것으로 생각했다. 나는 내 박사학위의 의미를 좁게 해석했다. 그래서 원서를 내볼 수 있는 곳은 대학교나 연구소뿐이었다. 전 세계 50여 군데 원서를 냈다. 3개 대륙에 있는 5개 학교에 면접을 보러 갔고 성과는 별로 좋지 않았다. 잡 마켓이 닫힐 때가 다 되어 가는데 아무 곳에서도 나를 원하지 않았다. 심각한 우울감에 빠졌다.

내가 지난 5년여간 노력한 연구는 결국 나를 이 세상에 필요없는 존재로 만들었다는 생각을 했다. 지난 5년이 헛되어 보였고 허무했다. 지도 교수님께 고민을 털어놓았더니 앞으로 1년간 다시 마음을 다잡고 노력해서 부족한 부분을 채울 수 있도록 도와주겠다고 하셨다. 감사한 마음이 들었지만, 다시 대학원에서 시간을 더 보낼 자신이 없었다. 삶의 의욕이 없어지는 것 같았고 침대에 누워서 시간을 보내는 일이 많아졌다. 몇 주 뒤에 운이 좋게도 한 곳에서 극적으로 일할 기회를 받았고 모든 고민은 씻은 듯이 사라졌다.

나는 부족한 실력에 비해 운이 좋은 경우다. 나는 2008년 여름이 시작될 때쯤 직장을 구할 수 있었다. 그런데 그해 여름 리먼 브러더스 사태가 터지며 찾아온 금융 위기로 그다음 해부터 대부분 학교에서 신임 교수를 채용하지 않았다. 만일 내가 1년만 더 늦게 졸업했더라면 학계에서 길을 찾는 것은 불가능했을지도 모른다. 학위과정 중간에 석사과정을 마치고 좀 더 명성이 좋은 학교에서 박사학위를 받고 싶은 욕심에 학교를 옮겨보려고 시도한 적이 있었는데 다 떨어졌다. 만약 한 군데에서라도 합격했더라면 학교를 옮겼을 것이고 1~2년은 졸업이 늦어졌을 거다. 그러면 졸업할 때 직장을 구하는 데 애를 먹었을 것 같다. 그러니까 나는 굉장히 운이 좋은 경우다.

학계에선 나보다 운이 좋지 않은 경우가 허다하다. 훌륭한 연구를 했지만, 내가 졸업하는 해에 내 연구 분야를 채용하는 학교나 연구소가 없으면 아무런 소용이 없다. 신임교수채용이 비교적 활발한 공학 분야는 조금 사정이 낫지만, 신임교수채용 속도가 비교적 더딘 인문학 분야에서는 자기 전공 분야를 뽑는 학교가 거의 없는 일이 자주 있다.

어느 순간에는 결정해야 한다. '고학력 실업자'가 될 수는 없다. 용기를 가지고 내 박사학위의 의미를 넓게 해석하고 새로운 기회를 찾든가, 한두 학기 단기계약을 하는 강사 자리를 찾아가며 전 세계를 유랑할지라도 학계에서 끈을 놓지 않을 만큼 연구자 혹은 교육자의 꿈이 큰지 잘 생각해봐야 한다. 전자를 택해서 학계에선 불가능한 삶을 행복하게 살아가는 분도 많고 후자를 택해서 몇 년의 고생 끝에 결국엔 학계에 자리 잡은 분도 많다. 물론 전자를 택했다가 연구자나 교육자의 꿈을 버리지 못해 다시 학계로 돌아오는 분도 많다. 그리고 후자를 택했다가 결국엔 연구자나 교육자의 꿈을 이어가지 못한 분도 많다.

교수로 일할 기회를 얻었지만, 테뉴어 심사에서 떨어지는 경우도 많다. 다른 학교로 이직하거나, 학계를 떠나기도 한다. 『회복탄력성』이라는 책에 보면 재미있는 이야기가 나온다. 테뉴어 심사에서 떨어진 사람과 그렇지 않은 사람 사이의 행복도를 측정하고 비교해보았더니, 테뉴어 심사 직후에는 당연하게도 행복도에 큰 차이가 있지만 5년 정도 후에는 행복도에 유의미한 차이가 없었다는 거다. 그러니까 내가 원하는 직장을 얻고 거기에서 얼마나 성공적으로 경력을 이어나가는지는 중장기적으로 봤을 때 내가 얼마나 행복하게 사는지에 큰 영향은 없다는 말인 것 같다.

내가 기대고 있는 말들

세상 모든 이들도 마찬가지겠지만, 학계에 있으면 항상 실패를 겪는다. 연구계획서를 제출했는데 퇴짜 맞고 논문을 제출했는데 혹독한 비평을 받는다. 자기 기준을 엄격하게 설정해서 높은 질의 글을 쓰는 것이 중요하지만, 그 뒤에 오는 절망과 상실감을 잘 극복하기 위해선 다른 마음가짐이 필요하다. 어떤 교수님께서 이런 말을 하셨다.

"해보고 안 되면 말고."

다른 방법이 없다. 안 해보면 되는지 안 되는지 알 방법도 없고, 안 되는데 그게 또 안 되었다고 슬퍼하기만 하면 우울증에 걸리는 결말밖엔 없다. 평균 채택률이 20% 정도 되는 연구재단에 연구계획서를 내면 평범한 연구자인 내가 제출한 연구계획서가 반려될 확률은 80%라는 이야기다. 내가 제출하는 연구계획서 심사결과의 기댓값은 '채택'이 아니라 '반려'라는 것이다. 그래서 '해보고 안 되면 할 수 없다.'라는 마음가짐으로 계속해보는 수밖에 없다. 물론 단순히 숫자만 늘려서는 안 되겠지만.

몇 년 전 내 아내가 어디에선가 운세를 보고 와선 내가 '대기만성' 형이라고 했다. 나는 말도 안 된다고 일축했다. 내 나름대로는 어려서부터 공부도 잘했고 좋은 대학에 진학해서 그럭저럭 졸업도 했다. 비교적 어린 나이에 교수가 되어서 여러 부침이 있긴 했지만 어찌 됐든 테뉴어도 받았다. 그런데 대기만성이라니 무슨 말이냐고 했다. 내가 무슨 노벨상이라도 받는다는 말이냐며 웃고 넘어갔다.

"대기만성"

지나고 나서 곰곰이 생각해보니 이 말이 아주 큰 힘이 된다. 내가 실제로 대기만성형 운세를 타고났는지 아닌지는 별로 중요하지 않다. 내가 하는 일이 보잘것없어 보이고 잘 안 될 때마다 '대기만성'이라는 네 글자가 나에게 큰 힘을 준다. 계속해보는 수밖에 없고 계속하다 보면 언젠가는 결과가 생긴다. 작아도 의미 있는 결과물이 쌓이다 보면 큰 결과물도 생긴다. 그렇게 믿는다.

에필로그

뭘 해도 불안하다

2016년 봄에 시작했던 프로젝트가 2019년 봄이 되어서야 마무리가 되었다. 짧은 글로 정리를 해보려고 한다.

나는 대학원에 진학할 즈음에 고민이 많았다. 대학원에 진학해서도 고민이 많았고 자퇴한 뒤 짧은 직장 생활 뒤에 유학을 와서 다시 대학원에 입학했다. 이 길이 맞나? 이 길이 내 길인가? 이렇게 하는 게 맞나? 박사과정 동안 연구와 관련 없는 수많은 고민을 하고 지냈고, 졸업 후 교수가 되어서도 여전히 본업과 관련 없는 수많은 고민을 하고 지내고 있다. 처음에는 내가 대학원에 진학했기 때문에 이런 '쓸데없는' 고민에 둘러싸여 사는 줄 알았다.

20대 중반에서 30대 초반. 대학원 진학을 고려하는 시기이다. 내가 나의 선택을 하는 시기이기도 하다. 고등학교를 졸업하고 대학교에 입학해서 친구들과 어울려 다니며 같이 수업 듣고 같이 공부하고 같이 놀다가 대학교를 졸업할 때쯤 저마다 다른 길을 찾아 나선다. 대학생 때까지는 누가 봐도 '학생'이라는 신분이 확실하다. 주변에 같은 고민을 하는 친구들이 많고 대체로 비슷한 일을 하며 시간을 보낸다. 하지만 대학교를 졸업할 때가 되면 취직하는 친구, 창업하는 친구, 여행을 떠나는 친구, 다른 학교 대학원에 진학하는 친구, 다른 나라로 공부하러 떠나는 친구, 성직자의 길을 찾는 친구, 구도의 길을 떠나는 친구 등 저마다의 사연과 고민으로 자신의 삶을 찾아 나선다.

대학교를 졸업하기 전까지는 내가 나 스스로 뭔가 결정해서 내 인생을 살아본 일이 잘 없었다. 기껏해야 어느 대학에 갈지 정했다. 대학에 가지 않는 사람들도 있지만, 요즘은 대부분 대학에 가니까 그렇게 큰일은 아니다. 기껏해야 어느 전공을 택할지 정했다. 다른 친구들도 전공은 하나씩 다 있다. 숙제 문제를 이렇게 풀지 저렇게 풀지 정했고 프로젝트는 어떤 주제로 할지 정했다. 오늘 친구들과 소주를 마실지 맥주를 마실지 정했고 시험공부는 유체역학부터 할지 동역학부터 할지 정했다.

이런 시시콜콜한 결정을 내리며 살다가 대학원에 가기로 했다. 나처럼 대학원에 가기로 한 친구들은 그 수가 많이 줄었다. 유학을 결정하고 나니 같은 결정을 한 친구는 한둘이었다. 지도 교수를 정하고 연구 주제를 정하고 나니 당연하게도 나랑 같은 결정을 한 친구는 없었다.

나는 내가 다른 나라의 대학원에 진학했기 때문에 친구도 못 만나고 외로운 줄 알았다. 나중에 물어보니 한국에서 취업한 친구들도 사정은 별반 다르지 않더라. 다들 바빠져서 예전만큼 자주 만날 수는 없더라. 방학 때 한국 가서 친구들 만나보니 다른 친구들도 그때야 오랜만에 만나더라. 나는 내가 박사과정에 와서 끝이 보이지 않는 연구를 하느라 내 미래에 대한 불확실성에 괴로워하는 시간이 많은 줄 알았다. 다른 친구들도 다 나랑 비슷한 고민을 하고 있더라. 좋은 회사에 취직해서 몇백만 원 받아가며 일하며 바쁘게 지내는 친구들이 월급이라고 해야 할지 생활보조금이라고 해야 할지 애매한 돈 받으며 보이지 않는 졸업을 기다리며 겨우 지내고 있는 나를 부러워할 때도 있더라.

이제 와서 뒤를 돌아보니 대학원생이라서 했던 것 같은 고민이 사실은 그냥 그때 그 나이 때 해야 하는 고민이라서 했던 것들이 많았다. 주어진 환경에서 적당히 살다가, 내가 내 인생을 어떻게 보낼지 결정하고 그 결정에 온전히 내가 책임지기 시작하는 시기였다. 그 때문에 느껴지는 부담감으로 불안해하고 외로워하고 자꾸 뒤를 돌아보게 되는 일들이 많았던 것 같다. 모든 사람의 문제가 같을 수는 없겠지만, 내가 겪었던 문제 중에선 내가 '대학원에 왔기 때문에' 생긴 문제들은 별로 없었다. 어떤 선택을 했어도 생기는 문제였을 거다. 연구가 잘 안 되는 '사소한' 문제가 있긴 했다.

그냥 그 나이 때는 뭘 해도 불안하다. 한 가지 좋은 소식은 그 나이 이후로 계속 불안하리라는 것. 대학원을 졸업하고 교수가 되고 계속 불안하다가 테뉴어를 받기 전후에 잠시 안정된 것 같았는데 '이대로 계속 살아도 되나?' 하는 고민이 또 생기고 다시 불안하다. 아니나 다를까 주변을 돌아보니 내 나이 또래 친구들도 다들 비슷한 생각을 하고 있다. 새로운 기회를 찾아 새로운 길을 찾아 떠나는 친구들이 늘어난다. 그냥 이런 거 고민할 나이가 되었다는 생각을 한다. 사람마다 시기의 차이는 좀 있겠지만, 내 고민만 특별한 건 아니고 때 되면 해야 하는 고민이 있는 게 아닐까 한다.

대학원에 진학했기 때문에 생기는 고민은 별로 없다. 대학원생 때 알았더라면 좋았을 것들 별로 없고 몰라도 된다. 알아도 고민하고 몰라도 고민한다. 때 되면 알게 된다. 연구가 잘 안 되고 논문이 잘 안 써지는 '사소한' 문제에 대해서 이런저런 글을 쓰긴 했다. 프롤로그에서 바랐던 것처럼 이 책이 대학원생 여러분이 내린 결정 잘 따라갈 수 있게 등이나 잘 떠밀어주면 좋겠다.

출처

가나데 다케오. 2003. 초보처럼 생각하고 프로처럼 행동하라 (안소현 옮김). 해바라기.

김주환. 2012. 회복탄력성: 시련을 행운으로 바꾸는 유쾌한 비밀. 위즈덤하우스.

오욱환. 2009. 학문을 직업으로 삼으려는 젊은 학자들을 위하여. 한국교육학회 뉴스레터 통권 260호. 2009년 9월.

Baxter, M. and Rennie, A., 1996. Financial calculus: an introduction to derivative pricing. Cambridge University Press.

Boice, R., 2000. Advice for new faculty members: Nihil nimus. Allyn & Bacon.

Feibeiman, P.J. 2002. 박사학위로는 부족하다 (최경호, 옮김). 북스힐. (원서출판 1993, 개정판 2011)

Feibelman, P.J., 2011. A PhD is not enough!: a guide to survival in science. Basic Books.

Gray, P. and Drew, D.E., 2012. What They Didn't Teach You in Graduate School: 299 Helpful Hints for Success in Your Academic Career. Stylus Publishing, LLC.

Hazelrigg G.A. 2007. Honing your proposal writing skills. In: Pei ZJ ed. NSF CAREER Proposal Writing Tips. pp. 1-3.

Reis, R.M., 2012. Tomorrow's professor: Preparing for careers in science and engineering. John Wiley & Sons.

Turabian, K. L. 2011. 영어 논문 바로쓰기 (강경이 옮김). 시대의 창 (원서출판 2007)

Turabian, K.L., 2007. A manual for writers of research papers, theses, and dissertations: Chicago style for students and researchers. University of Chicago Press. 7th Edition

대학원생 때 알았더라면 좋았을 것들

초판 1쇄 발행 2019년 4월 18일
초판 19쇄 발행 2024년 8월 29일

지은이 엄태웅 최윤섭 권창현
펴낸이 안현주

기획 류재운 **편집** 안선영 김재열 **브랜드마케팅** 이승민 이민규 **영업** 안현영
디자인 표지 최승협 본문 장덕종

펴낸곳 클라우드나인 **출판등록** 2013년 12월 12일(제2013-101호)
주소 우) 03993 서울시 마포구 월드컵북로 4길 82(동교동) 신흥빌딩 3층
전화 02-332-8939 **팩스** 02-6008-8938
이메일 c9book@naver.com

값 16,000원
ISBN 979-11-89430-20-7 03320

* 잘못 만들어진 책은 구입하신 곳에서 교환해드립니다.
* 이 책의 전부 또는 일부 내용을 재사용하려면 사전에 저작권자와 클라우드나인의 동의를 받아야 합니다.
* 클라우드나인에서는 독자여러분의 원고를 기다리고 있습니다.
  출간을 원하는 분은 원고를 bookmuseum@naver.com으로 보내주세요.
* 클라우드나인은 구름 중 가장 높은 구름인 9번 구름을 뜻합니다. 새들이 깃털로 하늘을 나는 것처럼 인간은 깃펜으로 쓴 글자에 의해 천상에 오를 것입니다.